Building Machine Learning Powered Applications

머신러닝 파워드 애플리케이션

| 표지 설명 |

표지 동물은 왕줄나비poplar admiral(학명: *Limenitis populi*)입니다. 이 나비는 크기가 크지만 북아프리카, 북아시아, 중동, 유럽에서 점점 더 보기가 어려워지고 있습니다.

왕줄나비의 날개 폭은 약 7cm이며 날개 윗면에는 흑갈색 바탕에 흰색 점이 있고, 가장자리는 청록색과 주황색 테두리로 둘러싸여 있습니다. 날개 아랫면은 주황색입니다.

대부분의 나비와 달리 왕줄나비는 꿀을 얻기 위해 꽃을 찾지 않습니다. 대신 탐색용 주둥이를 사용해 썩은 고기, 동물의 배설물, 나무 수액, 진흙 속 염분(또는 이따금 사람 땀의 염분)에서 음식과 영양분을 얻습니다. 이 나비들은 부패한 냄새를 좋아하는 것 같습니다.

IUCN 적색 목록에는 '최소 관심Least Concern'으로 분류되어 있지만 개발을 명목으로 낙엽수림이 벌목되면서 왕줄나비 개체 수가 감소하고 있습니다. 오라일리 표지의 동물들은 대부분 멸종위기종입니다. 이 동물들은 모두 우리에게 중요합니다.

표지의 그림은 『Meyers Kleines Lexicon』의 흑백 판화를 바탕으로 Jose Marzan Jr.가 그렸습니다.

머신러닝 파워드 애플리케이션

아이디어에서부터 완성된 제품까지, 강력한 머신러닝 애플리케이션 구축 과정 배우기

초판 1쇄 발행 2021년 09월 06일

지은이 에마뉘엘 아메장 / **옮긴이** 박해선 / **펴낸이** 김태헌
펴낸곳 한빛미디어(주) / **주소** 서울시 서대문구 연희로2길 62 한빛미디어(주) IT출판부
전화 02-325-5544 / **팩스** 02-336-7124
등록 1999년 6월 24일 제25100-2017-000058호 / **ISBN** 979-11-6224-469-2 93000

총괄 전정아 / **책임편집** 서현 / **기획** 이상복, 정지수 / **편집** 정지수
디자인 표지 이아란 내지 박정화 / **전산편집** 이경숙
영업 김형진, 김진불, 조유미 / **마케팅** 박상용, 송경석, 한종진, 이행은, 고광일, 성화정 / **제작** 박성우, 김정우

이 책에 대한 의견이나 오탈자 및 잘못된 내용에 대한 수정 정보는 한빛미디어(주)의 홈페이지나 아래 이메일로 알려주십시오. 잘못된 책은 구입하신 서점에서 교환해드립니다. 책값은 뒤표지에 표시되어 있습니다.
한빛미디어 홈페이지 www.hanbit.co.kr / 이메일 ask@hanbit.co.kr

Building Machine Learning Powered Applications

머신러닝 파워드 애플리케이션

O'REILLY® 한빛미디어 Hanbit Media, Inc.

지은이 · 옮긴이 소개

지은이 **에마뉘엘 아메장** Emmanuel Ameisen

수년간 머신러닝 기반 제품을 만들었고, 현재는 스트라이프Stripe[1]에서 머신러닝 엔지니어링을 담당하고 있습니다. 그전에 인사이트 펠로[2]의 AI 책임자로 150개 이상의 머신러닝 프로젝트를 이끌었습니다. 집카Zipcar[3]의 데이터 과학자로 온디맨드on-demand 예측과 머신러닝 모델을 제품 환경에 배포하는 것을 돕는 프레임워크와 서비스를 만들었습니다. 파리쉬드Paris-Sud 대학교에서 AI 석사 학위를 받았고 동 대학교 대학원에서 엔지니어링 석사 학위를 받았습니다. ESCP에서 경영학 석사 학위를 받아 머신러닝과 비즈니스를 아우르는 배경지식을 가지고 있습니다.

옮긴이 **박해선** haesun.park@tensorflow.blog

기계공학을 전공했지만 졸업 후엔 줄곧 코드를 읽고 쓰는 일을 했습니다. 텐서 플로우 블로그(tensorflow.blog)를 운영하고 있고, 머신러닝과 딥러닝에 관한 책을 집필하고 번역하면서 소프트웨어와 과학의 경계를 흥미롭게 탐험하고 있습니다.

『혼자 공부하는 머신러닝+딥러닝』(한빛미디어, 2020), 『Do it! 딥러닝 입문』(이지스퍼블리싱, 2019)을 집필했습니다.

『파이토치로 배우는 자연어 처리』(한빛미디어, 2021), 『머신 러닝 교과서 with 파이썬, 사이킷런, 텐서플로(개정 3판)』(길벗, 2021), 『딥러닝 일러스트레이티드』(시그마프레스, 2021), 『GAN 인 액션』(한빛미디어, 2020), 『핸즈온 머신러닝(2판)』(한빛미디어, 2020), 『미술관에 GAN 딥러닝 실전 프로젝트』(한빛미디어, 2019), 『파이썬을 활용한 머신러닝 쿡북』(한빛미디어, 2019), 『파이썬 라이브러리를 활용한 머신러닝(번역개정판)』(한빛미디어, 2019), 『케라스 창시자에게 배우는 딥러닝』(길벗, 2018), 『텐서플로 첫걸음』(한빛미디어, 2016)을 우리말로 옮겼습니다.

---

1 https://www.stripe.com

2 https://insightfellows.com/ai

3 https://www.zipcar.com

옮긴이의 말

무엇을 선택할지 고민이 될 때가 있습니다. 예를 들어 이 책을 읽는 것과 여행을 가는 것 중에 무엇을 선택해야 할까요? 책을 읽기로 결정했다고 가정해보죠. 책을 읽었는데 시간 낭비란 생각이 들 수 있습니다(실제로는 그렇지 않기를 바랍니다). 그럼 차라리 여행을 떠나는 게 좋았을까요? 안타깝지만 시간을 거꾸로 되돌려 다른 선택을 해볼 수는 없습니다. 이렇게 생각하면 책을 읽기로 결정한 것이 최선의 선택이라고 해도 반박하기 어렵습니다. 다행이네요. :)

사실 이보다 훨씬 중요한 결정을 내려야 할 때가 많습니다. 취업, 진로, 학업 방향 등이 그렇죠. 하지만 홀가분한 마음으로 선택해도 좋습니다. 궤변 같지만 과거의 다른 선택과 비교할 수 없기 때문에 어떤 것을 선택하든지 그 선택이 가장 최선일 수밖에 없으니까요. 필요하다면 주위에서 조언을 구하되 몇 개의 샘플로 전체를 일반화하지 않도록 조심하세요. 우리는 모두 세상을 다르게 바라보고 다른 환경에서 살기 때문입니다. 시간이 지나고 나면 모두 자신의 선택에 만족하게 되리라 믿습니다.

훌륭한 책을 써준 저자 에마뉘엘에게 고맙다는 말을 전하고 싶습니다. 에러타마다 친절하게 답변해주고 특별히 한국어판 서문까지 보내주었습니다. 책의 서문에서 언급했듯이 머신러닝 모델에 관한 책은 많지만 실제로 기업과 엔지니어링 팀에서 머신러닝 제품을 어떻게 만드는지 알려주는 책은 많지 않습니다. 이 책이 이런 궁금증을 어느 정도 해소해줄 수 있을 것입니다. 책을 번역하면서 저도 많은 것을 배웠습니다. 이 책을 집어 든 독자들에게도 꼭 도움이 되었으면 좋겠습니다.

항상 좋은 책을 믿고 맡겨주시는 한빛미디어와 번역 기간 내내 큰 도움을 주신 정지수 님께 감사드립니다. 항상 격려해주시는 니트머스 김용재 대표님께 감사합니다. 언제나 명랑한 우리 가족 주연이와 진우에게 고맙고 사랑한다는 말을 전합니다. 이 책의 정오표는 블로그(*https://bit.ly/mlpa-book*)에 등록해놓겠습니다. 책을 보기 전에 꼭 확인해주세요. 번역서의 모든 코드는 깃허브(*https://bit.ly/mlpa-git*)에서 주피터 노트북으로 제공합니다. 이 책에 관한 이야기라면 무엇이든 환영합니다. 언제든지 블로그나 이메일로 알려주세요.

2021년 8월

박해선

한국어판 서문

저는 데이터 과학자와 머신러닝 엔지니어가 이 분야에서 성공하는 데 필요한 실용적인 기술을 배울 수 있도록 멘토링을 했었습니다. 2년간의 멘토링을 마친 후 이 책 『Building Machine Learning Powered Applications』(오라일리, 2020)를 집필했습니다. 멘토링을 하면서 머신러닝 모델의 작동 방식을 가르치는 과정은 많지만 머신러닝을 제품에 사용하는 방법에 초점을 맞춘 자료는 부족하다는 걸 깨달았고, 멘토링 과정에서 배운 교훈을 실리콘밸리를 넘어, 더 많은 사람들과 공유하기 위해 이 책을 썼습니다.

이 프로젝트를 시작했을 때로 돌아가보면 미국 이외의 다른 나라 독자들이 이 책을 읽게 되리라고는 꿈에도 생각하지 못했습니다. 책을 출간하고 1년 후에 (제 모국어인) 프랑스어, 중국어로 번역되었고 이제는 한국어로도 번역되었네요. 이 책에 담긴 도구와 조언이 다양한 사람들에게 유용하다는 사실이 정말 기쁩니다. 여러분은 이 책을 어떻게 생각하는지 듣고 싶습니다. 질문이나 의견이 있다면 언제든지 `mlpoweredapplications@gmail.com`으로 연락해주세요.

감사합니다.

2021년 8월

에마뉘엘 아메장

머신러닝 기반 애플리케이션을 사용하는 목적

지난 10년 동안 머신러닝machine learning (ML)은 자동 지원 시스템automated support system, 번역 서비스, 추천 엔진, 부정 거래 감지와 같은 다양한 제품에 점점 더 많이 사용되고 있습니다.

놀랍게도 엔지니어와 과학자에게 이런 제품을 구축하는 방법을 가르칠 수 있는 자료가 많지 않습니다. 주로 머신러닝 모델model을 훈련하는 방법이나 소프트웨어 프로젝트를 제작하는 방법을 알려주는 책과 강의는 많습니다. 하지만 머신러닝 모델을 장착한 실용적인 애플리케이션을 만드는 방법을 가르치기 위해 두 영역을 포괄하는 자료는 거의 없습니다.

애플리케이션의 일부로 머신러닝을 배포하려면 창의성, 강력한 엔지니어링 방법, 분석적인 사고방식을 모두 갖추어야 합니다. 머신러닝 제품은 구축하기 어렵기로 유명합니다. 단순히 데이터셋에서 모델 하나를 훈련하는 것보다 훨씬 더 복잡하기 때문입니다. 주어진 특성에 맞는 올바른 머신러닝 방법을 선택하고, 모델의 오류와 데이터 품질 문제를 분석하고, 모델의 결과를 검증하여 제품의 품질을 보장하는 것은 모두 도전적인 문제이며 머신러닝 구축 과정의 핵심입니다.

이 책은 이 과정의 모든 단계를 밟아나갑니다. 방법, 예제 코드 그리고 저와 다른 숙련된 기술자의 조언을 섞어서 여러분이 각 단계를 완수하는 데 도움이 되는 것이 목표입니다. 머신러닝 제품의 구축 과정의 모든 단계를 성공적으로 수행하도록 돕는 것이 목표인 만큼 머신러닝 기반 애플리케이션을 설계, 구축, 배포하는 데 필요한 실용적인 기술을 설명합니다.

머신러닝을 사용해 실용적인 애플리케이션 만들기

머신러닝 논문과 기업의 엔지니어링 블로그를 정기적으로 읽는다면 선형대수 방정식과 엔지니어링 용어가 섞여 있어 크게 당황했던 경험이 있을지도 모릅니다. 이런 하이브리드 특징 때문에 다양한 전문 지식을 갖춘 엔지니어와 과학자일지라도 머신러닝 분야에 두려움을 느끼게 됩니다. 마찬가지로 기업가와 제품 리더는 종종 비즈니스 아이디어와 오늘날 (그리고 가까운 미래에) 머신러닝으로 가능한 것을 연결하는 데 어려움을 겪습니다.

이 책은 필자가 여러 회사의 데이터 팀과 일했던 경험과 인사이트 펠로Insight Fellows의 인공지능 프로그램을 이끌면서 수백 명의 데이터 과학자, 소프트웨어 엔지니어, 제품 관리자에게 머신러닝 프로젝트를 구축하도록 도우면서 배운 내용을 다룹니다.

이 책의 목표는 머신러닝 기반 애플리케이션을 구축하기 위해 단계별로 실용적인 가이드를 제공하는 것입니다. 이 가이드는 실용적이며 구체적인 팁과 모델의 프로토타이핑, 반복, 배포를 돕는 방법에 초점을 맞춥니다. 광범위한 주제를 다루기 때문에 각 단계에서 필요한 만큼만 자세히 다룹니다. 해당 주제를 더 자세히 공부하고 싶은 독자에게 유용한 자료도 제공합니다.

아이디어에서부터 모델 배포까지 다루는 실용적인 예제로 중요한 개념을 설명합니다. 대부분의 예시는 그림과 함께 제공되고 많은 예제 코드를 포함합니다. 이 책에 있는 모든 코드는 책의 깃허브 저장소(`http://bit.ly/mlpa-git`)[4]에서 찾을 수 있습니다.

이 책은 머신러닝 구축 과정을 설명하는 데 초점을 맞추므로 각 장은 이전 장에서 정의한 개념을 사용합니다. 따라서 연속적인 각 단계가 어떻게 전체 과정을 구성하는지 이해할 수 있도록 순서대로 책을 읽는 것이 좋습니다. 머신러닝의 특정 부분을 자세히 알아보고 싶다면 조금 더 전문적인 책을 보는 것이 나을 수 있습니다. 이런 분들에게는 다음 책들을 추천합니다.[5]

추가 자료

- 밑바닥부터 직접 알고리즘을 작성할 수 있을 만큼 머신러닝을 잘 알고 싶다면 조엘 그루스의 『데이터 과학』(인사이트, 2020)을 추천합니다. 딥러닝deep learning 이론을 알고 싶다면 이안 굿펠로, 요슈아 벤지오, 에런 쿠빌이 집필한 『심층 학습』(제이펍, 2018)에 많은 자료가 담겨 있습니다.
- 특정 데이터셋에서 정확하게 모델을 훈련하는 효율적인 방법이 궁금하다면 캐글Kaggle[6]과 fast.ai[7]에서 찾아보는 것이 좋습니다.

---

4 옮긴이_ 원서의 깃허브 저장소는 *https://oreil.ly/ml-powered-applications*입니다.

5 옮긴이_ 머신러닝과 딥러닝을 처음 배우는 경우라면 『혼자 공부하는 머신러닝+딥러닝』(한빛미디어, 2020)을 추천합니다. 더 다양한 이론과 실제 예제 코드를 깊게 배우고 싶다면 『핸즈온 머신러닝(2판)』(한빛미디어, 2020)을 추천합니다.

6 *https://www.kaggle.com*

7 *https://fast.ai*

- 대량의 데이터를 처리하기 위해 확장성 있는 애플리케이션을 구축하는 방법을 배우고 싶다면 마틴 클레프만이 쓴 『데이터 중심 애플리케이션 설계』(위키북스, 2018)를 추천합니다.

코딩 경험과 머신러닝 기초 지식을 가지고 머신러닝 기반 제품을 구축하고 싶다면, 이 책이 제품 아이디어에서 프로토타입 배포까지의 전체 과정을 안내하겠습니다. 데이터 과학자나 머신러닝 엔지니어로 일하고 있다면 머신러닝 개발 도구에 새로운 기술을 추가해줄 것입니다. 코딩은 모르지만 데이터 과학자와 함께 일해야 하는 경우라면 자세한 예제 코드는 건너뛰면서 책을 읽어도 좋습니다. 충분히 머신러닝 과정을 이해하는 데에는 도움이 될 겁니다.

먼저 실용적인 머신러닝의 의미를 자세히 알아보죠.

실용적인 머신러닝

머신러닝을 데이터에 있는 패턴을 활용하여 알고리즘을 자동으로 조정하는 과정이라 생각해보죠. 이 정의는 범용적이기 때문에 많은 애플리케이션, 도구, 서비스가 핵심 기능에 머신러닝을 통합한다는 소식이 놀라운 일은 아닙니다.

이런 애플리케이션 중 일부는 검색엔진, 소셜 플랫폼의 추천 시스템, 번역 서비스, 사진에서 가족의 얼굴을 자동으로 감지하는 시스템, 음성 명령을 따르는 시스템, 이메일을 쓸 때 문장의 끝말을 추천하는 시스템과 같이 사용자와 직접 상호작용을 합니다.

일부 애플리케이션은 겉으로 잘 드러나지 않습니다. 그 예로는 스팸 메일과 가짜 계정 필터링, 광고 게재, 효율적인 자원 할당을 위한 미래 사용 패턴 예측, 웹사이트 경험을 개인화하기 위한 실험 등이 있습니다.

지금도 많은 제품이 머신러닝을 활용하지만 더 많은 제품이 머신러닝을 활용할 수 있습니다. 실용적인 머신러닝은 머신러닝의 도움을 받을 수 있는 실용적인 문제를 식별하고 이런 문제를 위해 성공적인 솔루션을 제공하는 것입니다. 고수준의 제품 목표에서부터 시작해 머신러닝을 활용해 결과를 만들어내는 도전적인 이 작업을 완수할 수 있도록 이 책이 돕겠습니다.

일부 머신러닝 교육과정은 데이터셋을 제공하고 이를 기반으로 모델을 훈련하는 방식으로 머신러닝을 가르칩니다. 하지만 데이터셋에서 알고리즘을 훈련하는 것은 머신러닝 전체 과정에서 작은 부분입니다. 강력한 머신러닝 기반 제품은 하나의 정확도 점수보다 더 많은 것을 고려해야 하는 긴 처리 과정의 결과입니다. 이 책은 아이디어에서 시작하여 제품에 이르기까지 예제 애플리케이션으로 각 단계를 설명하면서 모든 과정을 거칩니다. 이런 종류의 시스템을 매일 배포하는 팀과 함께 일하면서 배운 도구, 모범 사례, 자주 발생하는 실수를 공유하겠습니다.

다루는 내용

머신러닝 기반의 애플리케이션을 만드는 주제를 다루기 위해 구체적이고 실용적인 부분에 초점을 맞춥니다. 특히 이 책은 머신러닝 기반 애플리케이션을 구축하는 전체 과정을 설명하는 것이 목표입니다.

이를 위해 먼저 이 과정의 각 단계를 처리하는 방법을 소개합니다. 그다음 예제 프로젝트를 사용하여 이런 방법을 적용해보겠습니다. 또한 업계에서 사용되는 여러 실용적인 머신러닝 사례는 물론 제품에 머신러닝 모델을 구축하고 운영하는 전문가와의 인터뷰도 포함하고 있습니다.

머신러닝의 전체 과정

성공적으로 머신러닝 제품을 사용자에게 제공하려면 단순한 모델 훈련 이상의 작업을 수행해야 합니다. 제품의 요구 사항을 머신러닝 문제로 표현하고, 적절한 데이터를 수집하고, 여러 모델을 효율적으로 반복하고, 결과를 검증하고, 견고한 방법으로 배포해야 합니다.

모델 구축은 머신러닝 프로젝트의 전체 작업량 중 10분의 1밖에 되지 않는 경우가 많습니다. 전체 머신러닝 파이프라인pipeline을 마스터하는 것은 성공적으로 프로젝트를 구축하거나, 머신러닝 인터뷰를 통과하거나, 머신러닝 팀에서 최고의 기여자가 되는 데 매우 중요합니다.

기술적이고 실용적인 사례 연구

C 언어로 알고리즘을 밑바닥부터 다시 구현하지 않고, 고수준 추상화를 제공하는 라이브러리

와 도구를 사용하는 기술적이고 실용적인 방법을 사용합니다. 이 책을 통해 초기 아이디어에서부터 제품 배포까지 머신러닝 애플리케이션 예제를 함께 만들어보겠습니다.

애플리케이션을 설명하는 그림은 물론 적용할 수 있는 코드와 함께 핵심 개념을 소개합니다. 머신러닝을 배우는 최상의 방법은 실제로 만들어보는 것이므로 책을 읽고 예제를 재현하고 이를 적용해 자신만의 머신러닝 애플리케이션을 구축해보길 권장합니다.

실제 비즈니스 애플리케이션

책 전반에 걸쳐 테크 회사인 스티치 픽스Stitch Fix, 조본Jawbone, 피겨 에이트Figure Eight에서 데이터 팀을 이끄는 머신러닝 리더와의 인터뷰와 조언이 포함되어 있습니다. 이 대화에는 수백만 명의 사용자에게 제공하는 머신러닝 애플리케이션을 구축한 후 얻은 실용적인 충고가 담겨 있습니다. 또한 데이터 과학자와 데이터 과학 팀을 성공으로 이끄는 요인에 대해 널리 퍼진 오해를 바로잡을 것입니다.

책을 읽기 위해 알아야 할 것들

이 책은 독자가 프로그래밍에 어느 정도 익숙하다고 가정합니다. 예제 코드는 주로 파이썬을 사용하며 독자들이 이 문법에 익숙하다고 가정합니다. 파이썬에 대한 기억을 되살리려면 케네스 레이츠와 타냐 슐로서의 『파이썬을 여행하는 히치하이커를 위한 안내서』(인사이트, 2017)[8]를 추천합니다.

또한 책에서 언급한 대부분의 머신러닝 개념을 정의하겠지만 사용하는 모든 머신러닝 알고리즘의 내부 동작을 다루지는 않습니다. 이런 알고리즘의 대부분은 '추가 자료'에서 언급한 머신러닝 도서에서 다루는 기본적인 머신러닝 방법입니다.

---

8 옮긴이_ 빠르게 파이썬을 훑어보려면 제이크 반더플라스(Jake VanderPlas)의 『A Whirlwind Tour of Python(회오리바람을 탄 파이썬)』(오라일리, 2016)의 번역본(*http://bit.ly/python-tour*)을 제 블로그에서 무료로 읽을 수 있습니다. 파이썬을 처음 배운다면 『혼자 공부하는 파이썬』(한빛미디어, 2019)을 추천합니다.

예제 프로젝트: 머신러닝 보조 글쓰기 애플리케이션

개념을 구체적으로 설명하기 위해 이 책을 진행하면서 머신러닝 애플리케이션을 함께 만들어 봅니다.

사례 연구로서 머신러닝 모델을 반복하고 배포하는 복잡도를 정확하게 설명할 수 있는 애플리케이션을 선택했습니다. 또한 가치 있는 제품을 다루고 싶었습니다. 이를 위해 머신러닝 보조 글쓰기 애플리케이션인 '머신러닝 에디터'를 구현하려고 합니다.

사용자가 글을 더 잘 쓰도록 돕는 시스템을 구축하는 것이 목적입니다. 특히, 더 좋은 질문을 쓰도록 돕는 것을 목표로 삼겠습니다. 매우 애매한 목표처럼 보이지만 이 프로젝트를 자세히 검토하면서 더 명확하게 정의하겠습니다. 하지만 다음과 같은 이유 때문에 이 프로젝트는 좋은 예제라고 할 수 있습니다.

텍스트 데이터는 어디에나 등장합니다

텍스트 데이터는 생각할 수 있는 대부분의 경우에서 풍부하게 얻을 수 있고, 많은 실용적인 머신러닝 애플리케이션의 핵심이기도 합니다. 제품의 리뷰를 잘 이해하고, 지원 요청을 정확하게 분류하고, 잠재적인 고객을 위해 홍보 메시지를 수정할 때 텍스트 데이터를 소비하거나 생산합니다.

글쓰기 보조 애플리케이션은 유용합니다

지메일Gmail의 텍스트 예측 기능에서부터 그래머리Grammarly의 스마트 맞춤법 검사기까지 머신러닝 기반 에디터는 다양한 방식으로 사용자에게 가치를 제공한다고 입증되었습니다. 특히 밑바닥부터 구현하는 방법을 살펴보는 것이 흥미롭습니다.

머신러닝 보조 글쓰기는 독립적입니다

많은 머신러닝 애플리케이션은 광범위한 생태계에 밀접하게 통합되어 있을 때만 동작합니다. 예를 들어 승차 공유 회사의 ETA[9] 예측, 온라인 상점의 검색과 추천 시스템, 광고 입찰 모델

9 옮긴이_ ETA(estimated time of arrival)는 도착 예정 시간을 의미합니다.

등입니다. 머신러닝 에디터가 문서 편집 생태계에 통합되어 이점을 얻을 수 있지만 그 자체만으로도 가치를 증명하고 간단한 웹사이트를 통해 서비스할 수 있습니다.

책 전반에 걸쳐 이 프로젝트를 사용해 머신러닝 기반 애플리케이션을 구축하기 위한 솔루션과 도전 과제를 주의 깊게 살펴봅니다.

머신러닝 전체 과정

아이디어에서 머신러닝 애플리케이션 배포까지 가는 길은 길고 험난합니다. 이런 프로젝트를 만드는 많은 회사와 기술자를 보고 나서, 네 가지 주요 성공 단계를 확인했습니다. 이 책에서 이 단계를 모두 살펴봅니다.

1. **올바른 머신러닝 접근 방법 모색**: 머신러닝 분야는 넓고 제품의 목표를 달성하기 위한 다양한 방법이 존재합니다. 주어진 문제를 위한 최상의 방법은 성공 기준, 가용 데이터, 문제의 복잡성과 같은 많은 요소에 따라 달라집니다. 이 단계의 목표는 올바른 성공 기준을 설정하고 적절한 초기 데이터셋과 모델을 찾는 것입니다.
2. **초기 프로토타입 제작**: 모델링 작업을 하기 전에 먼저 엔드투엔드 프로토타입을 만듭니다. 이 프로토타입은 머신러닝을 사용하지 않고 제품의 목표을 달성하는 것이 목적입니다. 또한 최상의 머신러닝 적용 방법을 결정하는 데 도움이 됩니다. 프로토타입이 구축되면 머신러닝의 필요성을 알 수 있고 모델 훈련을 위해 데이터 수집을 시작할 수 있습니다.
3. **모델 반복**: 데이터셋이 준비되면 모델을 훈련하고 단점을 평가할 수 있습니다. 이 단계의 목표는 오류 분석과 구현 사이를 오가며 반복하는 것입니다. 이 반복 루프의 속도를 높이는 것이 머신러닝 개발 속도를 높이는 최상의 방법입니다.
4. **배포와 모니터링**: 모델이 좋은 성능을 내면 배포를 위해 적절한 방식을 선택해야 합니다. 배포된 후에 예상치 못한 방식으로 종종 모델이 실패합니다. 마지막 두 장에서 모델의 오류를 완화하고 모니터링하는 방법을 다룹니다.

다루어야 할 것들이 정말 많습니다. 1장부터 바로 시작해보죠!

감사의 말

이 책의 집필은 인사이트 펠로에서 머신러닝 프로젝트를 감독하고 멘토링하는 일에서부터 시작되었습니다. 이 프로젝트를 이끌 기회를 주고 여기서 얻은 교훈을 책으로 쓰도록 용기를 북돋아준 제이크 클람카Jake Klamka와 제러미 카르노브스키Jeremy Karnowski에게 감사합니다. 이 프로그램에서 저와 함께 작업했던 수백 명의 동료들에게 고마움을 전합니다. 이들이 머신러닝 프로젝트의 한계를 넘어서는 데 도움을 주었습니다.

책을 쓰는 일은 어려운 작업입니다. 오라일리 직원들이 모든 단계를 잘 감당할 수 있도록 도와주었습니다. 특히 책을 쓰는 동안 지칠 줄 모르는 조언과 제안을 제공하고 정신적인 지원을 해준 편집자 멀리사 포터Melissa Potter에게 감사합니다. 책을 쓰는 것이 합리적인 노력이라고 확신시켜준 마이크 루키데스Mike Loukides에게 감사합니다.

책의 초안을 자세히 살펴봐준 기술 리뷰어에게도 고마움을 전합니다. 오류를 찾고 개선할 수 있게 조언해주었습니다. 바쁜 일정에도 시간을 내어 이 책을 최고의 책으로 만드는 데 도움을 준 알렉스 구드Alex Gude, 존 크론Jon Krohn, 크리스틴 매킨타이어Kristen McIntyre, 다우 오신가Douwe Osinga에게 감사합니다. 가장 주목해야 할 실용적인 머신러닝의 도전 과제에 대해 여러 데이터 기술자들에게 물어보았고, 이들이 내어준 시간과 통찰에 감사드립니다. 책에서 이를 적절하게 다루었기를 바랍니다.

마지막으로 집필에 전념하느라 맞이했던 늦은 밤과 바쁜 주말에도 변함없는 지지를 보내준 나의 파트너 마리Mari, 시니컬한 조수 엘리엇Eliott, 현명하고 인내심이 많은 가족, 저를 실종 신고하지 않은 친구들에게 감사합니다. 이들이 이 책을 현실로 만들었습니다.

CONTENTS

CONTENTS

CHAPTER 4 초기 데이터셋 준비하기

CONTENTS

PART 3 모델 반복

CHAPTER 5 모델 훈련과 평가

CHAPTER 6 머신러닝 문제 디버깅

CHAPTER 7 분류기를 사용한 글쓰기 추천

CONTENTS

CHAPTER 10 모델 안전장치 만들기

CHAPTER 11 모니터링과 모델 업데이트

CONTENTS

Part I

올바른 머신러닝 접근 방법 모색

Part I

올바른 머신러닝 접근 방법 모색

대부분의 사람과 회사는 자신이 해결하려는 문제를 잘 이해하고 있습니다. 예를 들어 어떤 고객이 온라인 상점을 떠나는지 예측하거나, 스키를 타고 산에서 내려오는 사람을 뒤따르는 드론을 만드는 일입니다. 대부분의 사람은 주어진 데이터셋에서 적정한 정확도로 고객을 분류하거나 물체를 감지하는 모델을 만드는 방법을 빠르게 배울 수 있습니다.

하지만 문제를 파악하고 최선의 해결 방법을 예상한 다음, 머신러닝으로 문제를 해결하기 위한 계획을 짜고, 계획에 따라 자신 있게 실행하는 능력을 가진 사람은 드뭅니다. 이런 기술은 과도하게 모험적인 프로젝트나 마감일을 놓친 경험을 통해 배울 수 있습니다.

제품 하나를 머신러닝으로 해결할 수 있는 방법은 매우 많습니다. [그림 I-1]은 왼쪽에 추천 문장을 제시하고 사용자에게 피드백을 받을 수 있는 스마트한 에디터의 목업mock-up입니다. 오른쪽에는 이런 추천을 제공하는 머신러닝 구조를 그림으로 나타냈습니다.

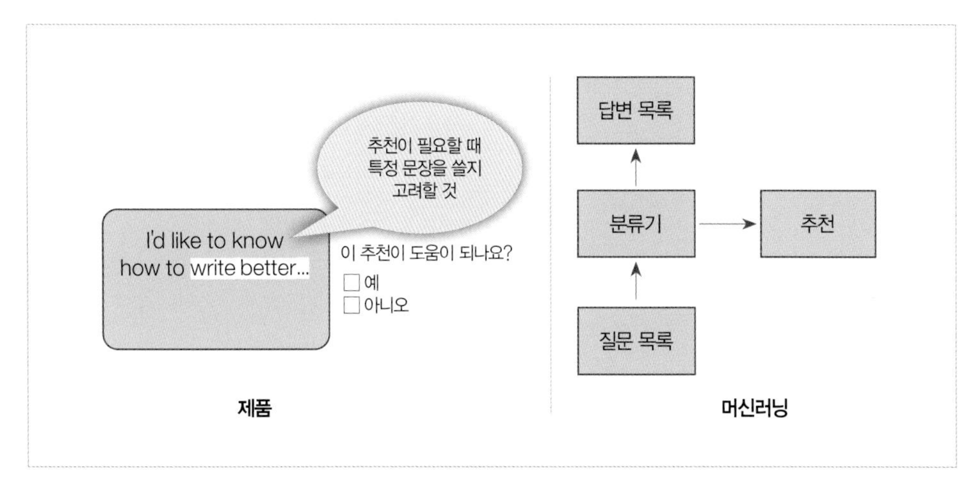

그림 I-1 제품과 머신러닝

1부는 가능성 있는 여러 방법 중에서 하나를 선택하는 법을 알아봅니다. 그다음 모델의 성능 지표와 제품의 요구 사항을 맞추는 방법을 다루겠습니다. 이를 위해 다음 두 주제를 먼저 살펴봅니다.

1장 제품의 목표를 머신러닝 문제로 표현하기

애플리케이션에 대한 아이디어가 해결 가능한 문제인지 예상하고, 이를 위해 머신러닝이 필요한지 결정하고, 시작하기 좋은 모델을 찾아봅니다.

2장 계획 수립하기

애플리케이션의 목적에 맞게 모델 성능을 정확하게 평가하는 방법을 다루고 측정 도구를 사용해 모델을 규칙적으로 향상하는 방법을 알아봅니다.

CHAPTER 1

제품의 목표를 머신러닝 문제로 표현하기

머신러닝을 사용하면 기계가 데이터로부터 학습하고, 주어진 목표에 맞게 최적화하는 확률적인 방식으로 문제를 해결할 수 있습니다. 이런 방식은 프로그래머가 단계별로 명령을 작성해 어떻게 문제를 해결하는지 나타내는 전통적인 프로그래밍과는 반대입니다. 따라서 **경험적으로 해결책을 정의할 수 없는 문제에 적합한 시스템을 만들 때** 특히 머신러닝이 유용합니다.

그림 1-1 전통적인 프로그램 방식과 샘플을 사용한 학습 방식

[그림 1-1]은 고양이를 감지하는 시스템을 만드는 두 가지 방법을 보여줍니다. 왼쪽 프로그램은 직접 작성한 명령문으로 구성됩니다. 오른쪽의 머신러닝 방법은 고양이와 강아지 레이블label이 부여된 데이터셋dataset으로 이미지를 해당 카테고리category로 매핑하는 모델을 학습합니다. 머

신러닝 방법에서는 어떻게 결과를 달성할지에 관한 지침은 없으며 일련의 입력과 출력 샘플[1]만 사용합니다.

머신러닝은 강력하며 완전히 새로운 제품을 만들 수 있지만 패턴 인식에 기반하기 때문에 일정한 불확실성uncertainty을 가집니다. 제품의 어떤 부분에 머신러닝을 사용하면 도움이 될지 파악하는 것이 중요합니다. 그리고 나쁜 사용자 경험이 발생할 위험을 최소화하도록 학습의 목표를 정해야 합니다.

예를 들어 픽셀 값을 기반으로 이미지에 있는 동물을 자동으로 감지하는 단계별 명령을 사람이 작성하는 것은 거의 불가능합니다(그리고 시간이 매우 많이 소요됩니다). 하지만 합성곱 신경망convolutional neural network(CNN)에 수천 개의 동물 사진을 주입하면 사람보다 정확하게 분류하는 모델을 만들 수 있습니다. 이런 작업은 머신러닝으로 해결할 수 있는 좋은 예입니다.

반면에 세금을 자동으로 계산하는 애플리케이션은 정부의 가이드라인을 따라야 합니다. 경험했을지 모르지만 세금 신고에 오류가 있으면 곤란해집니다. 따라서 머신러닝으로 세금을 자동으로 신고하려는 생각은 좋지 않습니다.

감당할 만한 규칙으로 문제를 해결할 수 있다면 머신러닝을 사용할 필요가 없습니다. 감당할 만하다는 의미는 명확한 코드로 작성할 수 있고 유지 보수하기 너무 복잡하지 않다는 뜻입니다.

머신러닝이 새로운 종류의 애플리케이션 등장을 가능하게 만들지만 머신러닝으로 어떤 작업을 해결할 수 있고, 해결해야 하는지 아는 것이 중요합니다. 제품을 만들 때 구체적인 비즈니스 문제에서부터 시작해 머신러닝이 필요한지 결정하고 가능한 한 빠르게 반복할 수 있는 머신러닝 방법을 찾아야 합니다.

이 장에서 이런 과정을 다룹니다. 머신러닝으로 해결할 수 있는 작업인지 판단하는 방법부터 어떤 머신러닝 방법이 제품의 목표에 적절한지, 어떤 데이터를 준비해야 하는지 알아보겠습니다. 서문의 '예제 프로젝트: 머신러닝 보조 글쓰기 애플리케이션'에서 소개한 머신러닝 에디터editor의 사례와 모니카 로가티Monica Rogati의 인터뷰를 통해 이런 방법을 설명하겠습니다.

1 옮긴이_ example이 데이터 포인트 하나를 나타내는 경우에는 '샘플'로 번역하고 그 외에는 '예', '사례' 등으로 옮겼습니다.

1.1 어떤 작업이 가능한지 예상하기

머신러닝 모델은 사람이 단계별 명령을 제공하지 않아도 문제를 해결할 수 있습니다. 이는 (의료 영상에서 암을 판독하거나 바둑을 두는 일과 같이) 일부 작업을 전문가보다 더 잘 수행하거나 (수백만 개의 글 중에서 하나를 추천하거나 한 사람의 목소리를 다른 사람 목소리로 바꾸는 것같이) 사람이 처리할 수 없는 작업도 수행할 수 있다는 것을 의미합니다.

데이터에서 직접 학습하는 머신러닝의 능력을 다양한 종류의 애플리케이션에 활용할 수 있지만 머신러닝으로 어떤 작업을 해결할 수 있는지 정확히 구별하기란 어렵습니다. 연구 논문이나 기업 블로그에서 발표한 성공적인 결과 이면에는 그럴싸한 수백 개의 실패한 아이디어가 있습니다.

머신러닝이 성공할지 예측하는 확실한 방법이 현재는 없지만, 머신러닝 프로젝트를 수행할 때 위험을 줄일 수 있는 가이드라인이 있습니다. 항상 제품의 목표를 고려해 최선의 방법을 결정하는 것이 가장 중요합니다. 이 단계에서는 머신러닝 포함 여부와 상관없이 모든 방법을 고려합니다. 머신러닝 접근 방법을 고려할 때는 단순히 얼마나 흥미로운지가 아니라 제품에 얼마나 잘 맞는지에 기초하여 평가해야 합니다.

가장 좋은 방법은 머신러닝 패러다임 안에서 제품의 목표를 정의하고 이 머신러닝 작업의 타당성을 평가하는 단계를 따르는 것입니다. 평가를 기반으로 만족할 때까지 정의를 재조정할 수 있습니다. 이 두 단계가 의미하는 바를 알아보겠습니다.

1. **머신러닝 패러다임 안에서 제품의 목표 정의하기**: 제품을 만들 때 먼저 사용자에게 제공하려는 서비스가 무엇인지 생각합니다. 서두에서 언급했듯이 이 책에서는 좋은 질문을 작성하도록 돕는 에디터를 예로 들어 설명합니다. 이 제품의 목표는 명확합니다. 사용자가 작성하는 내용에 대해 쓸모 있고 유용한 추천을 제공하는 것입니다. 하지만 머신러닝 문제는 완전히 다른 방식으로 정의됩니다. 머신러닝 문제는 **데이터로부터 어떤 함수를 학습하는 것**으로 간주됩니다. 예를 들어 한 언어의 문장을 입력받아 다른 언어로 출력하는 것을 학습합니다. 하나의 제품 목표에 대해 구현의 난이도가 각기 다른 다양한 머신러닝 방법을 설계할 수 있습니다.
2. **머신러닝 타당성 평가하기**: 모든 머신러닝 문제는 동일하지 않습니다! 머신러닝을 잘 이해하게 되면 고양이와 강아지 사진을 정확하게 분류하는 모델은 몇 시간 안에 만들 수 있습니다. 반면 대화 시스템을 만드는 문제는 여전히 연구 대상입니다. 효율적으로 머신러닝 애플리케이션을 만들기 위해서는 가능성 있는 여러 머신러닝 방법을 고려하고 가장 간단한 것부터 시도해봐야 합니다. 머신러닝 문제의 복잡도를 평가하는 가장 좋은 방법 중 하나는 필요한 데이터의 종류와 이런 데이터를 사용할 수 있는 기존 모델이 있는지 살펴보는 것입니다.

여러 가지 방식을 고려하고 가능성을 평가하기 위해 머신러닝 문제의 두 가지 핵심 요소인 모델과 데이터를 파악해야 합니다.

먼저 모델부터 시작해보죠.

1.1.1 모델

머신러닝에 사용되는 주요 모델은 많지만 여기에서 모든 모델을 소개하는 것은 어렵습니다. 더 자세한 내용은 서문의 '추가 자료'에 소개된 책을 참고하세요. 널리 사용되는 모델 외에도 다양한 변종 모델과 새로운 구조, 새로운 최적화 전략이 매주 발표되고 있습니다. arXiv[2]는 새로운 모델에 대한 논문이 자주 등록되는 온라인 논문 저장소입니다. 2019년 5월에만 13,000개 이상의 논문이 여기에 등록되었습니다.

하지만 카테고리별로 모델을 소개하고 다른 종류의 문제에 어떻게 적용할 수 있는지 알아보는 것이 좋습니다. 이를 위해 문제 접근 방식에 따른 간단한 모델 분류법을 제안합니다. 특정 머신러닝 문제의 해결 방법을 고르기 위한 가이드로 사용할 수 있습니다. 머신러닝에서는 모델과 데이터가 매우 밀접하게 연관되어 있기 때문에 이 내용이 1.1.2절과 중첩되는 부분이 약간 있습니다.

머신러닝 알고리즘은 레이블의 필요 여부에 따라 나눌 수 있습니다. 여기서 레이블은 데이터의 일부분이며 주어진 샘플에 대해 모델이 만들어야 할 이상적인 출력을 의미합니다. 지도 학습 알고리즘supervised algorithm의 목적은 레이블을 포함한 데이터셋을 입력으로 사용하여 입력으로부터 레이블을 매핑하는 방법을 학습하는 것입니다. 반면 비지도 학습 알고리즘unsupervised algorithm은 레이블을 필요로 하지 않습니다. 마지막으로 약지도 학습 알고리즘weakly supervised algorithm은 정확히 원하는 출력은 아니지만 비슷하거나 일부 정보만 가진 레이블을 사용합니다.

많은 제품의 목표를 지도 학습과 비지도 학습 알고리즘으로 다룰 수 있습니다. 레이블이 없더라도 평범하지 않은 거래 내역을 감지하도록 모델을 훈련하여 부정 거래 감지 시스템을 구축할 수 있습니다. 이런 시스템은 수동으로 부정 거래와 정상 거래로 레이블을 부여하고, 소위 레이블에서 학습하는 모델을 훈련할 수도 있습니다.

---

2 옮긴이_ *https://arxiv.org/*

대부분의 애플리케이션에서 레이블로 모델의 예측 품질을 평가할 수 있기 때문에 지도 학습 모델은 검증하기 쉽습니다. 또한 원하는 출력이 있으므로 모델을 훈련하기 쉽습니다. 레이블을 가진 데이터셋을 만드는 일은 이따금 시간이 많이 소요되지만 모델을 만들고 검증하기 훨씬 쉽습니다. 이런 이유로 책에서는 대부분 지도 학습 방법을 다룹니다.

모델의 입력과 출력의 종류를 결정하면 가능한 접근 방법을 좁히는 데 크게 도움이 됩니다. 이런 입력과 출력의 종류를 바탕으로 다음 머신러닝 카테고리 중에서 잘 맞는 것을 찾을 수 있습니다.

- 분류classification와 회귀regression
- 지식 추출knowledge extraction
- 카탈로그 구성catalog organization
- 생성 모델generative model

이어지는 문단에서 더 자세히 알아봅니다. 이런 여러 종류의 모델을 살펴보면서 독자들이 보유하고 있거나 모을 수 있는 데이터가 무엇인지 생각해보는 것이 좋습니다. 종종 데이터 가용성은 모델의 선택을 제한하는 요소가 됩니다.

분류와 회귀

어떤 프로젝트는 두 개 이상의 범주category[3]로 데이터 포인트[4]를 분류하거나 연속적인 값을 예측하는 데 초점을 맞춥니다(전자를 **분류**, 후자를 **회귀**라고 부릅니다). 분류와 회귀는 기술적으로 다르지만 이 문제를 다루는 방법들이 많이 겹치므로 함께 설명하겠습니다.

분류와 회귀가 비슷한 이유 중 하나는 대부분의 분류 모델이 하나의 범주에 속할 확률 점수를 출력하기 때문입니다. 분류에서는 이 점수를 기반으로 샘플을 하나의 범주로 어떻게 할당할지 결정합니다. 따라서 고수준에서 보면 분류 모델을 확률값을 만드는 회귀로 볼 수 있습니다.

개별 샘플을 분류하거나 점수를 매기는 경우가 많습니다. 예를 들어 이메일이 스팸인지 아닌지 분류하는 스팸 필터, 부정 거래인지 아닌지 감지하는 부정 거래 탐지 시스템, 뼈가 골절되었는지 아닌지를 의학 영상으로 판단하는 컴퓨터 비전 모델 등입니다.

3 옮긴이_ category가 분류 문제의 클래스(class)를 의미할 때는 '범주'로 번역하고 그 외에는 '카테고리'라고 썼습니다.
4 옮긴이_ 데이터셋에 있는 샘플 하나를 데이터 포인트(data point)라고도 부릅니다.

[그림 1-2]는 문장을 감성과 토픽topic에 따라 분류하는 예입니다.

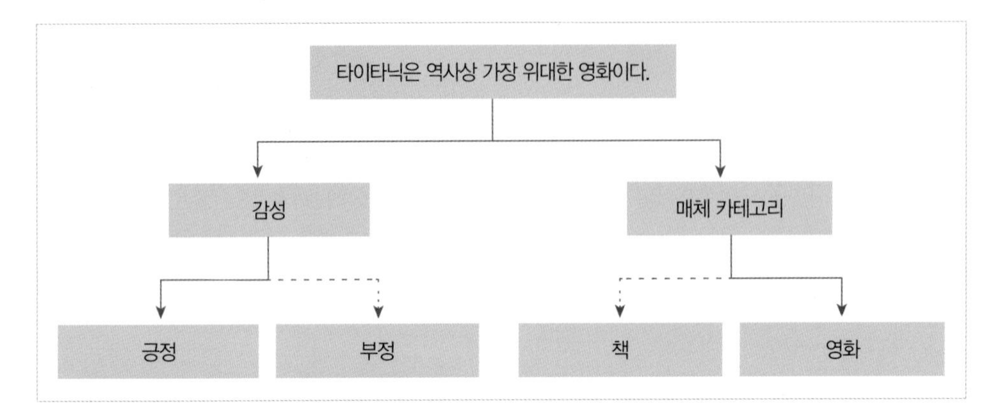

그림 1-2 문장을 여러 가지 범주로 분류하기

회귀 문제에서는 샘플에 클래스class를 할당하는 대신, 값을 출력합니다. 회귀의 예를 하나 들자면 방 개수와 거주 지역을 기반으로 주택 가격을 예측하는 것입니다.

어떤 경우에는 미래 사건을 예측하기 위해 (한 개가 아닌) 여러 개의 과거의 데이터 포인트를 사용합니다. 이런 종류의 데이터를 **시계열**time series이라고 부르며 일련의 연속된 데이터 포인트에서 예측을 만드는 작업을 **포캐스팅**forecasting[5]이라고 부릅니다. 환자의 의료 기록이나 국립공원의 방문객 수를 시계열 데이터로 표현할 수 있습니다. 이런 작업에는 부가적인 시간 차원을 이용할 수 있는 모델과 특성feature이 잘 맞습니다.

데이터셋에서 일상적이지 않은 사건을 감지하는 경우도 있습니다. 이를 **이상치 탐지**anomaly detection라고 부릅니다. 분류 모델로 데이터에서 적은 양을 차지하는 한 종류의 사건을 정확히 감지하기 어려울 때 종종 이런 방법이 필요합니다. 비유하자면 마치 모래사장에서 바늘을 찾는 것과 같습니다.

잘 동작하는 분류와 회귀 모델은 종종 특성 선택feature selection과 특성 공학feature engineering 작업이 많이 필요합니다. 특성 선택은 가장 예측 성능이 좋은 특성 부분집합을 찾는 것입니다. 특성 생

5 옮긴이_ 이후부터는 predict와 forecast를 구분하지 않고 모두 예측이라고 표현합니다.

성feature generation[6]은 데이터셋의 기존 특성을 수정하거나 연결하여 타깃target[7]에 잘 맞는 새로운 특성을 찾고 만드는 작업입니다. 이 두 주제는 3부에서 자세히 다루겠습니다.

최근에는 딥러닝이 이미지, 텍스트, 오디오에서 유용한 특성을 자동으로 생성하는 능력을 선보였습니다. 미래에는 특성 생성과 특성 선택을 단순화하는 데 딥러닝이 더 큰 역할을 할 수 있지만 아직은 머신러닝 워크플로workflow에서 처리할 일입니다.

마지막으로 앞서 언급한 분류나 점수를 기반으로 유용한 조언을 제공하는 시스템도 만들 수 있습니다. 설명 가능한 분류 모델을 만들고 이를 사용해 실행 가능한 조언을 생성해야 합니다. 나중에 더 자세히 알아봅니다.

샘플에 범주나 값을 할당하는 게 모든 문제의 목적은 아닙니다. 어떤 경우에는 더 미세한 수준에서 동작하며 입력의 일부분에서 정보를 추출하는 것이 필요합니다. 예를 들면 사진에서 물체의 위치를 파악하는 경우입니다.

구조적이지 않은 데이터에서 지식 추출하기

구조적인 데이터structured data는 테이블table 형태로 저장되는 데이터입니다. 데이터베이스 테이블과 엑셀 시트sheet가 구조적인 데이터의 좋은 예입니다. **구조적이지 않은 데이터**unstructured data는 테이블 형태로 저장되어 있지 않은 데이터셋을 말합니다. 여기에는 텍스트(기사, 리뷰, 위키백과 등), 음악, 비디오, 노래가 포함됩니다.

[그림 1-3] 왼쪽에 구조적인 데이터 예가 있고 오른쪽에 구조적이지 않은 데이터가 있습니다. 지식 추출 모델은 구조적이지 않은 데이터를 입력받아 머신러닝으로 어떤 구조를 추출하는 데 초점을 맞춥니다.

예를 들어 텍스트에서 지식 추출을 사용해 리뷰에서 구조적인 정보를 파악할 수 있습니다. 모델을 훈련해 리뷰에서 청결도, 서비스 품질, 가격 같은 요소를 추출할 수 있습니다. 이렇게 하면 사용자는 관심 있는 주제를 골라서 쉽게 리뷰를 찾아볼 수 있습니다.

---

6 옮긴이_ 이 책은 특성 공학과 특성 생성을 동일하게 취급하지만 종종 특성 공학이 특성 선택과 특성 생성을 모두 포함하는 것으로 정의하기도 합니다.

7 옮긴이_ 타깃은 각 샘플에 대한 레이블 또는 정답값을 말합니다.

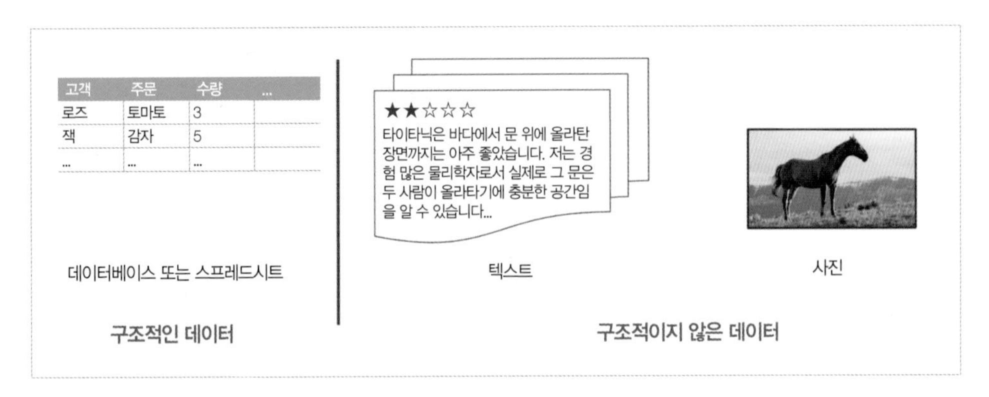

그림 1-3 구조적인 데이터와 구조적이지 않은 데이터의 예

의료 분야에서는 의학 논문의 텍스트를 입력받아 논문에서 다루는 질병과 연관된 진단 방법, 치료 효과 같은 정보를 추출하는 지식 추출 모델을 만들 수 있습니다. [그림 1-4]에 있는 모델은 문장을 입력받아 매체의 종류를 나타내는 단어와 제목을 나타내는 단어를 추출합니다. 예를 들어 영화 커뮤니티 사이트의 댓글에 이런 모델을 적용하면 자주 언급되는 영화에 대한 정보를 만들 수 있습니다.

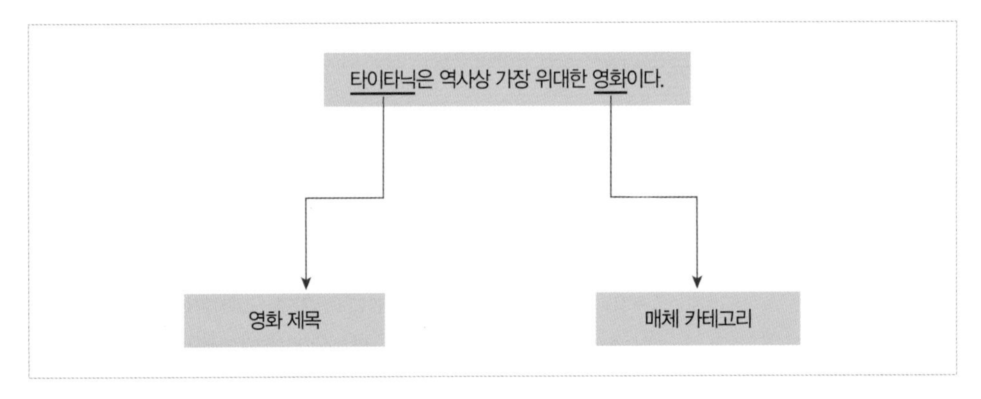

그림 1-4 문장에서 매체 카테고리와 제목 추출하기

이미지의 경우, 지식 추출 작업은 주로 이미지에서 관심 영역을 찾아 이를 분류합니다. [그림 1-5]는 널리 사용하는 두 가지 방법입니다. 객체 탐지object detection는 관심 영역 주위에 사각형(**바운딩 박스**bounding box라고 부릅니다)을 그리는 느슨한 접근 방법입니다. 반면 이미지 분할image segmentation은 세밀하게 이미지의 각 픽셀을 하나의 범주에 할당합니다.

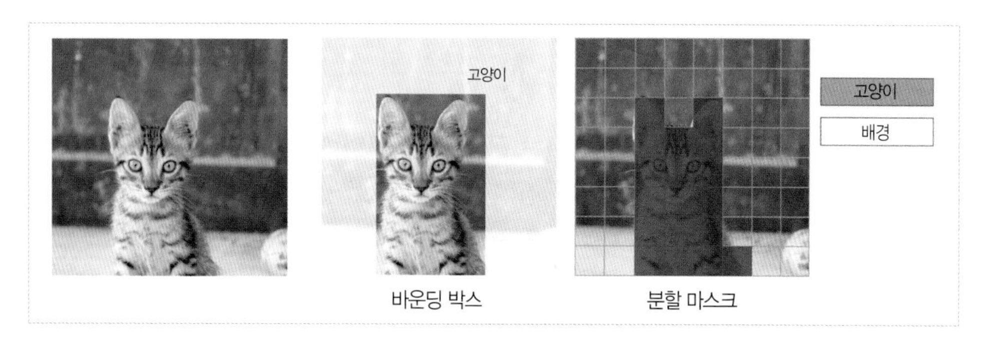

그림 1-5 바운딩 박스와 분할 마스크mask

이따금 추출된 정보를 다른 모델의 입력으로 사용할 수 있습니다. 예를 들어 자세 감지pose detection 모델을 사용해 요가 비디오에서 중요 포인트를 추출합니다. 그다음 이를 두 번째 모델에 주입하여 레이블된 데이터를 기반으로 자세가 올바른지 여부를 분류할 수 있습니다. [그림 1-6]은 이런 작업을 수행하는 두 개의 연결된 모델을 보여줍니다. 첫 번째 모델이 구조적이지 않은 데이터(사진)에서 구조적인 정보(관절의 좌표)를 추출합니다. 두 번째 모델은 이 좌표를 특정한 요가 자세로 분류합니다.

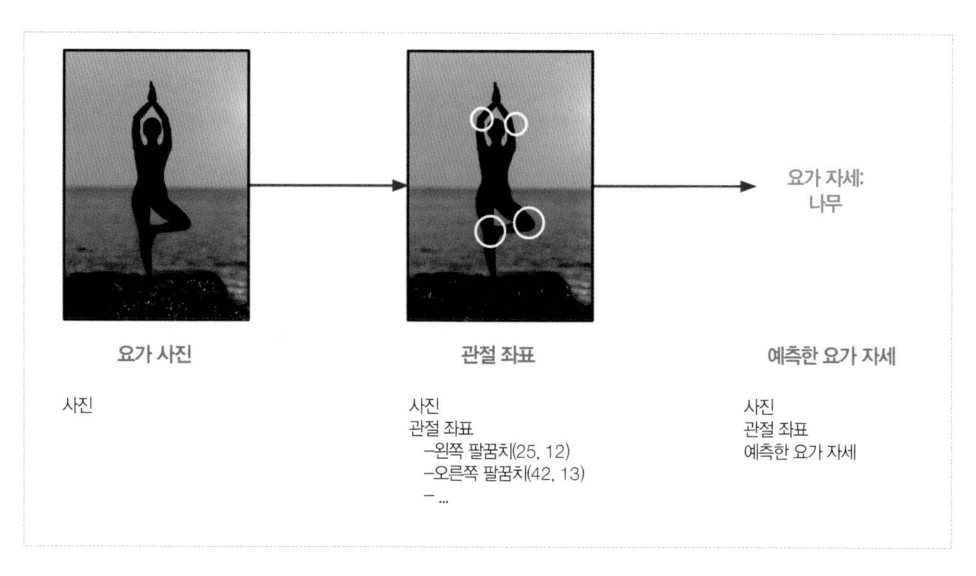

그림 1-6 요가 자세 감지

지금까지 살펴본 모델은 주어진 입력에 대한 출력을 생성하는 데 초점을 맞춥니다. 검색엔진이나 추천 시스템 같은 경우라면 관련성을 가진 아이템을 찾는 게 제품의 목표입니다. 다음 절에서 이에 대해 다루어보겠습니다.

카탈로그 구성

카탈로그 구성 모델은 종종 사용자에게 보여줄 출력의 집합을 만듭니다. 검색창에 쓴 문자열이나 업로드한 이미지, AI 홈 비서에서 말한 음성에 따라 출력을 만들 수 있습니다. 동영상 스트리밍 서비스와 같이 사용자가 요청을 하지 않아도 좋아할 만한 콘텐츠를 미리 제시할 수 있습니다.

[그림 1-7]은 사용자가 검색 기능을 사용하지 않아도 시청한 영화를 기반으로 좋아할 만한 영화 후보를 추천하는 시스템을 보여줍니다.

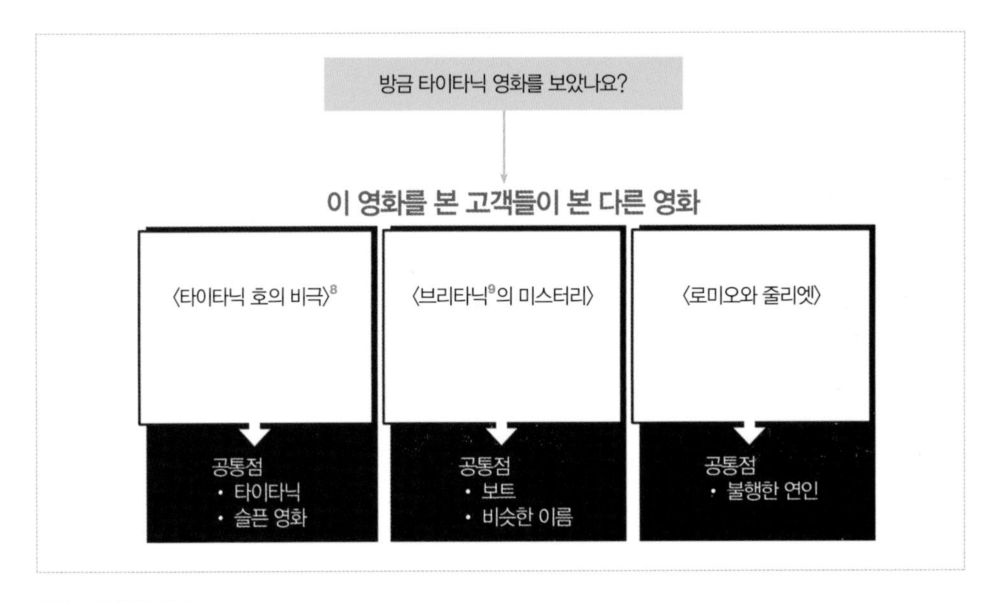

그림 1-7 영화 추천

8 옮긴이_ 타이타닉을 소재로 한 1958년작 영화입니다.

9 옮긴이_ 브리타닉(Britannic)은 타이타닉의 자매선으로 제1차 세계 대전 때 병원선으로 사용되었습니다. 1916년 독일 잠수함의 어뢰 또는 기뢰에 의해 침몰되었다고 알려져 있습니다.

이런 모델은 (미디엄Medium의 글이나 아마존의 상품처럼) 사용자가 관심을 보인 아이템과 관련된 아이템을 추천하거나 (텍스트를 입력하거나 사진을 업로드해서 아이템을 찾을 수 있는 것처럼) 카탈로그에서 탐색하는 방법을 제공합니다.

이런 추천은 대부분 사용자의 이전 패턴에서 학습한 결과를 바탕으로 합니다. 이를 **협업 추천 시스템**collaborative recommendation system이라고 부릅니다.[10] 아이템의 특정 속성에 기반하는 경우에는 **콘텐츠 기반 추천 시스템**content-based recommendation system이라고 부릅니다. 일부 시스템은 협업 추천과 콘텐츠 기반 추천을 모두 사용합니다.

마지막으로 머신러닝은 예술적인 목적으로도 사용됩니다. 모델이 아름다운 이미지, 오디오, 심지어 재미있는 텍스트를 생성하는 방법을 배울 수 있습니다. 이런 모델을 생성 모델이라 부릅니다.

생성 모델

생성 모델generative model은 사용자의 입력에 따라 데이터를 생성하는 데 초점을 맞춥니다. 생성 모델은 샘플을 어떤 범주로 분류하거나 점수를 매기고, 정보를 추출하고, 조직화하는 것이 아닙니다. 이 모델은 데이터를 생성하는 데 관심이 있기 때문에 일반적으로 출력이 다양합니다. 이 말은 번역과 같이 출력이 매우 다양한 작업에 생성 모델이 특히 잘 맞는다는 것을 의미합니다.

반면 생성 모델은 훈련과 출력에 제한이 적은 경우 사용되기 때문에 제품 시스템에 사용하기가 어려울 수 있습니다. 이런 이유로 생성 모델이 제품의 목적을 달성하는 데 필수적이지 않다면, 먼저 다른 모델을 시도해보는 것을 권합니다. 생성 모델을 자세히 알고 싶다면 데이비드 포스터의 『미술관에 GAN 딥러닝 실전 프로젝트』(한빛미디어, 2019)[11]를 추천합니다.

실용적인 예제로는 한 언어에서 다른 언어로 매핑하는 번역, 요약summarization, 영상과 음성의 자막 생성, 이미지 스타일을 변환하는 뉴럴 스타일 트랜스퍼neural style transfer[12]가 있습니다.

---

10 옮긴이_ 이런 알고리즘을 협업 필터링(collaborative filtering)이라고도 부릅니다.

11 옮긴이_ 또는 『GAN 인 액션』(한빛미디어, 2020)을 추천합니다.

12 Gatys et al., 「A Neural Algorithm of Artistic Style」(https://oreil.ly/XVwMs)

[그림 1-8]은 왼쪽의 사진[13]을 오른쪽 아래의 그림[14]과 비슷한 스타일로 변환하는 생성 모델의 예입니다.

그림 1-8 스타일 트랜스퍼

이제 알 수 있겠지만 모델의 종류에 따라 훈련에 필요한 데이터가 달라집니다. 일반적으로 어떤 모델을 선택할 때, 데이터를 구할 수 있는지를 충분히 고려해야 합니다. 즉 가용 데이터가 종종 모델 선택에 영향을 미칩니다.

몇 가지 데이터 예시와 이와 연관된 모델을 소개하겠습니다.

1.1.2 데이터

지도 학습 머신러닝 모델은 데이터에 있는 패턴을 사용해 입력과 출력 사이에서 유용한 매핑을 학습합니다. 데이터셋이 타깃을 예측할 수 있는 특성을 담고 있다면 적절한 모델을 학습할 수 있습니다. 하지만 초기에는 제품에 맞는 엔드투엔드end-to-end 모델을 훈련하기 위한 올바른 데이터를 가지지 못한 경우가 많습니다.

예를 들어 고객의 요청을 듣고, 의도를 이해한 다음, 이를 기반으로 행동을 취하는 **음성 인식**speech recognition 시스템을 훈련한다고 가정해보죠. 이런 프로젝트를 시작할 때 이해해야 할 의

13 옮긴이_ 이 사진은 독일의 대학 도시인 튀빙겐(Tübingen)의 관광 명소로 네카어(Neckar) 강변을 따라 늘어선 구시가지 모습입니다.

14 옮긴이_ 이 그림은 19세기 초에 활동한 영국 풍경 화가 조지프 말러드 윌리엄 터너(Joseph Mallord William Turner)가 그린 「The Wreck of a Transport Ship」입니다.

도의 집합을 정의할 수 있습니다. 예를 들면 "텔레비전으로 영화 틀어줘"와 같습니다.

이런 작업을 수행할 머신러닝 모델을 훈련하려면 다양한 사용자들의 명령이 들어 있는 오디오 클립 데이터셋이 필요합니다. 모델은 제공된 데이터에서만 학습하기 때문에 대표성을 가진 입력 데이터가 매우 중요합니다. 데이터셋이 전체 모집단의 부분집합에 해당하는 일부 샘플만 담고 있다면 훈련된 모델은 이 부분집합에서만 유용합니다. 이런 점을 고려하면 특정 제품을 위한 데이터셋이 사전에 존재할 가능성은 매우 낮습니다.

만들고자 하는 대부분의 애플리케이션에서 데이터 검색, 수집, 정리가 필요합니다. 데이터 수집 과정은 프로젝트 요구 사항에 따라 범위와 복잡도가 매우 다릅니다. 따라서 성공적인 프로젝트를 위해서는 사전에 필요한 작업을 예상해보는 것이 중요합니다.

먼저 데이터셋을 검색할 때 마주칠 만한 몇 가지 상황을 정의해보겠습니다. 이런 상황은 초기에 진행 과정을 결정하는 데 핵심 요소가 됩니다.

데이터 타입

입력을 출력에 매핑하는 것으로 문제를 정의한 후, 이 매핑을 위한 데이터 소스를 검색할 수 있습니다.

부정 거래 탐지일 경우, 부정 거래자와 정상 거래자의 거래 내역과 계정 정보로 행동을 예측합니다. 번역의 경우에는 소스 언어의 문장과 타깃 언어의 문장이 쌍으로 구성된 말뭉치corpus가 됩니다. 콘텐츠 구성과 검색의 경우라면 과거 검색과 클릭 기록이 됩니다.

정확히 찾으려는 매핑 데이터를 구하기는 어렵기 때문에 몇 가지 다른 시나리오를 고려하는 것이 좋습니다. 이를 데이터에 대한 욕구의 단계hierarchy of needs[15]라고 생각하세요.

데이터 가용성

데이터의 가용성은 최선의 시나리오에서 가장 어려운 것까지 크게 세 가지 수준이 있습니다. 안타깝게도 대부분의 다른 작업과 마찬가지로 보통 가장 유용한 데이터가 가장 찾기 어려울 것이라 생각할 수 있습니다. 이 시나리오를 차례대로 살펴보겠습니다.

---

15 옮긴이_ 매슬로의 욕구단계설(Maslow's hierarchy of needs) 개념에서 출발한 비유적인 표현입니다(참고: *https://ko.wikipedia.org/wiki/매슬로의_욕구단계설*).

레이블을 가진 데이터가 있는 경우

[그림 1-9]의 가장 왼쪽에 해당됩니다. 지도 학습 모델을 사용할 때 **레이블된 데이터셋**을 찾는 것은 모든 머신러닝 기술자들의 꿈입니다. 레이블되었다는 의미는 모델이 예측하려는 타깃 값이 데이터 포인트에 포함되었다는 뜻입니다. 레이블이 정답에 해당하기 때문에 모델 훈련과 품질 평가를 매우 쉽게 만들어줍니다. 요구 사항에 맞고, 웹에서 무료로 다운로드할 수 있는 레이블된 데이터셋을 찾기란 실제로는 어렵습니다. 찾은 데이터셋을 필요한 데이터셋으로 착각하는 실수도 종종 저지릅니다.

유사 레이블을 가진 데이터가 있는 경우

[그림 1-9]의 가운데에 해당합니다. 정확한 타깃은 아니지만 이와 연관된 레이블이 데이터셋에 포함됩니다. 음악 스트리밍 서비스에서 노래 재생과 건너뛰기 기록은 선호도를 예측하기 위한 유사 레이블을 가진weakly labeled 데이터셋의 한 예입니다. 노래를 듣다가 넘겼다면 좋아하지 않는다는 의미입니다. 유사 레이블은 정확하지는 않지만 완벽한 레이블보다 찾기 쉬운 경우가 많습니다.

레이블이 없는 데이터가 있는 경우

이 경우는 [그림 1-9]의 오른쪽에 해당합니다. 입력과 출력을 매핑한 레이블된 데이터셋이 없지만, 적어도 관련된 샘플을 가진 데이터셋을 구할 수 있습니다. 텍스트 번역의 경우, 두 언어의 텍스트 데이터를 대량으로 구할 수 있지만 두 데이터를 직접 매핑할 수는 없습니다. 즉 데이터셋에 레이블을 부여해야 하거나 레이블되지 않은 데이터에서 학습하는 모델을 찾아야 합니다. 또는 둘을 모두 수행해야 함을 의미합니다.

데이터를 수집해야 하는 경우

어떤 경우에는 레이블이 없는 데이터에서 한 걸음 더 나아가 먼저 데이터를 수집해야 합니다. 필요한 데이터셋을 가지고 있지 않은 경우가 많기 때문에 이런 데이터를 수집할 방법을 찾아야 합니다. 종종 이는 해결하기 어려운 작업으로 보이지만 빠르게 수집해서 데이터에 레이블을 부여하는 여러 가지 방법이 있습니다. 4장에서 이에 대해 자세히 알아보겠습니다.

다음의 예시를 보면 사용자가 입력한 질문과 더 나은 단어로 쓰인 질문으로 구성된 데이터셋이 이상적입니다. 질문에 대해 '좋아요'나 '찬성upvote' 같이 정성적인 의미의 레이블이 포함된 데이터셋은 **유사 레이블**을 가진 데이터셋입니다. 이런 데이터셋은 모델이 좋은 질문과 나쁜 질문을 학습하는 데 도움이 되지만 같은 질문에 대한 개선된 버전을 제공하지는 않습니다. [그림 1-9]에서 이런 예를 모두 볼 수 있습니다.

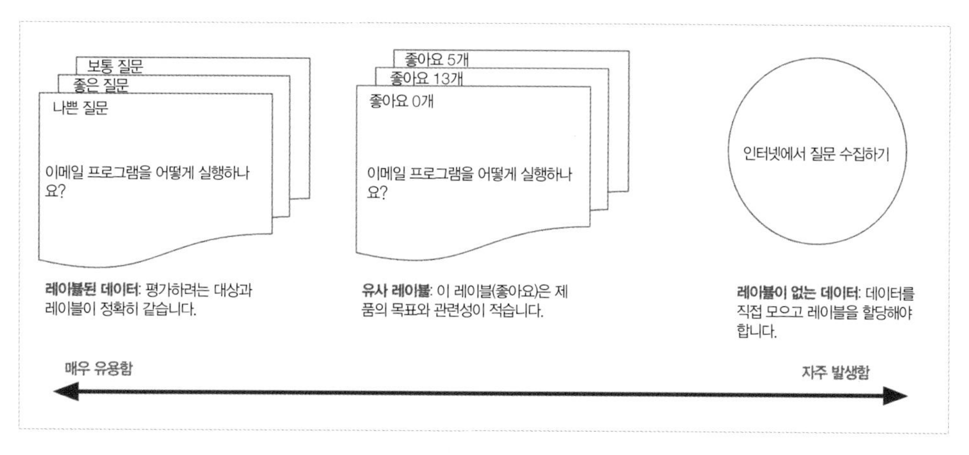

그림 1-9 데이터 가용성 vs 데이터 유용성

일반적으로 머신러닝에서 유사 레이블을 가진 데이터셋은 모델이 학습하는 데 도움이 되는 정보를 갖지만 정확한 답을 가지고 있지 않은 데이터셋을 의미합니다. 실전에서는 수집할 수 있는 대부분의 데이터셋이 유사 레이블을 가집니다.

불완전한 데이터셋을 가지더라도 괜찮으며 작업을 멈출 필요가 없습니다. 머신러닝 작업 과정은 원래 반복적인 과정이므로 데이터 품질에 상관없이 한 데이터셋으로 시작해 초기 결과를 만드는 것이 최선입니다.

데이터셋을 만드는 일은 반복적인 작업입니다

많은 경우에 입력과 원하는 출력을 바로 매핑한 데이터셋을 즉각 찾을 수 없습니다. 따라서 시작하기에 적절한 데이터셋을 쉽게 찾을 수 있도록 문제를 반복해서 점진적으로 정의해나가는 것이 좋습니다. 데이터셋을 탐색하고 사용할 때마다 다음 버전의 데이터셋을 준비하고, 모델에 유용한 특성을 생성하는 데 가치 있는 정보를 얻을 수 있을 것입니다.

지금까지 여러 가지 모델과 데이터셋을 구별하고 가장 적절한 것을 고르는 방법을 배웠습니다.

이제 사례를 살펴보며 어떻게 적용하는지 알아보겠습니다.

1.2 머신러닝 에디터 설계

올바른 머신러닝 구조를 찾기 위해 어떻게 제품 설계를 반복하는지 알아보죠. 제품의 목표(사용자가 질문을 잘 작성하도록 돕는 일)를 머신러닝 패러다임으로 바꾸는 방법을 설명하면서 이 과정을 진행하겠습니다.

사용자의 질문을 받고 더 나은 문장으로 개선하는 에디터를 만들려고 합니다. 여기에서 '더 낫다'는 것은 무엇일까요? 먼저 글쓰기 지원 에디터의 제품 목표를 조금 더 자세히 정의해보겠습니다.

많은 사람들이 질문의 답을 얻기 위해 포럼이나 소셜 네트워크, 스택 오버플로Stack Overflow[16] 같은 웹사이트를 사용합니다. 하지만 질문하는 방식이 유용한 답을 얻는 데 큰 영향을 미칩니다. 질문에 대한 답을 찾으려는 사람이나 동일한 문제에 대한 답을 찾으려는 사용자 모두에게 이런 현상은 바람직하지 않습니다. 결국 이 제품의 목적은 **더 나은 질문을 하도록 돕는 에디터를 만드는 것**입니다.

제품의 목표를 세웠으니 이제 사용할 모델을 결정해야 합니다. 이 결정을 내리기 위해 앞서 언급한 모델 선택과 데이터 검증의 반복 과정을 거치도록 하겠습니다.

1.2.1 머신러닝으로 모든 것 처리하기: 엔드투엔드 프레임워크

여기에서 엔드투엔드의 의미는 중간 단계를 거치지 않고 하나의 모델로 입력에서 출력을 만드는 것을 뜻합니다. 대부분 제품의 목표가 매우 구체적이기 때문에 엔드투엔드 방식으로 학습하여 모든 시나리오에 대처하려면 커스터마이징된 최신 머신러닝 모델이 필요합니다. 이런 모델을 개발하고 유지 관리하기 위한 자원을 가진 팀에게는 적절한 방법이지만, 먼저 잘 이해할 수 있는 모델로 시작하는 것이 좋습니다.

---

16 https://stackoverflow.com

이 예제의 경우 잘 쓰이지 못한 질문과 전문가에 의해 수정된 버전으로 구성된 데이터셋을 수집할 수 있습니다. 그다음 생성 모델을 사용해 한 텍스트에서 다른 텍스트를 만듭니다.

[그림 1-10]에 이 모델이 있습니다. 왼쪽에 사용자 입력이 있고 오른쪽에 원하는 출력, 그 사이에 모델이 있는 간단한 그림입니다.

그림 1-10 엔드투엔드 방식

보시다시피, 이 방법에는 다음과 같은 난관이 있습니다.

데이터

이런 데이터셋을 얻으려면 같은 의도를 가지지만 작문 품질 수준이 다른 질문의 쌍을 구해야 합니다. 이런 데이터셋은 찾기 매우 어렵습니다. 직접 이런 데이터셋을 만들려면 전문 편집자의 도움을 받아서 데이터를 생성해야 하므로 비용이 많이 듭니다.

모델

한 문장에서 다른 문장을 매핑하는 모델은 앞서 언급한 생성 모델에 속합니다. 이런 모델은 최근 몇 년간 급격히 발전했습니다. 시퀀스-투-시퀀스sequence-to-sequence 모델[17]은 번역 작업을 위해 2014년 개발되어 기계 번역과 사람 번역 사이의 간격을 좁혔습니다. 하지만 이런 모델의 성공은 대부분 문장 수준의 작업에 기반했고, 한 문단보다 긴 텍스트를 처리하는 데 자주 사용되지 않았습니다. 지금까지는 한 문단을 다른 언어로 옮길 때, 긴 범위에 걸친 문맥을 감지할 수 없었기 때문입니다. 또한 일반적으로 많은 모델 파라미터model parameter를 사용하기 때문에 훈련 속도가 느립니다. 모델이 한 번만 훈련된다면 이슈가 되지 않습니다. 만약 매시간 또는 매일 다시 훈련해야 한다면 훈련 시간이 중요한 요소가 될 수 있습니다.

17 I. Sutskever et al., 「Sequence to Sequence Learning with Neural Networks」(https://arxiv.org/abs/1409.3215)

응답 속도

시퀀스-투-시퀀스 모델은 종종 **자기회귀 모델**autoregressive model이라 부릅니다. 모델이 앞서 출력한 단어를 다음 출력을 만드는 데 사용한다는 의미입니다. 이로 인해 인접한 단어에서 얻은 정보를 사용할 수 있지만 단순한 모델보다 훈련training과 추론inference을 느리게 만듭니다. 이런 모델은 추론 시에 응답을 하는 데 몇 초가 걸릴 수 있습니다. 반면 간단한 모델은 1초 안에 응답합니다. 충분히 빠르게 실행하도록 모델을 최적화할 수 있지만 추가적인 엔지니어링 작업이 필요합니다.

구현의 용이성

복잡한 엔드투엔드 모델은 구성 요소가 많기 때문에 훈련 과정이 매우 어렵고 오류가 발생하기 쉽습니다. 따라서 모델의 잠재적인 성능과 파이프라인에 추가될 복잡도 사이의 트레이드오프를 생각해야 합니다. 복잡도가 커지면 파이프라인 구축에 시간이 걸리지만 유지 보수 작업도 늘어나게 됩니다. 만약 다른 팀원이 모델을 반복해서 향상할 거라 예상한다면 간단하고 잘 이해할 수 있는 모델을 고르는 것이 좋습니다.

엔드투엔드 방식을 적용할 수는 있지만 성공에 대한 보장이 없는 상태에서 데이터 수집과 엔지니어링 노력이 많이 필요합니다. 따라서 다음 절에서 소개하는 대안을 고려해볼 필요가 있습니다.

1.2.2 가장 간단한 방법: 알고리즘이 되어보기

이 절의 끝에 있는 인터뷰에서 보겠지만, 알고리즘을 구현하기 전에 알고리즘이 되어보는 것이 데이터 과학자에게는 종종 좋은 생각입니다. 다른 말로 하면 주어진 문제에 대한 최선의 자동화 방법을 이해하기 위해 수동으로 작업을 해결해보는 것입니다. 가독성과 답을 얻을 확률을 높이기 위해 질문을 직접 수정하려면 어떻게 해야 할까요?

첫 번째 방식은 데이터를 전혀 사용하지 않고 사전 지식을 사용해 질문이나 텍스트를 잘 쓰도록 만드는 방법을 정의하는 겁니다. 일반적인 작문 기술을 알기 위해 전문적인 편집자에게 도움을 얻거나 신문의 기사 작성 가이드를 살펴볼 수도 있습니다.

또한 데이터셋에서 개별 샘플과 트렌드를 확인하고 이런 정보를 모델링 전략에 활용해야 합니다. 이에 대해서는 4장에서 자세히 알아보겠습니다.

먼저 기존 연구[18]를 통해 명확하게 글을 쓰는 데 도움이 되는 몇 가지 속성을 확인할 수 있습니다. 이런 속성은 다음과 같은 요소를 포함합니다.

단순한 문장

신인 작가에게 단순한 단어와 문장 구조를 사용하라고 조언하는 경우가 많습니다. 따라서 적절한 문장과 단어 길이에 일련의 조건을 정의하고 필요하면 수정을 권고할 수 있습니다.

어조

극단적인 성향의 텍스트를 판단하기 위해 부사, 최상급, 구두점 사용을 측정합니다. 상황에 따라 완고한 질문은 더 적은 답변을 받을 수 있습니다.

구조적인 특징

마지막으로 인사말이나 물음표 같은 중요한 구조적인 속성을 추출합니다.

유용한 특성을 구별하거나 생성했다면 이를 사용해 추천 사항을 제공하는 간단한 솔루션을 만들 수 있습니다. 여기에는 머신러닝을 사용하지 않지만 두 가지 이유 때문에 이 단계가 중요합니다. 기준 모델을 빨리 구현하고, 모델을 평가하는 척도로 사용할 수 있기 때문입니다.

좋은 글을 감지하는 방법에 대한 아이디어를 검증하기 위해 좋은 문장과 나쁜 문장을 모아 데이터셋을 구성하고, 이 특성을 사용해 좋은 것과 나쁜 것을 구별할 수 있는지 알아볼 수 있습니다.

1.2.3 중간 단계: 경험에서 배우기

기본적인 특성이 준비되었다면 이를 사용해 텍스트 데이터의 스타일을 학습하는 모델을 만들 수 있습니다. 이렇게 하려면 데이터셋을 모으고, 앞서 언급한 특성을 추출하고, 좋은 샘플과 나

---

18 https://oreil.ly/jspYn

쁜 샘플을 구분하기 위해 분류기를 훈련합니다.

텍스트를 분류하는 모델이 준비되고 나면 어떤 특성이 예측에 좋은 성능을 내고, 추천에 사용되는지 조사할 수 있습니다. 7장에서 실제로 구현하는 방법을 알아보겠습니다.

[그림 1-11]은 이런 방법을 보여줍니다. 왼쪽 모델은 좋은 질문과 나쁜 질문을 분류하기 위해 훈련합니다. 오른쪽의 훈련된 모델은 주어진 질문에 대해 더 좋은 점수를 내는 후보 질문에 점수를 매깁니다. 가장 높은 점수를 가진 개선안이 사용자에게 추천됩니다.

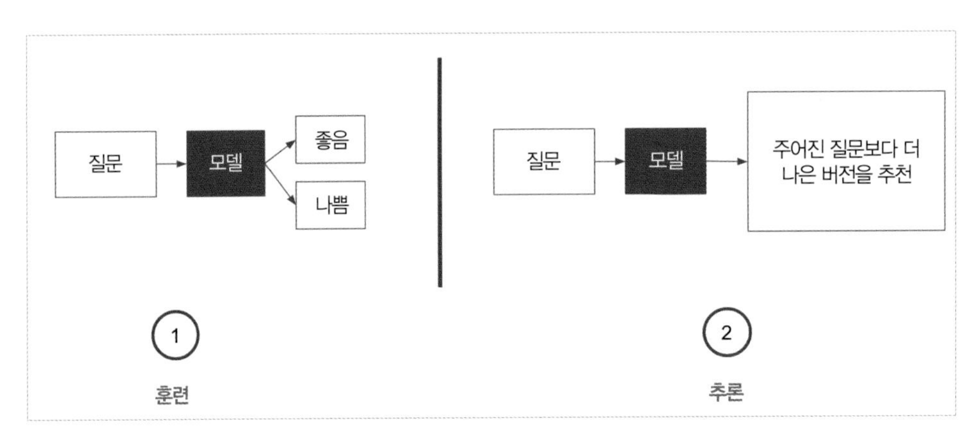

그림 1-11 수동과 엔드투엔드 방식의 중간 단계

1.2.1절에서 소개한 어려움에 비해 이 분류기의 방법이 더 쉬운지 알아보겠습니다.

데이터셋

온라인 포럼에서 조회 수나 좋아요 수 등으로 질문의 품질을 측정하여 좋은 질문과 나쁜 질문의 샘플을 모아 데이터셋을 만들 수 있습니다. 엔드투엔드 방식과 달리 동일한 질문의 여러 버전을 만들 필요가 없습니다. 특성을 학습할 수 있는 좋은 샘플과 나쁜 샘플의 데이터셋만 필요하며 이는 구하기 쉬운 데이터셋입니다.

모델

여기에서 두 가지를 생각해야 합니다. 모델의 예측 성능이 얼마나 높은가요(효율적으로 좋은 글과 나쁜 글을 구분할 수 있나요)? 특성을 얼마나 쉽게 추출할 수 있나요(샘플을 분류하는 데 사용되는 속성을 확인할 수 있나요)? 텍스트에서 추출한 특성이 모델을 잘 설명한다면 사용 가능한 모델은 많습니다.

응답 속도

대부분의 텍스트 분류기는 꽤 빠릅니다. 일반적인 하드웨어에서 0.1초 이내에 결과를 반환할 수 있는 랜덤 포레스트random forest[19] 같은 간단한 모델로 시작하고 필요하면 더 복잡한 모델로 바꿀 수 있습니다.

구현의 용이성

텍스트 생성과 비교하면 텍스트 분류는 이해하기 쉽습니다. 따라서 이런 모델은 상대적으로 빠르게 만들 수 있습니다. 잘 동작하는 텍스트 분류 파이프라인 예제가 온라인에 많이 있고, 많은 모델들이 이미 제품으로 배포되어 있습니다.

사람의 경험을 바탕으로 간단한 모델을 만든다면 빠르게 초기 기준 모델을 가질 수 있고, 솔루션을 향한 첫발을 뗄 수 있습니다. 또한 초기 모델은 다음에 무엇을 만들지에 관한 좋은 정보를 제공합니다(3부에서 자세히 다룹니다).

간단한 기준 모델로 시작하는 중요성을 더 알아보기 위해 모니카 로가티와 인터뷰를 진행했습니다. 모니카는 제품 개발을 담당하는 데이터 팀을 도우면서 배운 것을 들려주었습니다.

1.3 모니카 로가티: 머신러닝 프로젝트의 우선순위 지정하기

모니카 로가티는 컴퓨터 과학 박사 학위를 받은 후 링크드인LinkedIn에서 경력을 시작했습니다. 링크드인에서 '당신이 알 수도 있는 사람' 알고리즘에 머신러닝을 통합하고 구직자 매칭 시스템의 첫 번째 버전을 만드는 일과 같은 핵심 프로젝트에 참여했습니다. 그다음 조본Jawbone의 데이터 부사장으로 근무하며 데이터 팀 전체를 만들고 이끌었습니다. 현재 모니카는 직원이 5명에

19 옮긴이_ 랜덤 포레스트는 여러 개의 결정 트리(decision tree) 모델을 사용하는 앙상블 학습의 한 종류입니다. 앙상블 학습과 랜덤 포레스트에 대한 자세한 내용은 『핸즈온 머신러닝(2판)』(한빛미디어, 2020) 7장을 참고하세요.

서부터 8,000명까지 이르는 수십 개 회사에 자문을 해주고 있습니다. 친절하게도 모니카가 머신러닝 제품을 설계하고 진행하는 팀에게 알려주곤 했던 조언을 공유해주었습니다.

Q 머신러닝 제품의 범위를 어떻게 정하나요?

A 최선의 도구를 사용하여 문제를 풀어야 한다는 것을 기억하고, 타당성이 있을 때만 머신러닝을 사용해야 합니다.

애플리케이션 사용자가 수행할 일을 예측하여 추천으로 제공하고 싶다고 가정해보죠. 모델링과 제품에 대한 논의를 함께 진행하는 것부터 시작합니다. 무엇보다도 머신러닝이 실패할 때 우아하게 처리하도록 제품을 설계하는 것도 포함해야 합니다.

처음부터 예측에 대한 모델의 신뢰도를 고려하여 신뢰도 점수를 기반으로 추천 내용을 다르게 구성할 수 있습니다. 신뢰도가 90% 이상이면 적극적으로 제안합니다. 50% 이상이면 표시는 하지만 크게 강조하지 않습니다. 신뢰도가 50% 이하라면 표시하지 않습니다.

Q 머신러닝 프로젝트에서 초점을 맞춰야 할 곳을 어떻게 결정하나요?

A **성능 병목**impact bottleneck을 찾아야 합니다. 즉 개선할 경우 가장 큰 가치를 제공할 수 있는 파이프라인의 구성 요소를 의미합니다. 다른 회사와 일할 때 보면 올바른 문제를 다루고 있지 않거나 올바른 개발 단계를 따르고 있지 않은 경우를 종종 봅니다.

모델에 관련된 문제가 많습니다. 이를 찾는 가장 좋은 방법은 간단한 모델로 바꾸고 전체 파이프라인을 디버깅debugging하는 것입니다. 모델의 정확도가 문제가 아닌 경우가 많습니다. 성공적인 모델이더라도 제품이 실패하는 경우가 많습니다.

Q 왜 간단한 모델로 시작하는 것을 일반적으로 추천하나요?

A 프로젝트 계획은 어떻게든 모델의 위험을 낮추는 것이 목표가 되어야 합니다. 가장 좋은 방법은 최악의 성능을 알기 위해 '허수아비 모델'로 시작하는 것이죠. 초기엔 단순하게 사용자가 이전에 선택한 행동을 제안할 수 있습니다.

이렇게 하면 예측이 얼마나 자주 들어맞을까요? 틀렸을 때 사용자를 얼마나 성가시게 할까요? 모델의 성능이 이 기준보다 크게 높지 않다고 가정해도 이 제품이 여전히 가치가 있을까요?

이는 챗봇, 번역, Q&A, 요약 같은 자연어 이해와 자연어 생성에 잘 적용됩니다. 예를 들어 요약의 경우 단순히 해당 글에서 다루는 상위 키워드나 카테고리를 뽑는 것으로도 대부분의 사용자 요구를 충족할 수 있는 경우가 많습니다.

Q 전체 파이프라인을 구축한 후에 성능 병목을 어떻게 찾나요?

A 먼저 성능 병목이 해결되었다고 상상하세요. 그리고 예상되는 노력을 들일 만큼 가치가 있는지 스스로에게 물어보세요. 저는 프로젝트를 시작하기도 전에 데이터 과학자에게 트윗을 쓰거나 회사에 보도 자료를 작성하라고 권장합니다. 이렇게 하면 본인이 노력했기에 멋지다고 생각하거나 결과를 강조하는 실수를 피할 수 있습니다.

결과에 상관없이 프로젝트 결과를 발표할 수 있다면 이상적입니다. 최상의 결과를 얻지 못하더라도 여전히 도움이 되나요? 무언가를 배우거나 어떤 가정을 검증했나요? 배포에 필요한 노력을 낮추도록 인프라를 구축하면 이런 전략에 도움이 됩니다.

링크드인에서 몇 줄의 텍스트와 하이퍼링크hyperlink로 구성된 작은 윈도는 매우 유용한 디자인 요소이며 데이터를 사용해 커스터마이징할 수 있었습니다. 디자인이 이미 승인되었기 때문에 직업 추천 같은 프로젝트를 위해 간단히 실험해볼 수 있었습니다. 자원 투자가 적었기에 영향이 크지 않았고 빠르게 반복할 수 있었죠. 오히려 윤리, 공정성, 브랜딩처럼 엔지니어링이 아닌 문제들이 장벽이었습니다.

Q 어떤 모델링 기술을 사용할지 어떻게 결정하나요?

A 먼저 데이터를 직접 살펴봅니다. 링크드인 사용자에게 그룹을 추천하는 모델을 만든다고 가정해보죠. 단순하게 그 회사 이름이 제목에 포함되어 있고, 가장 인기 있는 그룹을 추천할 수 있습니다. 몇 가지 경우를 살펴보니 오라클Oracle 회사에 대해 가장 인기 있는 그룹 중 하나는 '오라클 최악이네!'였습니다. 오라클 직원에게 추천하기엔 아주 나쁜 그룹입니다.

모델의 입력과 출력을 직접 살펴보는 노력은 언제나 그만한 가치가 있습니다. 샘플 목록을 아래로 스크롤하면서 이상한 것이 없나 살펴보세요. IBM에서 제 부서장은 어떤 일을 하기 전에 항상 한 시간 정도는 수동으로 직접 해봐야 한다는 철칙을 가지고 있었습니다.

데이터를 들여다보면 유용한 경험을 얻고, 모델에 대해 생각하고, 제품을 재구성하는 데 도움이 됩니다. 데이터셋에 있는 샘플을 빈도 기준으로 순서를 매긴다면 샘플의 80% 정도를 순식

간에 구별해서 레이블을 부여할 수도 있습니다.

예를 들어 조본에서는 고객들이 기록한 식단을 분석할 수 있었습니다. 직접 상위 100개에 레이블을 부여하니 기록의 80%를 처리했고, 텍스트 인코딩과 언어의 다양성과 같이 앞으로 처리해야 할 핵심 문제에 대해 강한 확신을 가지게 되었습니다.

최후의 보루는 결과를 내기 위해 많은 인력을 투여하는 것입니다. 이렇게 하면 친구에게 고릴라 태그를 붙이는 것 같은 모델의 차별적인 행동이나 자동으로 생성된 추억 앨범에 고통스러운 과거 경험을 넣는 것처럼 공감하기 어려운 동작을 찾아낼 수 있습니다.

1.4 마치며

이제까지 보았듯이 머신러닝을 활용한 애플리케이션을 만드는 일은 가능성을 판단하고 한 가지 방법을 선택하는 것부터 시작합니다. 대부분의 경우 지도 학습 방법을 선택하는 것이 시작하기에 가장 간단합니다. 그중에서 분류, 지식 추출, 카탈로그 구성, 생성 모델이 실제로 가장 일반적입니다.

한 가지 방법을 골랐다면 레이블된 데이터나 유사 레이블이 있는 데이터 또는 아무 데이터라도 얼마나 쉽게 구할 수 있는지 판단해야 합니다. 제품의 목표를 정의하고 이 목표를 달성하기 위해 가장 좋은 모델링 방법을 선택하고, 가능성 있는 모델과 데이터셋을 비교해야 합니다.

머신러닝 에디터의 예에서 이런 단계를 설명하기 위해 간단한 경험 법칙과 분류 기반 방식으로 시작했습니다. 그리고 마지막에 이 분야의 리더인 모니카 로가티가 이런 방식을 어떻게 적용하여 성공적인 머신러닝 모델을 고객에게 제공하는지 다루었습니다.

이제 초기 방식을 선택했으므로 성공을 측정할 지표를 정의하고 규칙적인 발전을 위해 실행 계획을 세울 차례입니다. 여기에는 최소한의 성능 요구 사항을 설정하고, 가능한 모델과 데이터를 자세히 들여다보고, 간단한 프로토타입을 만드는 일이 포함됩니다.

2장에서 이런 과정에 대해 다루어보겠습니다.

CHAPTER 2

계획 수립하기

이전 장에서 머신러닝의 필요성을 예측하고, 가장 적절하게 적용할 수 있는 곳을 찾고, 제품의 목표를 가장 적합한 머신러닝 문제로 표현하는 방법을 다루었습니다. 이번 장에서는 측정 지표를 사용해 머신러닝과 제품의 성능을 추적하고, 다른 머신러닝 방법과 비교하는 방법을 다룹니다. 그다음 기준 모델을 만들고 반복적인 모델링 계획을 세우겠습니다.

프로젝트의 성공 지표와 모델의 성공 지표가 불일치해 많은 머신러닝 프로젝트가 시작부터 실패하는 것을 보았습니다. 많은 프로젝트가 좋은 모델을 만들고도 실패하는 이유는 모델의 복잡도 때문이 아니라 제품에 도움이 되지 않는 모델이었기 때문입니다. 이런 이유로 측정과 계획을 다루는 데 하나의 장을 할당했습니다.

이 장에서는 보유한 자원과 문제에 포함된 제약 사항 안에서 실행 가능한 계획을 만드는 팁을 다룹니다. 이 과정을 통해 모든 머신러닝 프로젝트를 획기적으로 단순화할 수 있습니다.

먼저 성공 지표를 자세히 정의해봅시다.

2.1 성공 측정하기

머신러닝을 시작할 때 첫 번째로 만드는 모델은 제품의 요구 사항에 맞는 가장 간단한 모델이어야 합니다. 왜냐하면 머신러닝에서는 결과를 만들고 평가하는 것이 모델의 성능을 향상하는 가장 빠른 방법이기 때문입니다. 이전 장에서 머신러닝 에디터의 복잡도를 높일 가능성이 있는 세 가지 방법을 다루었습니다.

기준 모델: 도메인 지식을 활용해 경험적인 규칙을 설계합니다

좋은 글을 작성하는 방법에 대한 지식을 활용해 스스로 규칙을 정의합니다. 이런 규칙이 잘 쓰인 글과 그렇지 못한 글을 구분하는 데 도움이 되는지 테스트합니다.

단순한 모델: 텍스트가 좋은지 아닌지 분류하고 분류기를 사용해 추천을 생성합니다

좋은 질문과 나쁜 질문을 구분하는 간단한 모델을 훈련합니다. 모델이 잘 동작하면 좋은 질문을 예측하는 데 뛰어난 특성을 조사하고 이 특성을 사용해 추천을 만듭니다.

복잡한 모델: 나쁜 텍스트를 좋은 텍스트로 바꾸는 엔드투엔드 모델을 훈련합니다

모델과 데이터 측면에서 가장 복잡한 방법입니다. 하지만 훈련 데이터 수집과 복잡한 모델을 유지할 수 있는 자원을 보유하고 있다면 제품의 요구 사항을 바로 해결할 수 있습니다.

이런 방법들은 모두 다르며 프로토타입을 만들면서 더 많은 것을 배울 수 있습니다. 하지만 머신러닝으로 작업을 진행할 때는 모델 파이프라인의 성능을 비교하기 위해 공통된 측정 지표를 정의해야 합니다.

NOTE_ 항상 머신러닝이 필요하지는 않습니다.

기준 모델은 머신러닝을 전혀 사용하지 않습니다. 1장에서 언급했듯이 어떤 기능은 머신러닝이 필요하지 않습니다. 머신러닝의 도움을 받을 수 있는 기능이더라도 첫 번째 버전에서는 간단한 규칙, 즉 경험적인 방식을 사용할 수 있다는 것을 기억하세요. 경험적인 방식을 사용하고 나면 머신러닝이 전혀 필요하지 않다는 것을 알 수 있습니다.

경험적인 방식이 어떤 기능을 만드는 가장 빠른 방법일 경우가 많습니다. 일단 기능을 만들고 사용하면 사용자의 요구 사항이 더 명확해질 겁니다. 이를 통해 머신러닝이 필요한지 평가하고 적절한 모델링 방법을 선택할 수 있습니다. 대부분의 경우 머신러닝 없이 시작하는 것이 머신러닝 제품을 만드는 가장 빠른 방법입니다.

모든 머신러닝 제품의 유용성에 큰 영향을 미치는 네 가지 성능에는 비즈니스 성능, 모델 성능, 최신성, 속도가 있습니다. 이런 지표를 명확하게 정의해야 작업을 반복할 때마다 성능을 정확하게 측정할 수 있습니다.

2.1.1 비즈니스 성능

제품이나 기능에 대해 뚜렷한 목표를 가지고 시작하는 것이 중요하다고 이야기했습니다. 목표가 명확하다면 측정 대상을 정의하여 목표가 달성되었는지 판단해야 합니다. 이 지표는 모델의 성능 지표와는 다르며, 오직 제품의 성공을 반영해야 합니다. 제품의 성능 지표는 어떤 기능으로 유입된 사용자 수와 같이 간단하거나 추천 상품의 **클릭률**click-through rate (CTR)처럼 복합적인 의미일 수 있습니다.

제품의 성능 지표가 제품이나 기능의 목표를 표현하기 때문에 궁극적으로 유일하고도 중요한 지표입니다. 다른 모든 성능 지표는 제품의 성능을 향상하기 위해 사용합니다. 하지만 제품의 성능 지표가 하나일 필요는 없습니다. 대부분의 프로젝트가 제품 성능 하나를 향상시키는 데 초점을 맞춥니다. 하지만 종종 특정 지점 아래로 내려가면 안 되는 **가드레일 메트릭**guardrail metric과 같은 여러 다른 측정 지표로도 제품이 받는 영향을 측정합니다. 예를 들어 한 머신러닝 프로젝트의 목표는 CTR 같은 측정 지표를 증가시키는 것이지만 평균 사용자 체류 시간과 같이 다른 지표를 유지시키는 것도 목표로 삼을 수 있습니다.

머신러닝 에디터의 경우 추천의 유용성을 측정합니다. 예를 들어 추천을 선택한 횟수의 비율을 사용한다면 이 측정값을 계산하기 위해 머신러닝 에디터의 인터페이스는 사용자가 제안을 수락했는지 감지해야 합니다. 입력창 위에 추천 내용을 띄워서 클릭할 수 있도록 만드는 것도 한 방법입니다.

제품마다 가능성 있는 머신러닝 방법은 많습니다. 이런 머신러닝 방법의 효과를 측정하려면 모델의 성능을 확인할 필요가 있습니다.

2.1.2 모델 성능

대부분의 온라인 제품에서 모델의 성능을 결정하는 궁극적인 측정 지표는 전체 방문자 중 모델의 출력을 사용한 사람의 비율입니다. 예를 들어 추천 시스템의 경우, 얼마나 많은 사람이 추천 제품을 클릭했는지 측정하여 성능을 평가합니다(8장에서 이런 방법의 단점을 알아봅니다).

제품을 만들었지만 아직 배포 전이라면 사용 횟수 기반의 지표를 측정할 수 없습니다. 그럼에도 성능이 향상되었는지 평가하기 위해 **오프라인 메트릭**offline metric 또는 **모델 메트릭**model metric이라 부르는 별도의 성능 지표를 정의하는 것이 중요합니다. 좋은 오프라인 메트릭은 사용자에게 모델을 노출하지 않고 평가할 수 있어야 하고 제품의 목표와 측정 지표가 가능한 한 연관되어야 합니다.

모델링 방식이 다르면 모델 측정 지표가 다릅니다. 모델링 방법을 바꾸면 제품의 목표를 달성하는 데 충분한 모델 성능을 쉽게 얻을 수도 있습니다.

예를 들어 사용자가 온라인 쇼핑몰에서 검색어를 입력할 때 추천 단어를 제시한다고 가정해보죠. 사용자가 추천한 단어를 얼마나 클릭했는지 나타내는 클릭률을 계산해 이 기능의 성공을 측정합니다.

추천 상품을 생성하기 위해 사용자가 입력하는 단어를 추측하는 모델을 만들어 사용자 입력에 따라 예측된 문장을 제시합니다. 얼마나 많이 다음 단어를 올바르게 예측했는지 단어 수준의 정확도를 계산하여 모델의 성능을 측정합니다. 이런 모델은 제품의 CTR을 높이기 위해 아주 높은 정확도를 달성해야 합니다. 왜냐하면 한 단어만 잘못 예측해도 쓸모없는 추천을 만들기 때문입니다. [그림 2-1]의 왼쪽 부분에 이 방법이 나타나 있습니다.

또 다른 방법은 사용자의 입력을 상품 카테고리로 분류하고 가장 가능성 있는 세 개의 카테고리를 추천하는 모델을 훈련하는 것입니다. 단어의 정확도보다 카테고리에 대한 정확도를 사용해 모델의 성능을 측정합니다. 카테고리의 개수는 어휘 사전에 있는 단어의 개수보다 훨씬 작기 때문에 최적화하기 훨씬 쉽습니다. 또한 클릭을 유도하기 위해서는 모델이 하나의 카테고리만 정확하게 예측하면 됩니다. 이 모델을 사용하면 제품의 CTR을 증가시키기가 훨씬 쉽습니다. [그림 2-1]의 오른쪽에서 이 방법의 동작 방식을 볼 수 있습니다.

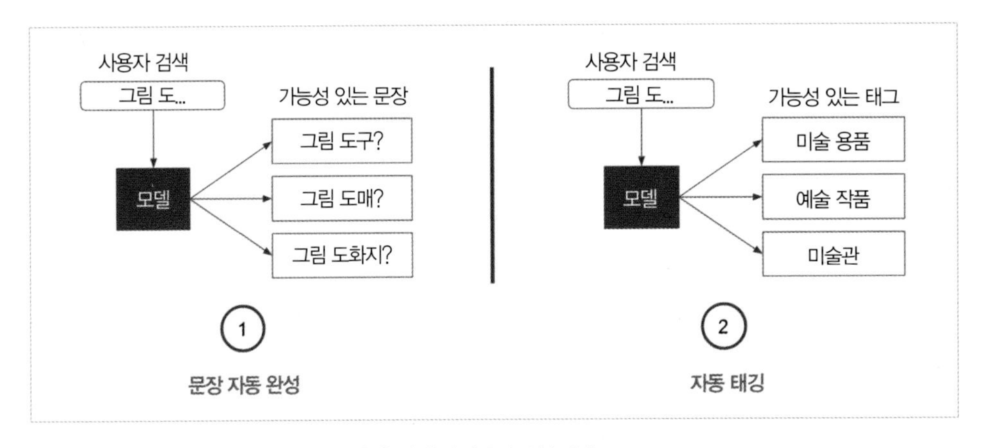

그림 2-1 제품을 조금 바꾸면 모델링 작업을 훨씬 쉽게 만들 수 있습니다.

여기서 볼 수 있듯이 모델과 제품 사이의 상호작용을 조금만 바꿔 더 쉬운 모델링 방식을 사용하면 안정적인 결과를 제공할 수 있습니다. 다음은 모델링 작업을 쉽게 만들기 위해 애플리케이션을 수정하는 세 가지 사례입니다.

- **신뢰도가 기준 이하인 경우 모델의 출력 결과를 생략할 수 있도록 인터페이스 바꾸기**: 예를 들어 사용자가 입력한 문장을 자동으로 완성하는 모델을 만들 때 일부 문장에서만 잘 동작할 수 있습니다. 이런 경우 모델의 신뢰도 점수가 90%일 때만 사용자에게 추천을 보여주도록 구현할 수 있습니다.
- **최상의 모델 예측뿐만 아니라 다른 예측이나 경험적인 규칙으로 만든 결과를 제시하기**: 예를 들면 대부분의 웹사이트는 모델이 출력한 추천을 하나 이상 보여줍니다. 같은 모델을 사용하더라도 하나가 아니라 다섯 개의 후보 항목을 추천하면 사용자에게 도움이 될 가능성이 더 높습니다.
- **모델이 실험적인 경우 피드백을 받을 수 있도록 사용자와 소통하기**: 사용자의 모국어를 감지하여 자동으로 번역을 수행하는 웹사이트는 종종 번역이 정확하고 유용한지 알기 위해 사용자에게 피드백을 받을 수 있는 버튼을 제공합니다.

주어진 문제에 적합한 모델링 방법이더라도 제품 성능에 잘 맞는 모델 측정 지표를 추가로 만들면 이따금 도움이 됩니다.

간단한 웹사이트 스케치로부터 HTML을 생성하는 모델을 만드는 데이터 과학자와 일한 적이 있습니다(그가 쓴 「Automated front-end development using deep learning(딥러닝을 사용한 자동 프런트엔드 개발)」[1]을 참고하세요). 이 모델은 크로스 엔트로피 손실cross-entropy loss[2]을 사용해 예측된 HTML 토큰과 올바른 토큰을 비교합니다. 하지만 이 제품의 목표는 토큰의 순서와 상관없이 생성된 HTML로 입력 스케치에 있는 것과 비슷한 웹사이트를 만드는 것입니다.

크로스 엔트로피 손실은 토큰의 정렬alignment 상태를 고려하지 않습니다. 모델이 맨 처음 하나의 토큰을 제외하고 올바른 HTML 시퀀스를 생성했다면 타깃과 비교했을 때 모든 토큰이 하나씩 밀려 있게 됩니다. 이런 출력은 거의 이상적인 결과이지만 손실값은 매우 높습니다. 모델의 유용성을 평가할 때 최적화 지표 이상을 고려해야 한다는 의미입니다. 이 예에서는 BLEU 점수[3]를 사용하면 생성된 HTML과 이상적인 출력 사이의 유사도를 더 잘 측정할 수 있습니다.

마지막으로 제품은 모델 성능에 대한 합리적인 가정을 전제로 설계되어야 합니다. 완벽해야지 유

---

1 *https://oreil.ly/SdYQj*

2 옮긴이_ 크로스 엔트로피 손실은 예측 확률과 타깃 확률이 얼마나 잘 맞는지 측정하는 손실 함수 중 하나입니다.

3 옮긴이_ BLEU(bilingual evaluation understudy) 점수는 사람의 번역과 기계 번역의 결과를 비교하기 위해서 개발되었습니다. BLEU는 n-gram을 사용하여 두 문장을 비교하며 0(매우 다름)과 1(매우 비슷함) 사이의 값으로 표현됩니다.

용한 모델에 제품이 의존할 경우, 부정확하거나 심지어 위험한 결과를 만들 가능성이 높습니다.

예를 들어 약 사진을 보고 환자에게 약의 종류와 복용량을 알려주는 모델을 만든다고 가정해보죠. 사용 가능한 수준에서 모델이 만들 수 있는 최악의 정확도는 무엇일까요? 만약 이 정확도에 대한 요구 사항이 현재의 방법으로는 달성하기 어렵다면, 예측 오류로 인해 사용자가 위험에 처하지 않고 이 서비스를 사용할 수 있도록 제품을 재설계할 수 있나요?

머신러닝 에디터는 글에 대한 추천을 제공합니다. 대부분의 머신러닝 모델에는 적합한 입력과 그렇지 않은 입력이 있습니다. 제품 관점에서 보았을 때 도움을 줄 수 없다면 (그리고 문제가 되지 않는다면) 입력보다 나쁜 출력을 만드는 기회를 줄이는 것이 좋습니다. 모델의 성능 지표에 어떻게 이를 표현할 수 있을까요?

찬성 개수를 바탕으로 질문이 좋은지 아닌지 예측하는 분류 모델을 만든다고 가정해보죠. 분류기의 **정밀도**precision는 좋다고 예측한 질문 중에 정말로 좋은 질문의 비율로 정의됩니다. 반면 **재현율**recall은 데이터셋에 있는 좋은 질문 전체에서 모델이 좋은 질문으로 예측한 비율입니다.[4]

항상 관련 있는 추천을 제공하려면 모델의 정밀도를 우선시해야 합니다. 정밀도가 높은 모델이 질문을 좋은 것으로 분류할 때 (그리고 추천을 만들 때) 실제로 이 질문이 좋을 가능성이 높기 때문입니다. 정밀도가 높다는 의미는 올바른 추천을 만들 가능성이 높다는 의미입니다. 왜 정밀도가 높은 모델이 머신러닝 에디터에 더 유용한지 더 자세히 알고 싶다면 8장에 있는 크리스 할랜드Chris Harland와의 인터뷰를 참고하세요.

검증 세트validation set에서 모델의 출력을 관찰하여 이런 측정값을 계산할 수 있습니다. 5.2절 '모델 평가: 정확도를 넘어서'에서 이에 대해 자세히 알아보겠습니다. 지금은 검증 세트를 훈련 세트에서 덜어놓은 데이터로 생각하세요. 검증 세트를 사용해 이전에 본 적 없는 데이터에서 모델이 얼마나 잘 동작하는지 평가합니다.

초기 모델의 성능이 중요하지만 사용자의 행동이 변화하더라도 모델의 성능이 유지되어야 쓸모가 있습니다. 모델은 훈련에서 사용한 데이터셋과 비슷한 데이터에서 잘 동작할 것입니다. 하지만 데이터셋을 업데이트할 필요가 있는지 어떻게 알 수 있을까요?

---

4 옮긴이_ 정밀도와 재현율에 대한 조금 더 자세한 설명은 5.1.5절 '성능 평가'의 노트를 참고하세요.

2.1.3 최신성과 분포 변화

지도 학습 모델의 예측 성능은 입력 특성과 예측 타깃 사이의 연관성을 학습하는 데서 옵니다. 이는 대부분의 모델이 훈련 데이터와 비슷한 입력이 주어져야 잘 동작한다는 것을 의미합니다. 남자 사진에서 사람의 나이를 예측하도록 훈련된 모델은 여성의 사진에서는 잘 동작하지 않습니다. 하지만 모델이 적절한 데이터셋에서 훈련했더라도 시간이 지남에 따라 데이터 분포가 변한다면 많은 문제가 발생합니다. 데이터 분포가 변할 때도 성능을 동일하게 유지하기 위해 모델도 종종 바뀔 필요가 있습니다.

샌프란시스코에서 강수량이 교통량에 미치는 영향을 관찰한 후 지난주의 강수량을 기반으로 교통 상황을 예측하는 모델을 만들었다고 가정해보죠. 지난 3개월 데이터를 사용해 10월에 모델을 만들었다면 강수량이 1인치 미만인 데이터에서 모델을 훈련했을 것입니다. [그림 2-2]에서 강수량 분포 그래프를 확인할 수 있습니다. 겨울이 다가오면 평균 강수량은 3인치에 가까워집니다. [그림 2-2]에서 볼 수 있듯이 이는 모델이 훈련하는 동안 보았던 어떤 값보다도 높습니다. 모델을 최근 데이터로 훈련하지 않는다면 성능을 유지하기 어려울 것입니다.

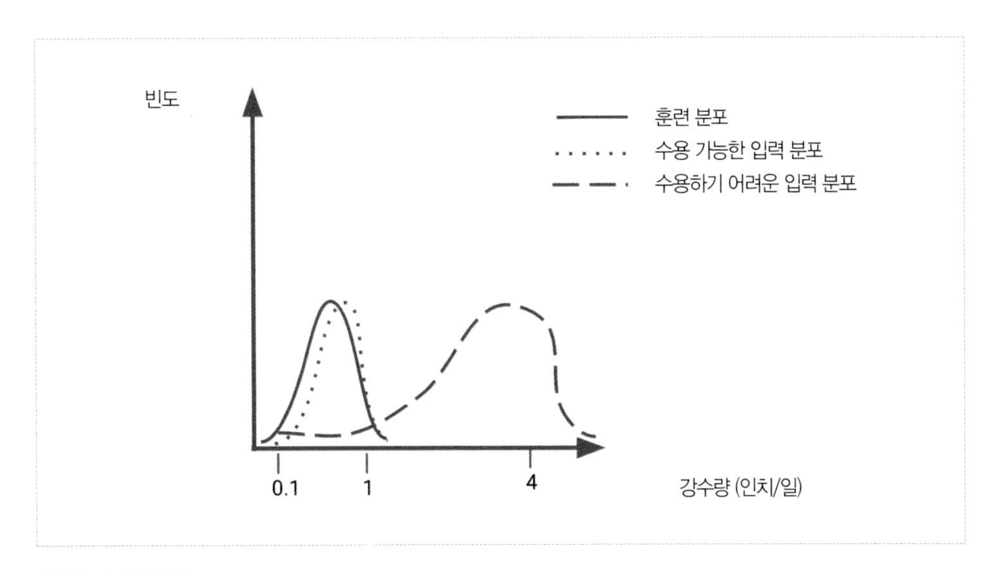

그림 2-2 분포 변화

일반적으로 훈련하는 동안 보았던 데이터와 이전에 본 적 없는 데이터가 충분히 비슷하다면 낯선 데이터에서도 모델이 잘 동작합니다.

최신성freshness에 대한 요구 사항이 모든 문제에 동일한 것은 아닙니다. 고대 언어에 대한 번역 서비스는 다루는 데이터가 비교적 일정하게 유지된다고 예상할 수 있지만, 검색엔진을 구축하려면 사용자의 검색 패턴이 변화하는 속도에 맞춰 검색엔진이 진화할 수 있어야 합니다.

비즈니스 문제에 따라서 모델을 최신으로 유지하는 것이 얼마나 어려울지 고려해야 합니다. 얼마나 자주 모델을 다시 훈련해야 하고 훈련할 때마다 드는 비용은 얼마일까요?

머신러닝 에디터의 경우 '잘 쓰인 문장'의 정의가 변화하는 주기는 비교적 길 것이라 생각할 수 있습니다. 아마도 일 년 정도일 겁니다. 하지만 최신성에 대한 요구 사항은 특정 도메인을 대상으로 할 경우 바뀔 수 있습니다. 예를 들어 수학에 대한 올바른 질문 방법은 음악 트렌드에 대한 질문 방법보다 훨씬 더 느리게 바뀔 것입니다. 매년 모델을 다시 훈련해야 한다고 예상한다면 훈련에 필요한 새로운 데이터를 매년 모아야 할 것입니다.

기준 모델과 단순한 모델은 입력과 타깃이 쌍을 이루지 않은 데이터에서 학습할 수 있어 데이터 수집 과정이 간단합니다(작년의 새로운 질문만 찾으면 됩니다). 복잡한 모델은 입력과 타깃 쌍이 필요합니다. 즉 동일한 문장이 '좋고', '나쁜' 방식으로 쓰인 샘플을 찾아야 한다는 의미입니다. 최신성 요구 사항을 만족시키려면 입력 타깃 쌍을 구하는 것보다 훨씬 어렵습니다. 업데이트된 데이터셋을 준비하는 데 시간이 훨씬 많이 필요하기 때문입니다.

애플리케이션의 인기가 높으면 데이터 수집 요구 사항을 줄일 수 있습니다. 머신러닝 에디터의 질문 추천 서비스가 입소문을 타면 사용자가 출력의 품질을 평가하는 버튼을 추가합니다. 그다음 사용자의 원래 입력과 모델 예측 그리고 이와 관련된 사용자 평가를 모아 훈련 세트로 사용합니다.

하지만 애플리케이션이 유용해야 인기가 높아집니다. 이를 위해선 사용자의 요청에 제때제때 응답해야 합니다. 따라서 모델의 예측 속도가 중요한 요소로 고려되어야 합니다.

2.1.4 속도

이상적인 모델은 예측을 빠르게 만들어야 합니다. 이렇게 하면 사용자와 모델의 상호작용이 쉬워지고 많은 사용자에게 동시에 모델을 제공할 수 있습니다. 그렇다면 모델은 얼마나 빨라야 할까요? 짧은 문장을 번역하는 경우에 사용자는 즉각 답을 얻기를 기대합니다. 의료 영상 분석 같은 경우에는 정확한 결과를 얻기 위해 환자는 기꺼이 24시간을 기다릴 것입니다.

머신러닝 에디터의 경우 제안을 전달하는 두 가지 방법을 고려하겠습니다. 입력 상자에 사용자가 입력하고 등록 버튼을 눌러서 결과를 얻거나, 사용자가 새로운 글자를 입력할 때마다 동적으로 결과를 업데이트합니다. 더 인터랙티브한 도구를 만들 수 있어서 후자가 선호되지만 이를 위해선 모델이 훨씬 빠르게 수행되어야 합니다.

사용자가 등록 버튼을 누르고 몇 초간 결과를 기다리는 걸 상상할 수 있습니다. 하지만 사용자의 텍스트 편집에 따라 모델이 실행되려면 모델은 1초 이내에 작동해야 합니다. 가장 강력한 모델들은 데이터를 처리하는 데 더 시간이 오래 걸립니다. 따라서 여러 가지 모델을 반복하여 실험할 때 이런 요구 사항을 유념해야 합니다. 여기서 사용할 모델은 샘플이 2초 이내에 전체 파이프라인을 통과할 수 있어야 합니다.

모델의 추론 시간은 모델의 복잡함에 따라 증가합니다. (영상 작업과 달리) 자연어 처리natural language processing(NLP)처럼 개별 샘플의 크기가 비교적 작은 분야에서도 이 차이는 큽니다. 책에서 예제로 든 텍스트 데이터에서 LSTMlong short-term memory[5]은 랜덤 포레스트보다 약 세 배 느립니다(LSTM의 경우 22밀리세컨드가 걸리는 반면, 랜덤 포레스트는 7밀리세컨드가 걸립니다). 개별 샘플로 보면 이 차이는 작지만 동시에 많은 샘플에 대해 추론을 수행하면 금방 누적되어 차이가 커져버립니다.

추론 수행 과정에 여러 네트워크 호출과 데이터베이스 쿼리가 연관된 복잡한 애플리케이션이라면 모델 실행 시간이 나머지 애플리케이션 로직에 비해 짧을 수 있습니다. 이 경우에는 모델의 속도가 큰 이슈가 되지 않습니다.

문제에 따라 고려할 사항들이 더 있습니다. 예를 들면 하드웨어적인 제약, 개발 시간, 유지 보수 등입니다. 정보를 바탕으로 모델을 선택하려면 그 전에 필요한 것들을 이해하는 것이 중요합니다.

요구 사항과 관련된 측정 지표를 확인했다면 계획을 세울 차례입니다. 여기에는 앞으로 닥칠 어려움을 예상하는 것이 필요합니다. 이어지는 절에서 다음 작업을 결정하기 위해 기존의 작업 결과와 데이터셋을 활용하는 방법을 다룹니다.

---

5 옮긴이_ LSTM은 시퀀스 데이터를 처리하는 데 특화된 인공 신경망 층의 한 종류입니다. LSTM에 대한 자세한 내용은 『핸즈온 머신러닝(2판)』(한빛미디어, 2020) 15장을 참고하세요.

2.2 작업 범위와 문제점 예상하기

앞에서 보았듯이 머신러닝 성능은 종종 모델의 측정 지표로 표현됩니다. 이런 측정값은 유용하지만 제품의 성능 지표를 향상시키기 위해 사용해야 합니다. 제품의 성능 지표가 해결하려는 실제 작업을 표현하기 때문입니다. 파이프라인을 반복하면서 제품의 성능 지표를 유념하며 이를 향상시키는 데 초점을 맞추어야 합니다.

지금까지 다룬 도구로는 프로젝트가 해결할 가치가 있는지 결정하고 현재 얼마나 잘하고 있는지 측정하는 데 도움이 됩니다. 다음 단계는 프로젝트 범위와 기간을 예측하고 잠재적인 장애물을 파악하기 위해 실행 계획을 세우는 것입니다.

일반적으로 성공적인 머신러닝을 위해선 문제를 잘 이해하고, 좋은 데이터셋을 확보하고, 적절한 모델을 만드는 일이 필수입니다. 이어지는 절에서 위 내용을 살펴봅니다.

2.2.1 도메인 전문 지식 활용하기

규칙 기반의 가장 간단한 모델로 시작할 수 있습니다. 문제에 대한 지식과 데이터를 기반으로 좋은 경험 법칙을 사용합니다. 규칙을 만드는 가장 좋은 방법은 전문가들이 현재 어떻게 작업하고 있는지 알아보는 것입니다. 대부분의 실제 애플리케이션은 완전히 새로운 것이 아닙니다. 해결하고자 하는 이 문제를 사람들이 현재 어떻게 해결하고 있나요?

규칙을 만드는 두 번째로 좋은 방법은 데이터를 들여다보는 것입니다. 이 데이터셋을 사용해 주어진 작업을 어떻게 수동으로 해결할 수 있나요?

좋은 규칙을 찾기 위해서 분야 전문가로부터 배우거나 데이터와 친숙해지기를 권장합니다. 두 방식을 조금 더 자세히 살펴봅시다.

전문가로부터 배우기

많은 경우 자동화하려는 해당 분야의 전문가로부터 배우면 시간을 많이 절약할 수 있습니다. 예를 들어 공장 설비 유지 보수 예측 시스템을 만들려면 먼저 공장 관리자를 만나 합리적으로 내릴 수 있는 가정이 어떤 것인지부터 이해해야 합니다. 현재 얼마나 자주 유지 보수 작업이 수행되는지, 일반적으로 유지 보수가 필요한 기계인지를 구분하는 증상은 무엇인지, 유지 보수와 관련된 법률적인 조건에는 무엇이 있는지 이해해야 합니다.

물론 도메인 전문가를 찾기 어려운 분야도 있습니다. 예를 들면 어떤 웹사이트의 고유한 기능에 대한 사용성을 예측할 때처럼 독점적인 데이터를 사용하는 경우입니다. 이런 경우에는 비슷한 문제를 해결했던 전문가를 찾아 그들의 경험에서부터 무언가를 배우면 됩니다.

이런 과정을 통해서 유용한 특성이 무엇인지 파악하고, 피해야 할 위험 요소를 찾을 수 있습니다. 무엇보다도 많은 데이터 과학자들이 싫어하는 일인 이미 존재하는 솔루션을 다시 만드는 것을 막을 수 있습니다.

데이터 조사하기

1.3절 '모니카 로가티: 머신러닝 프로젝트의 우선순위 지정하기'와 4.5절 '로버트 먼로: 데이터를 찾고, 레이블링하고, 활용하는 방법'에서 언급했듯이 모델링을 시작하기 전에 데이터를 들여다보는 것이 중요합니다.

탐색적 데이터 분석exploratory data analysis(EDA)은 데이터셋을 탐색하고 시각화하는 과정이며 종종 비즈니스 문제에 대한 직관을 얻기 위해서 수행합니다. EDA는 모든 데이터 관련 제품을 만드는 데 중요한 역할을 담당합니다. EDA 외에도 모델에 필요한 방식으로 개별 샘플에 레이블을 부여하는 것이 중요합니다. 이렇게 하면 가설을 검증하고 데이터셋을 적절하게 활용할 모델을 선택했는지 확인할 수 있습니다.

EDA 과정을 통해 데이터에 있는 트렌드를 이해할 수 있습니다. 또 직접 레이블을 부여해보면 문제를 해결하기 위한 일련의 규칙을 세우는 데 큰 도움이 됩니다. 이 두 단계를 거치면 가장 적합한 모델에 대한 확실한 아이디어를 얻게 되며 추가적인 데이터 수집과 레이블링 전략을 결정할 수 있습니다.

다음 단계는 비슷한 문제를 다른 사람들이 어떻게 해결했는지 알아보는 것입니다.

2.2.2 거인의 어깨 위에 올라서기

비슷한 문제를 푼 사람들이 있나요? 그렇다면 시작하기 가장 좋은 방법은 기존의 결과를 이해하고 재현해보는 것입니다. 비슷한 모델이나 데이터셋으로 만든 공개된 모델을 찾아보세요.

오픈 소스 코드와 공개 데이터셋을 찾을 수 있다면 이상적이지만, 쉽지는 않습니다. 특히 매우 구체적인 제품이라면 더 어렵습니다. 그럼에도 불구하고 머신러닝 프로젝트를 시작하는 가장 빠른 방법은 기존의 결과를 재현하고 이를 바탕으로 구축하는 것입니다.

머신러닝처럼 변화가 많은 분야에서는 기존의 방법을 잘 활용하는 것이 중요합니다.

> **NOTE_** 오픈 소스 코드와 데이터셋을 사용하기로 계획했다면 사용 권한을 확인하는 것이 좋습니다. 대부분의 저장소repository와 데이터셋은 사용 범위를 정의한 라이선스 파일을 포함합니다. 또한 사용한 소스 코드의 출처를 밝히고 원본 작업을 참조로 넣는 것이 바람직합니다.

종종 프로젝트에 많은 자원을 투여하기 전에 설득력 있는 개념 증명proof of concept을 구축하는 것이 좋습니다. 예를 들면 데이터에 레이블을 부여하기 위해 시간과 돈을 사용하기 전에 이 데이터를 학습해 모델을 만들 수 있다는 걸 스스로 확신할 수 있어야 합니다.

그렇다면 효율적인 시작 방법은 어떻게 찾을 수 있을까요? 책에서 다룰 대부분의 주제처럼 여기에서도 두 가지로 나누어 설명하죠. 데이터와 코드입니다.

오픈 데이터

입맛에 딱 맞는 데이터셋을 항상 찾을 수는 없습니다. 하지만 충분히 비슷하고 도움이 될 만한 데이터셋은 찾을 수 있습니다. 여기에서 비슷한 데이터셋이란 어떤 의미일까요? 머신러닝 모델을 입력과 출력을 매핑하는 것으로 생각하면 도움이 됩니다. 이런 점을 고려하면 비슷한 데이터셋은 (분야는 다르더라도) 비슷한 입력과 출력 형태를 가진 데이터셋을 의미합니다.

종종 비슷한 입력과 출력을 사용한 모델을 완전히 다른 상황에 적용할 수 있습니다. [그림 2-3]의 왼쪽에는 이미지 입력으로부터 텍스트 시퀀스sequence를 예측하는 두 모델이 있습니다.[6] 한 모델은 사진을 설명하고 다른 모델은 웹사이트의 스크린샷에 맞는 HTML 코드를 생성합니다. [그림 2-3]의 오른쪽에는 텍스트에서부터 음식의 종류를 예측하는 모델입니다. 다른 모델은 악보 코드로부터 음악 장르를 예측합니다.

6 옮긴이_ 이미지에서 한글 캡션을 생성하는 예제는 『파이토치로 배우는 자연어 처리』(한빛미디어, 2021)의 부록을 참고하세요.

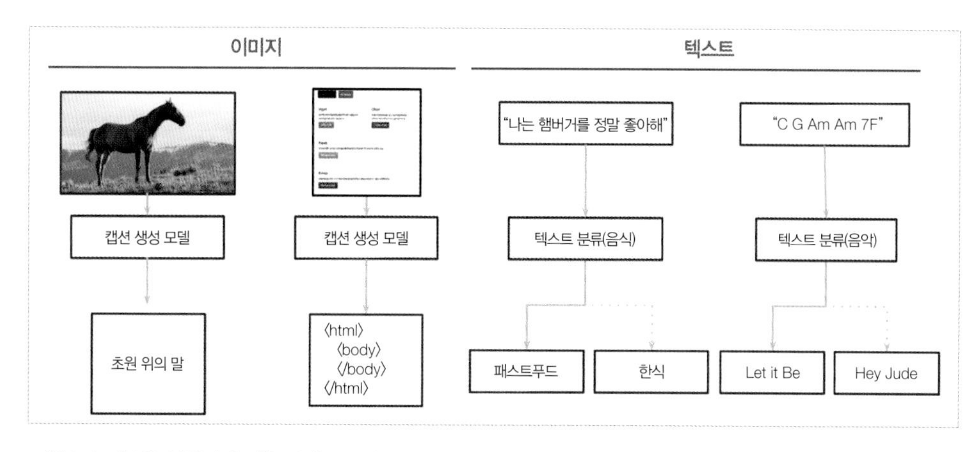

그림 2-3 비슷한 입력과 출력을 가지는 모델

예를 들어 뉴스 기사의 조회 수를 예측하는 모델을 만든다고 가정해보죠. 하지만 뉴스 기사와 연관된 조회 수로 구성된 데이터셋을 찾기는 어렵습니다. 대신 공개된 위키백과 트래픽 통계 데이터셋[7]을 사용하여 예측 모델을 훈련할 수 있습니다. 이 모델의 성능이 만족스럽다면 뉴스 기사 조회 데이터셋이 주어질 경우, 모델이 잘 동작하리라고 믿을 만합니다. 비슷한 데이터셋을 찾으면 접근 방식을 검증하는 데 도움이 되고 데이터 수집에 자원을 합리적으로 투자할 수 있습니다.

이 방법은 독점적인 데이터를 다룰 때도 유용합니다. 종종 예측 작업에 필요한 데이터셋을 얻기가 쉽지 않으며 어떤 경우에는 필요한 데이터를 수집하려면 허락이 필요할 때도 있습니다. 이런 경우에 비슷한 데이터셋에서 잘 동작하는 모델을 구축하여 결정권자를 설득해 새로운 데이터 수집 파이프라인을 구축하거나 기존의 파이프라인을 사용할 권한을 얻는 것이 가장 좋은 방법입니다.

공개 데이터셋과 관련된 새로운 데이터 소스와 컬렉션은 정기적으로 등장합니다. 다음은 필자가 찾은 유용한 페이지들입니다.

- 인터넷 아카이브Internet Archive[8]는 웹사이트 데이터, 비디오, 책 등의 데이터셋을 저장하고 있습니다.
- r/datasets[9]는 데이터셋 공유를 위한 서브레딧입니다.

7 *https://oreil.ly/PdwgN*

8 *https://oreil.ly/tIjl9*

9 *http://reddit.com/r/datasets*

- 캐글 데이터셋 페이지[10]는 다양한 분야의 데이터셋을 제공합니다.
- UCI 머신러닝 저장소[11]는 많은 머신러닝 데이터셋을 저장하고 있습니다.
- 구글 데이터셋 검색[12]에서 공개 데이터셋을 검색할 수 있습니다.
- 커먼 크롤[13]은 웹에서 모은 데이터를 압축하여 제공합니다.
- 위키백과에도 머신러닝 연구를 위한 데이터셋 목록[14]이 있습니다.

대부분 필요한 데이터셋과 충분히 비슷한 데이터셋을 위 페이지에서 찾을 수 있습니다.

이런 유사 데이터셋tangential dataset에서 모델을 훈련하면 빠르게 프로토타입을 만들고 결과를 검증할 수 있습니다. 어떤 경우에는 유사 데이터에서 모델을 학습한 다음, 이 모델의 성능 일부를 최종 데이터셋으로 이전할 수도 있습니다(4장에서 자세히 설명하겠습니다).

어떤 데이터셋으로 시작할지 결정했다면 이제 모델로 관심을 돌릴 차례입니다. 처음부터 자신만의 파이프라인을 만들고 싶겠지만 적어도 이미 구축된 것들을 살펴볼 필요가 있습니다.

오픈 소스 코드

기존 코드를 찾아보면 두 가지 고수준의 목적을 달성할 수 있습니다. 비슷한 모델링 작업을 수행할 때 다른 사람이 직면했던 문제점을 파악하고 주어진 데이터셋에서 잠재적으로 발생할 수 있는 이슈를 알 수 있습니다. 따라서 제품의 목표와 동일한 문제를 해결하는 파이프라인과 앞서 선택한 데이터셋을 다루는 코드를 검색해보는 것이 좋습니다. 예제 코드를 찾았다면 먼저 직접 그 결과를 재현해보세요.

많은 데이터 과학자는 온라인에서 찾은 머신러닝 코드를 활용하여 원래 작성자가 주장한 것과 비슷한 수준의 정확도로 모델을 훈련할 수 없었습니다. 매번 새로운 방식이 잘 준비된 문서와 제대로 동작하는 코드를 제공하지는 않기 때문에 머신러닝 결과를 재현하기 어려운 경우가 많으며 항상 검증해봐야 합니다.

데이터 검색과 마찬가지로 비슷한 코드를 찾는 좋은 방법은 당면한 문제를 입력과 출력 종류로 표현하고, 그다음 비슷한 종류의 문제를 다루는 코드를 찾는 것입니다.

---

10 https://www.kaggle.com/datasets

11 https://oreil.ly/BXLA5

12 https://oreil.ly/Gpv8S

13 https://commoncrawl.org/

14 https://oreil.ly/kXGiz

예를 들어 「pix2code: Generating Code from a Graphical User Interface Screenshot」[15] 논문의 저자인 토니 벨트라멜리Tony Beltramelli는 웹사이트 스크린샷에서 HTML 코드를 생성할 때 이미지를 시퀀스로 변환하는 데 어려움을 겪었습니다. 이 문제를 해결하기 위해 이미지에서 시퀀스를 생성할 수 있고 훨씬 성숙된 분야인 이미지 캡셔닝image captioning의 기존 구조와 모범 사례를 활용했습니다. 이로 인해 완전히 새로운 작업에서 훌륭한 결과를 만들었고 유사한 애플리케이션이 쌓아온 수년간의 성과를 활용할 수 있었습니다.

데이터와 코드를 찾았다면 한 단계 더 나아갈 차례입니다. 이상적으로는 이 단계에서 작업을 시작하고 문제를 다양한 관점에서 바라보는 데 유용한 몇 가지 조언을 얻을 수 있습니다. 이전 작업을 통해서 알게 된 것을 합쳐보죠.

두 작업 합치기

앞서 언급했듯이 기존의 오픈 소스 코드와 데이터셋을 활용하면 빠르게 구현할 수 있습니다. 최악의 경우 오픈 데이터셋에서 잘 동작하는 기존 모델이 전혀 없다면, 적어도 이 프로젝트가 모델링과 데이터 수집에 상당한 작업이 필요하다는 것을 알 수 있습니다.

비슷한 작업을 해결하는 기존 모델을 찾고 원본 데이터셋에 훈련할 수 있다면 우리의 문제에 이를 적용하는 것만 남았습니다. 이를 위해 다음 단계를 따르는 것이 좋습니다.

1. 비슷한 오픈 소스 모델을 찾습니다. 훈련된 데이터셋도 함께 찾아 직접 훈련 결과를 재현해보는 게 이상적입니다.
2. 결과를 재현하고 나면 주어진 문제에 가장 가까운 데이터셋을 찾습니다. 그리고 이 데이터셋으로 앞에서 찾은 모델을 훈련합니다.
3. 데이터셋과 훈련 코드를 통합했다면 사전에 정의한 측정 지표를 사용하여 모델의 성능을 판단하고 반복을 시작합니다.

2부 시작 부분에서 각 단계의 위험 요소와 이를 극복하는 방법을 살펴보겠습니다. 지금은 머신러닝 에디터 예제로 돌아가 앞에서 소개한 과정을 따라가보겠습니다.

15 https://oreil.ly/rTQyD

2.3 머신러닝 에디터 계획하기

일반적인 작문 가이드라인을 조사하고 머신러닝 에디터에 적합한 후보 모델과 데이터셋을 찾아봅시다.

2.3.1 초기 계획

먼저 일반적인 작문 가이드라인을 기반으로 규칙을 구현합니다. 1.2.2절 '가장 간단한 방법: 알고리즘이 되어보기'에서 언급한 것처럼 작문과 편집에 대한 기존 가이드라인을 검색해 규칙을 모으겠습니다.

완벽한 데이터셋은 질문과 이와 연관된 품질 점수로 구성됩니다. 먼저 비슷한 데이터셋을 쉽게 얻을 수 있는지 빠르게 찾아야 합니다. 이 데이터셋에서 얻은 성능을 기반으로 필요한 연구를 확장하고 발전시킵니다.

소셜 미디어 게시물과 온라인 포럼에서 품질 점수와 연계된 좋은 텍스트 샘플을 얻을 수 있습니다. 이런 지표 대부분은 유용한 콘텐츠를 나타내기 위해서 사용되기 때문에 '좋아요'나 '찬성'과 같은 품질 지표를 포함합니다.

Q&A 커뮤니티 네트워크인 스택 익스체인지Stack Exchange는 인기가 많은 질의응답 사이트입니다. 앞서 언급한 데이터 소스 중 하나인 인터넷 아카이브에서 완전히 익명화된 스택 익스체인지 파일도 있습니다. 시작하기 아주 좋은 데이터셋입니다.

스택 익스체인지 질문을 사용해 질문의 찬성 점수를 예측하는 초기 모델을 만들 수 있습니다. 또한 이때 데이터셋을 살펴보고 레이블을 달면서 패턴을 찾아볼 수 있습니다.

여기서 만들려는 모델은 텍스트 품질을 정확하게 분류하고, 글쓰기에 대한 추천을 제공하는 모델입니다. 텍스트를 분류하는 오픈 소스 모델은 많습니다. 인기 높은 파이썬 머신러닝 라이브러리인 사이킷런scikit-learn의 텍스트 분류 튜토리얼을 찾아보세요.[16]

분류기가 준비되면 이를 사용해 어떻게 추천을 만드는지는 7장에서 다루겠습니다.

---

16 옮긴이_ 사이킷런을 사용한 텍스트 분류 예제는 『파이썬 라이브러리를 활용한 머신러닝(번역개정판)』(한빛미디어, 2019) 7장을 참고하세요.

가능성 있는 초기 데이터셋을 준비했으므로 모델로 넘어가서 무엇부터 시작할지 결정해보겠습니다.

2.3.2 항상 간단한 모델로 시작하기

이 장에서 기억해야 할 중요한 한 가지가 있습니다. 초기 모델과 데이터셋을 구축하는 목적은 향후 더 나은 제품을 위해 필요한 모델링과 데이터 수집 작업에 도움이 될 정보를 만드는 것입니다.

간단한 모델로 시작해서 스택 오버플로 질문의 품질을 향상시키는 트렌드를 추출하면 빠르게 성능을 측정하고 반복할 수 있습니다.

반대로 처음부터 완벽한 모델을 만드는 방법은 막상 실전에서 잘 동작하지 않습니다. 머신러닝은 반복적인 과정입니다. 모델이 어떻게 실패하는지 확인하는 것이 가장 성능을 빠르게 높이는 방법입니다. 모델이 빨리 실패할수록 더 많이 향상시킬 수 있습니다. 이런 반복적인 과정은 3부에서 자세히 살펴봅니다.

하지만 각 방법에서 주의해야 할 점이 있습니다. 예를 들어 질문에 답변하는 것은 질문의 문장 품질보다 더 많은 요소에 의존합니다. 질문의 문맥, 게시된 커뮤니티, 작성자의 인기도, 작성된 시간 등 초기 모델에 포함되지 않은 다른 세부 사항도 많습니다. 이런 요소들을 고려하기 위해 특정 커뮤니티로 데이터셋을 제한합니다. 여기서 만들 첫 번째 모델은 질문과 관련된 모든 메타데이터metadata를 무시합니다. 하지만 필요하다고 생각되면 포함하는 것을 고려해보겠습니다.

따라서 이 모델은 원하는 출력에 약하게 연관되어 있는 유사 레이블weak label을 사용합니다. 모델의 성능을 분석하면서 이 레이블이 충분한 정보를 포함하고 있는지 판단하겠습니다.

비로소 출발선에 섰습니다. 이제 모델을 향상시키는 방법을 결정할 수 있습니다. 모델링의 예측 불가능한 측면 때문에 규칙적으로 머신러닝 성능을 높이는 것이 어려워 보일 수 있습니다. 주어진 모델링 방식이 어느 정도 성공할지 미리 알기는 어렵습니다. 따라서 꾸준히 성능을 향상시키기 위한 몇 가지 팁을 소개합니다.

2.4 규칙적인 향상 방법: 간단하게 시작하기

반복하여 강조하지만 머신러닝에서 맞닥뜨리는 많은 어려움은 소프트웨어 분야의 가장 큰 도전 과제 중 하나와 비슷합니다. 아직 필요하지 않은 것을 만들려는 충동을 억제하는 일입니다. 많은 머신러닝 프로젝트는 초기 데이터 수집과 모델 구축 계획에 의존하면서도 이 계획을 주기적으로 평가하고 수정하지 않기 때문에 실패합니다. 머신러닝의 확률적 특징 때문에 현재 데이터셋과 모델이 얼마나 오래 유효할지 예측하기가 매우 어렵습니다.

이런 이유로 요구 사항에 맞는 가장 간단한 모델로 시작하는 것이 필수입니다. 그다음 이 모델을 포함한 엔드투엔드 프로토타입을 구축하고 최적화 측면이 아니라 제품의 목표에 맞는 성능을 평가해야 합니다.

2.4.1 간단한 파이프라인으로 시작하기

거의 대부분의 경우 초기 데이터셋에서 간단한 모델의 성능을 확인하는 것이 다음에 해결할 작업을 결정하는 가장 좋은 방법입니다. 한 번에 완벽한 모델을 만들려 하지 말고 이 방식을 반복해 쉽게 추적할 수 있도록 점진적으로 조금씩 향상시키는 것을 목표로 삼아야 합니다.

이를 위해서는 데이터를 받고 결과를 출력하는 파이프라인을 만들어야 합니다. 대부분의 머신러닝 문제에서는 두 개의 별도 파이프라인을 준비합니다.

훈련

정확한 예측을 만드는 모델을 얻으려면 먼저 모델을 훈련해야 합니다.

훈련 파이프라인은 훈련하려는 레이블된 데이터를 모두 받아 모델에 전달합니다(일부 작업에서는 데이터셋이 너무 커서 하나의 머신에서 다룰 수 없을지도 모릅니다). 그다음 이 데이터셋에서 만족스러운 성능에 도달할 때까지 모델을 훈련합니다. 흔히 훈련 파이프라인은 여러 모델을 훈련하고 별도의 검증 세트에서 성능을 비교하기 위해 사용됩니다.

추론

추론 파이프라인은 제품용으로 훈련된 모델의 결과를 사용자에게 제공합니다.

고수준에서 보면 추론 파이프라인은 입력 데이터를 받아 전처리하는 것부터 시작합니다. 전처리 단계는 일반적으로 여러 개의 단계로 구성됩니다. 대부분 이 단계에서 입력을 정제하고 검증하며, 모델에 필요한 특성을 생성하고, 머신러닝 모델에 적합한 수치 형태로 데이터를 변환합니다. 더 복잡한 시스템의 파이프라인은 모델에 필요한 추가 정보를 가져오기도 합니다. 예를 들면 데이터베이스에 저장된 사용자 정보와 같습니다. 그다음 파이프라인이 샘플을 모델에 통과시키고 후처리 로직이 있다면 적용하여 결과를 출력합니다.

[그림 2-4]는 전형적인 훈련과 추론 파이프라인의 순서도입니다. 이상적으로는 훈련과 추론 파이프라인에서 데이터 정제와 전처리 단계가 모두 동일해야 합니다. 훈련 모델이 추론할 때와 동일한 포맷과 성질의 데이터를 받아야 하기 때문입니다.

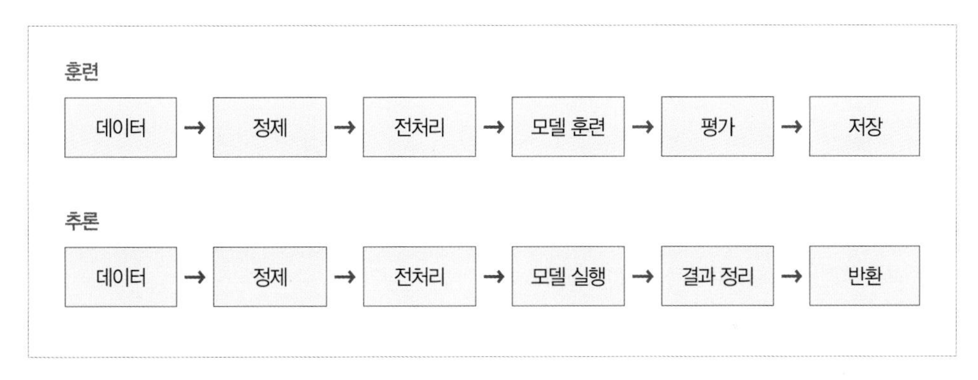

그림 2-4 상호 보완적인 훈련 파이프라인과 추론 파이프라인

모델이 다르면 파이프라인을 만들 때 고려할 사항이 달라집니다. 하지만 일반적으로 고수준의 인프라 구성은 동일하게 유지됩니다. 따라서 1.3절 '모니카 로가티: 머신러닝 프로젝트의 우선순위 지정하기'에서 언급한 성능 병목을 빠르게 평가하기 위해 훈련과 추론의 엔드투엔드 파이프라인을 초기에 모두 만드는 것이 좋습니다.

대부분의 파이프라인은 비슷한 고수준 구조를 가지지만 데이터셋 구조의 차이 때문에 공통된 기능이 전혀 없는 경우가 있습니다. 머신러닝 에디터 파이프라인을 살펴보면서 이에 대해 설명해보겠습니다.

2.4.2 머신러닝 에디터를 위한 파이프라인

머신러닝 에디터의 경우 머신러닝 분야에서 많이 사용되는 언어인 파이썬으로 훈련과 추론 파이프라인을 만들겠습니다. 첫 번째 프로토타입의 목적은 완벽함에 신경 쓰지 않고 엔드투엔드 파이프라인을 만드는 것입니다.

시간이 걸리는 작업은 나중에 개선을 위해 다시 살펴보겠습니다. 훈련을 위해서는 매우 기본적인 파이프라인을 만듭니다. 이 파이프라인은 여러 머신러닝 문제에 광범위하게 적용할 수 있고 다음과 같은 기능을 가집니다.

- 데이터 레코드 적재
- 불완전한 레코드를 삭제하고 필요시 누락된 값을 채워서 데이터 정제하기
- 모델이 이해할 수 있는 형태로 데이터 포맷을 맞추고 전처리하기
- 모델 결과를 검증하기 위해 훈련에 사용하지 않을 데이터(검증 세트) 떼어놓기
- 주어진 데이터로 모델을 훈련하고 훈련된 모델과 요약 통계 반환하기

추론에서는 훈련 파이프라인의 함수 일부를 활용하거나 조금 수정하여 사용합니다. 이상적으로 다음과 같은 기능이 필요합니다.

- (빠른 실행을 위해서) 훈련된 모델을 로드하고 메모리에 적재하기
- (훈련과 동일하게) 전처리 수행하기
- 관련 있는 외부 정보 수집하기
- 하나의 샘플을 모델(추론 함수)에 통과시키기
- 사용자에게 제공하기 전에 결과를 정리하는 후처리 수행하기

[그림 2-5]처럼 파이프라인을 순서도로 그리면 이해하기 쉽습니다.

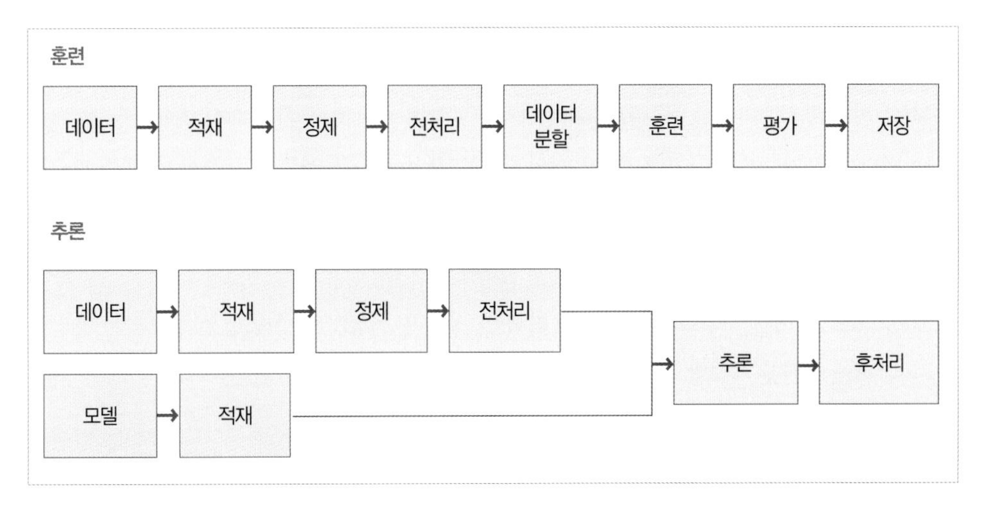

그림 2-5 머신러닝 에디터를 위한 파이프라인

또한 문제를 진단하기 위해 다음과 같은 여러 가지 분석과 탐색 함수를 작성하겠습니다.

- 모델의 예측이 최상인 샘플과 최악인 샘플을 시각화하는 함수
- 데이터를 탐색하는 함수
- 모델의 결과를 탐색하는 함수

많은 파이프라인은 모델의 입력을 검증하고 최종 출력을 확인하는 단계를 포함합니다. 10장에서 살펴보겠지만 이런 작업은 디버깅에 도움이 되고, 사용자에게 보여주기 전에 나쁜 결과를 잡아냄으로써 애플리케이션의 품질 기준도 보장할 수 있습니다.

머신러닝을 사용할 때 본 적 없는 데이터에 대한 모델의 출력은 종종 예측할 수 없고 항상 만족스러울 순 없다는 것을 기억하세요. 이런 이유 때문에 모델이 항상 제대로 동작하지 않는다는 것을 인지하고 잠재적인 오류를 고려하여 시스템을 설계하는 것이 중요합니다.

2.5 마치며

완전히 다른 모델을 비교하고 모델 간의 트레이드오프를 이해하기 위해 핵심 측정 지표를 정의하는 방법을 알아보았습니다. 처음 몇 개의 파이프라인 과정을 빠르게 구축하기 위해 필요한 자원과 도구를 다루었습니다. 그다음 첫 번째 결과를 얻기 위해 각 파이프라인에서 만들어야 하는 것을 간략히 소개했습니다.

여기까지 아이디어를 머신러닝 문제로 표현했고, 성능을 측정하는 방법과 초기 계획을 준비했습니다. 이제 구현을 시작할 차례입니다.

2부에서 첫 번째 파이프라인을 만드는 방법과 초기 데이터셋을 탐색하고 시각화하는 방법을 자세히 알아보겠습니다.

Part II

초기 프로토타입 제작

Part II

초기 프로토타입 제작

머신러닝의 모델 연구, 훈련, 평가 과정에는 시간이 많이 필요하기 때문에 방향을 잘못 잡으면 비용 손실이 매우 큽니다. 따라서 이 책은 위험을 줄이고 우선순위가 가장 높은 작업을 선별하는 데 초점을 맞춥니다.

1부에서 속도와 성공 가능성을 최대로 높이기 위한 계획을 수립하는 데 초점을 맞추었습니다. 2부에서는 구현을 시작해봅니다. [그림 II-1]에서 확인할 수 있듯이 다른 소프트웨어 엔지니어링처럼 머신러닝에서도 가능한 최소 기능 제품minimum viable product (MVP)부터 차근차근 구현해야 합니다. 이것이 파이프라인을 준비하고 평가하기 위한 가장 빠른 방법이며, 2부에서 이를 살펴봅니다. 모델을 향상시키는 방법은 3부에서 중점적으로 다룹니다.

그림 II-1 첫 번째 파이프라인을 만드는 올바른 방법(헨리크 크니베르크Henrik Kniberg의 허락을 받아 사용합니다).[1]

1 옮긴이_ 헨리크 크니베르크는 개발자이자 애자일 코치로 재미있는 그림을 많이 그렸습니다. 이 그림은 애자일 개발이 컴포넌트를 하나씩 만들어가는 것이 아니라 실행 가능한 소프트웨어를 점진적으로 발전시키는 것이라는 것을 잘 보여줍니다(*https://bit.ly/3uQ4axi*).

다음의 두 단계를 거치며 초기 모델을 만들겠습니다.

3장 엔드투엔드 파이프라인 만들기

애플리케이션의 구조와 소프트웨어 뼈대를 만듭니다. 입력을 받고 추천을 반환하는 파이프라인과 모델을 훈련하기 위한 별도의 파이프라인을 구축합니다.

4장 초기 데이터셋 준비하기

초기 데이터셋을 수집하고 조사하는 데 초점을 맞춥니다. 이번 장의 목적은 데이터에 있는 패턴을 빠르게 감지하고 어떤 패턴이 예측과 모델에 도움이 되는지 예상하는 것입니다.

CHAPTER 3

엔드투엔드 파이프라인 만들기

1부에서는 제품의 요구 사항에서 가능성 있는 모델링 후보를 어떻게 도출하는지 다루었습니다. 그다음 계획 단계로 넘어가, 초기 구축 계획을 수립하는 데 필요한 자원을 찾고 활용하는 방법을 알아보았습니다. 마지막으로 구동되는 초기 프로토타입 시스템을 만드는 것이 모델 성능을 발전시킬 수 있는 최선의 방법임을 설명했습니다. 바로 이번 장에서 프로토타입 시스템을 만들어봅니다.

첫 번째 시스템은 일부러 대충 만듭니다. 이 시스템은 파이프라인의 모든 구성 요소를 준비하고 다음에 개선할 우선순위를 설정하는 것입니다. 파이프라인 전체를 갖추어야 1.3절 '모니카 로가티: 머신러닝 프로젝트의 우선순위 지정하기'에서 언급한 성능 병목을 쉽게 찾아낼 수 있습니다.

그럼 입력으로부터 예측을 만들 수 있는 가장 간단한 파이프라인을 만들어보죠.

3.1 가장 간단한 프로토타입

2.4.1절 '간단한 파이프라인으로 시작하기'에서 대부분의 머신러닝 모델은 훈련과 추론을 위한 두 개의 파이프라인으로 구성된다고 설명했습니다. 훈련 파이프라인으로 고품질 모델을 만들고 추론 파이프라인으로 사용자에게 예측 결과를 제공합니다. 훈련과 추론 파이프라인의 자세한 차이에 대해서는 2.4.1절을 참고하세요.

첫 번째 프로토타입에서는 사용자에게 결과를 제공하는 데 초점을 맞춥니다. 따라서 2장에서 소개한 두 개의 파이프라인 중에서 추론 파이프라인부터 만들어보겠습니다. 이를 통해 사용자가 모델의 결과와 어떻게 상호작용하는지 빠르게 점검할 수 있고 모델 훈련에 유용한 정보를 수집할 수 있습니다.

추론에만 초점을 맞추므로 당장은 훈련 과정을 무시하겠습니다. 모델을 훈련하지 않지만 대신 간단한 규칙을 만들 수 있습니다. 이런 규칙이나 경험 법칙을 만드는 것이 종종 시작하기 가장 좋은 방법이 되기도 합니다. 가장 빠르게 프로토타입을 만들고 전체 애플리케이션의 간소화 버전을 바로 확인할 수 있기 때문입니다.

결국 뒷부분에서 만들어야 하는 머신러닝 해결책을 구축하는 것이 목적이기에 이런 작업이 불필요해 보일 수도 있습니다. 하지만 최선의 해결책에 대한 초기 가정을 만들기 위해서 문제에 정면으로 부딪히는 과정이 꼭 필요합니다.

데이터를 모델링하는 최선의 방법에 대한 가설을 만들고, 검증하고, 업데이트하는 것이 반복적인 모델 구축 과정의 핵심입니다. 이 반복되는 과정은 첫 번째 모델을 만들기 전에 시작됩니다.

NOTE_ 다음은 필자가 인사이트 펠로Insight Fellows[2]에서 멘토링한 회원들의 프로젝트에서 얻은 좋은 경험 규칙의 예입니다.

- **코드 품질 추정**: 다니엘이 해커랭크HackerRank[3](코딩 경쟁 사이트)에서 프로그래머의 코드가 잘 수행되는지 예측하는 모델을 만들 때, 먼저 열리고 닫힌 소괄호, 중괄호, 대괄호 개수를 헤아리는 것부터 시작했습니다. 잘 동작하는 코드 대부분은 열린 괄호와 닫힌 괄호의 개수가 동일합니다. 따라서 이 규칙은 꽤 좋은 기준점입니다. 또한 이를 통해 추상 구문 트리abstract syntax tree[4]로 더 복잡한 정보를 추출하는 모델링에 초점을 맞추겠다는 직관도 얻었습니다.
- **나무 개수 카운트**: 마이크는 위성 이미지를 이용해 도시의 나무 개수를 헤아리기 위해 이미지에서 녹색 픽셀의 비율을 기반으로 나무 밀도를 추정하는 규칙을 고안했습니다. 이 방식은 나무들이 멀리 떨어져 있을 때는 잘 동작하지만 나무가 우거진 숲에는 적합하지 않습니다. 여기에서도 이 규칙은 다음 모델링 단계를 정의하는 데 도움이 됩니다. 밀집되어 있는 나무를 인식하는 파이프라인을 구축하는 데 초점을 맞출 것입니다.

2 https://insightfellows.com

3 https://www.hackerrank.com

4 https://bit.ly/3gn618P

대부분의 머신러닝 프로젝트는 간단한 규칙으로 출발해야 합니다. 전문가 지식과 데이터 탐색을 기반으로 이 규칙을 고안한다는 것을 기억하세요. 그리고 이를 사용해 초기 가정을 검증하고 반복의 속도를 높입니다.

규칙을 찾았다면 입력 데이터를 모으고 전처리한 다음, 규칙을 적용하고, 결과를 제공하는 파이프라인을 만들 차례입니다. 이런 파이프라인은 실시간으로 웹캠에서 입력을 받아 결과를 출력하는 웹 애플리케이션이나 터미널에서 호출할 수 있는 간단한 파이썬 스크립트일 수 있습니다.

여기서 요점은 머신러닝 접근 방식과 마찬가지로 제품도 가능한 한 단순화하여 간단한 기능을 갖는 파이프라인을 만드는 것입니다. 이를 최소 기능 제품(MVP)이라고 부르며 유용한 결과를 가능한 한 빠르게 얻기 위해 실전처럼 테스트하는 방법입니다.

3.2 머신러닝 에디터 프로토타입

머신러닝 에디터의 경우 일반적인 교정 권고 사항을 활용해 좋은 질문과 나쁜 질문에 대한 몇 가지 규칙을 만들고 이 규칙의 결과를 사용자에게 보여줍니다.

이 프로젝트의 최소 버전은 명령줄에서 사용자 입력을 받아 추천을 제안합니다. 여기에는 다음 4개의 함수가 필요합니다.

```
input_text = parse_arguments()
processed = clean_input(input_text)
tokenized_sentences = preprocess_input(processed)
suggestions = get_suggestions(tokenized_sentences)
```

각 함수를 자세히 알아보겠습니다. 다른 옵션 없이 사용자로부터 텍스트 문자열을 받는 것으로 매개변수 파싱 과정을 간단하게 만들겠습니다. 이 예제를 포함해 모든 예제의 소스 코드는 깃허브 저장소(*http://bit.ly/mlpa-git*)[5]에서 볼 수 있습니다.

5 옮긴이_ 원서의 깃허브 저장소는 *https://oreil.ly/ml-powered-applications* 입니다.

3.2.1 데이터 파싱과 정제

먼저 명령줄에서 받은 입력 데이터를 파싱합니다. 이 과정은 파이썬으로 비교적 쉽게 작성할 수 있습니다.

```
def parse_arguments():
    """
    간단한 명령줄 매개변수 파서
    :return: 수정할 텍스트
    """
    parser = argparse.ArgumentParser(
        description="수정할 텍스트를 입력합니다"
    )
    parser.add_argument(
        'text',
        metavar='input text',
        type=str
    )
    args = parser.parse_args()
    return args.text
```

모델을 실행할 때마다 입력 데이터를 검증하고 확인해야 합니다. 이 예제에서는 사용자가 데이터를 직접 입력하기 때문에 입력 문자가 파싱 가능한지 확인해야 합니다. 입력 데이터를 정제하기 위해 ASCII 이외의 문자는 삭제합니다. 이렇게 하면 사용자의 창의성을 크게 훼손하지 않으면서 텍스트에 담긴 내용을 합리적으로 가정할 수 있습니다.

```
def clean_input(text):
    """
    텍스트 정제 함수
    :param text: 사용자가 입력한 텍스트
    :return: ASCII 이외의 문자를 제거한 정제된 텍스트
    """
    # 간단하게 시작하기 위해서 ASCII 문자만 사용합니다
    return str(text.encode().decode('ascii', errors='ignore'))
```

이제 입력을 전처리하고 추천을 제공해야 합니다. 1.2.2절 '가장 간단한 방법: 알고리즘이 되어 보기'에서 언급한 텍스트 분류에 대한 기존 연구를 먼저 활용해보겠습니다. 'told'와 'said' 같은 단어를 카운트한 뒤 음절, 단어, 문장의 요약 통계를 계산하고 분장의 복잡도를 추정하는 작업

이 포함됩니다.

단어 수준의 통계를 계산하기 위해 문장에서 단어를 식별할 수 있어야 합니다. 자연어 처리에서는 이를 **토큰화**tokenization라고 부릅니다.

3.2.2 텍스트를 토큰화하기

토큰화는 쉬운 작업이 아니지만, 가장 간단한 방법으로 공백이나 구두점을 기준으로 입력 텍스트를 단어로 나눌 수 있습니다. 하지만 단어는 다양한 방법으로 분할할 수 있기 때문에 실제 텍스트에 이 방법을 적용하기란 어렵습니다. 스탠퍼드 대학교의 NLP 수업[6]에서 나온 다음 예시 문장을 생각해보죠.

> "Mr. O'Neill thinks that the boys' stories about Chile's capital aren't amusing."

이 문장에서는 마침표와 따옴표가 다양한 의미를 가지기 때문에 단순한 방식은 대부분 실패합니다. 직접 토큰 분할기를 만드는 대신, 잘 알려진 오픈 소스 라이브러리인 NLTK[7]를 사용하겠습니다. 이 라이브러리를 사용하면 다음과 같이 간단한 두 단계로 이를 처리할 수 있습니다.

```
def preprocess_input(text):
    """
    정제된 텍스트를 토큰화합니다
    :param text: 정제된 텍스트
    :return: 문장과 단어로 토큰화하여 분석에 투입할 준비를 마친 텍스트
    """
    sentences = nltk.sent_tokenize(text)
    tokens = [nltk.word_tokenize(sentence) for sentence in sentences]
    return tokens
```

텍스트를 전처리한 후 이를 사용해 질문 품질을 평가하는 데 필요한 특성을 생성해보겠습니다.

6 https://oreil.ly/vdrZW

7 https://www.nltk.org

3.2.3 특성 생성하기

마지막 단계로 사용자에게 전달할 조언을 위해 몇 개의 규칙을 만듭니다. 간단한 프로토타입이므로 자주 사용하는 동사와 연결어의 빈도를 카운트합니다. 그다음 wh- 접속사를 카운트하고 플레시Flesch 가독성 점수[8]를 계산합니다. 그리고 이 통곗값을 모아 사용자에게 전달합니다.[9]

```python
def get_suggestions(sentence_list):
    """
    추천을 포함한 문자열을 반환합니다.
    :param sentence_list: 문장의 리스트. 각 문장은 단어의 리스트입니다.
    :return: 입력 텍스트를 개선하기 위한 추천
    """
    told_said_usage = sum(
        (count_word_usage(tokens, ["told", "said"]) for tokens in sentence_list)
    )
    but_and_usage = sum(
        (count_word_usage(tokens, ["but", "and"]) for tokens in sentence_list)
    )
    wh_adverbs_usage = sum(
        (
            count_word_usage(
                tokens,
                [
                    "when",
                    "where",
                    "why",
                    "whence",
                    "whereby",
                    "wherein",
                    "whereupon",
                ],
            )
            for tokens in sentence_list
        )
    )
    result_str = ""
    adverb_usage = "단어 사용량: %s told/said, %s but/and, %s wh- 접속사" % (
        told_said_usage,
```

8 https://oreil.ly/iKhmk

9 옮긴이_ 이 코드에 등장하는 다른 함수들은 깃허브(http://bit.ly/mlpa-git)에 있는 ml_editor/ml_editor.py 파일에 정의되어 있습니다.

```
        but_and_usage,
        wh_adverbs_usage,
    )
    result_str += adverb_usage
    average_word_length = compute_total_average_word_length(sentence_list)
    unique_words_fraction = compute_total_unique_words_fraction(sentence_list)

    word_stats = "단어의 평균 길이 %.2f, 고유한 단어의 비율 %.2f" % (
        average_word_length,
        unique_words_fraction,
    )
    # 나중에 웹 애플리케이션으로 출력하기 위해 HTML <br> 태그를 추가합니다.
    result_str += "<br/>"
    result_str += word_stats

    number_of_syllables = count_total_syllables(sentence_list)
    number_of_words = count_total_words(sentence_list)
    number_of_sentences = len(sentence_list)

    syllable_counts = "%d개 음절, %d개 단어, %d개 문장" % (
        number_of_syllables,
        number_of_words,
        number_of_sentences,
    )
    result_str += "<br/>"
    result_str += syllable_counts

    flesch_score = compute_flesch_reading_ease(
        number_of_syllables, number_of_words, number_of_sentences
    )

    flesch = "플레시 점수 %.2f: %s" % (
        flesch_score,
        get_reading_level_from_flesch(flesch_score),
    )

    result_str += "<br/>"
    result_str += flesch

    return result_str
```

짠, 이제 명령줄에서 애플리케이션을 호출하면 바로 결과를 볼 수 있습니다. 아직 크게 유용하지는 않지만 테스트하고 반복할 수 있는 출발점을 확보했습니다. 이어서 진행해보죠.

3.3 워크플로 테스트하기

이제 프로토타입이 준비되었으니 문제를 정의한 방식과 제안 솔루션의 유용성을 테스트할 수 있습니다. 이 절에서 초기 규칙에 대한 객관적인 품질을 살펴보고 사용하기 좋은 형태로 출력되는지 검토해보겠습니다.

모니카 로가티가 '성공적인 모델이더라도 제품이 실패하는 경우가 많습니다'라고 언급했듯이 만약 여기에서 선택한 방법이 질문의 품질을 잘 측정하더라도 이 제품이 사용자의 글을 개선하는 조언을 제시하지 않는다면, 뛰어난 방법일지라도 쓸모가 없어집니다. 완성된 파이프라인을 살펴보면서 현재의 사용자 경험과 규칙 기반 모델의 결과를 평가해보겠습니다.

3.3.1 사용자 경험

먼저 모델의 품질과는 별개로 이 제품의 사용성이 얼마나 만족스러운지 확인해보겠습니다. 다시 말해서 나중에 충분히 잘 동작하는 모델을 얻을 것이라 가정하고, 현재 사용자에게 가장 바람직한 형태로 결과를 제공하고 있는지 살펴보겠습니다.

예를 들어 수목 조사의 경우, 도시 전체를 장기간 분석해 요약한 결과를 제시할 수 있습니다. 보고된 수목의 개수와 이웃한 지역별 통계, 테스트 세트에 대한 오찻값을 포함할 수 있습니다.

즉 제시한 결과가 유용한지 아니면 모델을 개선해야 할지 확인해야 합니다. 물론 모델은 잘 수행되어야 합니다. 이어서 이에 대해 평가해보겠습니다.

3.3.2 모델링 결과

2.1절 '성공 측정하기'에서 올바른 측정 지표가 중요하다고 언급했습니다. 초기에 작동하는 프로토타입을 준비했다면 제품 목표를 달성하기 위해 선택한 측정 지표로 평가를 반복할 수 있습니다.

예를 들어 근처 렌터카를 검색하는 시스템을 구축한다면 할인된 누적 이득discounted cumulative gain(DCG) 같은 지표를 사용할 수 있습니다. DCG는 가장 관련 있는 항목이 다른 것보다 먼저 반환될 때 높은 점수를 부여하는 식으로 순위 품질을 측정합니다(순위 지표에 관한 더 자세한 정보는 위키백과의 DCG 항목[10]을 참고하세요). 처음 모델을 만들 때 처음 다섯 개의 결과 중에 적어도 유용한 추천이 하나는 나와야 한다는 가정을 세울 수 있습니다. 따라서 DCG_5로 모델의 점수를 계산했습니다. 하지만 사용자가 이 모델을 사용할 때 처음 출력된 세 개의 결과만 고려할 수도 있습니다. 이런 경우에는 성공의 기준을 DCG_5에서 DCG_3로 바꾸어야 합니다.[11]

사용자 경험과 모델 성능 양쪽을 모두 고려하는 이유는 가장 큰 영향을 미치는 요소를 확인하기 위해서입니다. 사용자 경험이 형편없다면 모델을 개선하는 것은 도움이 되지 않습니다. 사실 완전히 다른 모델을 서비스하는 것이 나을지도 모릅니다! 관련된 두 가지 사례를 살펴봅시다.

성능 병목 찾기

모델링 결과와 제품의 현재 표현 방식을 살펴보면 다음에 어떤 작업을 할지 파악할 수 있습니다. 대부분의 경우 사용자에게 결과를 보여주는 방식을 바꾸거나(이로 인해 모델 훈련 방식을 바꿀 수도 있습니다) 실패 요인을 분석하여 모델 성능을 향상시킵니다.

3부에서 오차 분석에 대해 자세히 다루겠지만 실패 요인을 파악하고 이를 해결할 적절한 방법을 찾아야 합니다. 수정 작업이 달라지기 때문에 모델링과 제품 영역 중에 무엇이 큰 영향을 끼치는지 결정하는 것이 중요합니다.

제품 부분

연구 논문의 이미지를 보고 최상위 콘퍼런스에 통과될지를 예측하는 모델을 만들었다고 가정해보죠.[12] 하지만 사용자에게 거절될 확률만 제공하는 것은 만족스러운 출력이 아닙니다. 이런 경우 모델의 성능을 높이는 것은 도움이 되지 않습니다. 모델 출력에 조언이 포함된다면 사용자가 논문을 개선하는 데 도움을 주고 논문이 통과될 확률을 높일 수 있습니다.

모델 부분

다른 모든 요소가 동일할 때 신용 점수 예측 모델이 특정 인종의 체납 가능성을 높게 출력한다

10 *https://oreil.ly/b_8Xq*

11 옮긴이_ DCG는 검색 결과의 관련성을 0(관련 없음)~3(관련이 높음) 사이로 나타내고, 등장하는 순서에 비례하여 할인을 적용하는 방법입니다. 예를 들어 DCG_5는 다섯 개의 결과에 대한 할인된 관련성 점수를 누적합니다. 할인을 하지 않고 단순하게 결과 항목의 점수를 더하는 방식은 CG(cumulative gain)라고 부릅니다.

12 이 문제를 다룬 자-빈 황(Jia-Bin Huang)의 「Deep Paper Gestalt」 논문을 참고하세요(*https://oreil.ly/RRfIN*).

고 가정해보죠. 사용하는 훈련 데이터가 편향되어 있기 때문일 가능성이 높습니다. 따라서 전체를 대표할 수 있는 데이터를 더 많이 모으고 이 문제를 해결하기 위해 데이터 정제나 데이터 증식 파이프라인을 새로 만들어야 합니다. 이 경우, 결과를 어떻게 출력하는지와는 상관없이 모델 수정이 필요합니다. 이런 예는 흔합니다. 따라서 요약된 통계 지표 그 이상을 깊이 살펴보고 데이터 변화에 따라 모델이 어떤 영향을 받는지 조사해야 합니다. 이와 관련된 내용은 5장에서 자세히 살펴봅니다. 조금 더 자세히 알아보기 위해 머신러닝 에디터를 다뤄보겠습니다.

3.4 머신러닝 에디터 프로토타입 평가

초기 파이프라인이 사용자 경험과 모델 성능 입장에서 어떻게 동작하는지 알아보죠. 먼저 몇 개의 입력을 애플리케이션에 통과시킵니다. 간단한 질문부터 복잡한 질문, 문단 전체까지 테스트해봅시다.

가독성 점수를 사용하기 때문에 간단한 문장일 경우 높은 점수를 반환하고 복잡한 문장일 경우 낮은 점수를 반환합니다. 또한 문단을 개선하기 위한 조언도 반환합니다. 몇 개의 샘플에 이 프로토타입을 실제로 적용해보죠.

간단한 질문

```
$ python ml_editor.py  "Is this workflow any good?"
단어 사용량: 0 told/said, 0 but/and, 0 wh- 접속사
단어의 평균 길이 3.67, 고유한 단어의 비율 1.00
6개 음절, 5개 단어, 1개 문장
플레시 점수 100.26: 매우 읽기 쉬움
```

복잡한 질문

```
$ python ml_editor.py  "Here is a needlessly obscure question, that"\
"does not provide clearly which information it would"\
"like to acquire, does it?"
단어 사용량: 0 told/said, 0 but/and, 0 wh- 접속사
```

```
단어의 평균 길이 4.86, 고유한 단어의 비율 0.90
30개 음절, 18개 단어, 1개 문장
플레시 점수 47.58: 읽기 어려움
```

전체 문단

```
$ python ml_editor.py "Ideally, we would like our workflow to return a positive"\
" score for the simple sentence, a negative score for the convoluted one, and "\
"suggestions for improving our paragraph. Is that the case already?"
단어 사용량: 0 told/said, 1 but/and, 0 wh- 접속사
단어의 평균 길이 4.03, 고유한 단어의 비율 0.76
52개 음절, 33개 단어, 2개 문장
플레시 점수 56.79: 약간 읽기 어려움
```

앞서 소개한 두 가지 측면에서 이 결과를 조사해보겠습니다.

3.4.1 모델

출력된 결과가 좋은 품질의 글쓰기에 대한 것인지는 확실하지 않네요. 복잡한 문장과 전체 문단의 경우 비슷한 가독성 점수를 얻었습니다. 제 글이 이따금 읽기 어렵다는 것을 인정해야겠습니다. 하지만 전체 문단은 그전에 테스트한 복잡한 문장보다 더 이해하기 쉽습니다.

텍스트에서 추출한 이런 속성값이 '좋은 글쓰기'와 반드시 연관되어 있지는 않습니다. 일반적으로 성공을 충분하고 명확하게 정의하지 않았기 때문입니다. 질문이 두 개 주어졌을 때 어떻게 한 질문이 다른 하나보다 낫다고 말할 수 있나요? 다음 장에서 데이터셋을 구축할 때 이를 조금 더 명확하게 정의해보겠습니다.

예상대로 모델링 작업이 더 필요하지만 그럼 결과는 유용한 형태로 제공되고 있을까요?

3.4.2 사용자 경험

앞에서 보여준 결과를 보면 두 가지 이슈가 바로 보입니다. 반환된 정보가 너무 장황하고 관련성이 없습니다. 이 제품의 목표는 사용자에게 실행 가능한 추천을 제공하는 것입니다. 통계와

가독성 점수는 하나의 품질 지표이지만 질문을 개선하는 데 도움을 주지는 못합니다. 하나의 점수로 출력을 요약하고 글을 개선할 수 있도록 실행 가능한 추천을 제공해야 합니다.

예를 들어 wh- 접속사를 적게 사용하도록 수정을 제안할 수 있습니다. 또는 조금 더 세부적으로 단어와 문장 수준의 변화를 제안할 수도 있습니다. 이상적으로는 사용자의 주의를 환기시키기 위해 입력 텍스트 일부를 강조하거나 밑줄 표시로 결과를 보여줄 수 있습니다. [그림 3-1]에 이런 개선안을 그려보았습니다.

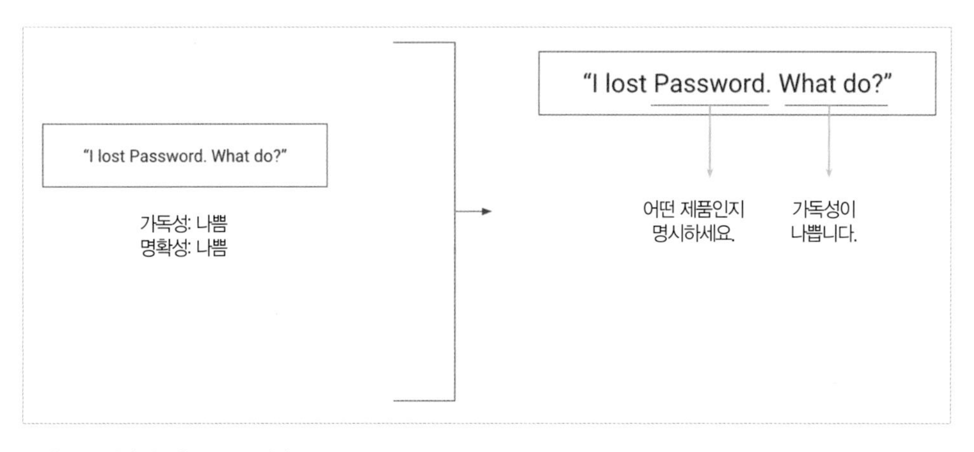

그림 3-1 실행 가능한 글쓰기 제안

입력 문자열에 추천하는 내용을 직접 강조할 수는 없더라도 [그림 3-1]의 오른쪽과 비슷하게 점수 리스트 대신 실행 가능한 추천을 제공하면 제품에 도움이 됩니다.

3.5 마치며

초기 추론 프로토타입을 만들었고 규칙 기반 모델의 품질과 제품의 워크플로를 평가했습니다. 이를 통해 성능 기준을 구체화하고 원하는 방식으로 사용자에게 결과를 제공할 수 있습니다.

머신러닝 에디터의 경우 실행 가능한 추천을 제공하여 사용자 경험을 높이고, 데이터를 살펴서 무엇이 좋은 질문인지 더 명확하게 정의하여 모델을 향상시켜야 한다는 것을 배웠습니다.

처음 세 장에서 제품의 목표를 가지고 초기 방식을 선택하고, 이 방법에 대한 계획을 세우기 위해 보유한 자원을 탐색하고, 계획과 가정을 검증하기 위해 초기 프로토타입을 만들었습니다.

이제 머신러닝 프로젝트에서 가장 많이 간과되는 부분인 데이터셋을 탐색할 차례입니다. 4장에서 초기 데이터셋을 수집하고 품질을 평가하는 방법을 알아보겠습니다. 또한 반복적으로 데이터의 부분집합에 레이블을 부여하는 방법을 살펴보겠습니다. 이렇게 하면 특성을 생성하고 모델링 방식을 결정하는 데 도움이 될 것입니다.

CHAPTER 4

초기 데이터셋 준비하기

제품 요구 사항을 해결하기 위한 계획을 세우고, 워크플로와 모델이 타당한지 검증하기 위한 초기 프로토타입을 만들었습니다. 이제 데이터셋을 자세히 살펴볼 차례입니다. 여기에서 찾은 정보를 사용하면 모델링 방식을 결정하는 데 도움이 됩니다. 종종 데이터를 잘 이해하는 것이 높은 성능 향상으로 이어집니다.

이 장은 데이터 품질을 효과적으로 판단하는 방법을 알아보는 것으로 시작합니다. 그다음 데이터를 벡터로 변환하고 이 벡터 표현으로 데이터셋을 효율적으로 조사하고 레이블을 부여하는 방법을 다루겠습니다. 마지막으로 이런 분석을 통해 어떻게 특성 생성 전략을 짜는지 알아보겠습니다.

그럼 먼저 데이터셋을 탐색하고 품질을 판단해보죠.

4.1 반복적인 데이터셋

머신러닝 제품을 만드는 가장 빠른 방법은 모델 구축과 평가를 재빠르게 반복하는 것입니다. 데이터셋 자체가 모델 성공의 핵심 요소입니다. 따라서 모델링과 마찬가지로 데이터 수집, 준비, 레이블링이 반복적인 과정이어야 합니다. 당장 모을 수 있는 간단한 데이터셋으로 시작하고 여기서 배운 것을 바탕으로 데이터셋을 향상해봅시다.

반복적으로 데이터를 다루는 과정이 처음에는 혼란스러울 수 있습니다. 머신러닝 연구는 표준 데이터셋에서 측정한 성능을 제시합니다. 이런 데이터셋은 벤치마크로 사용되기 때문에 변경되지 않습니다. 전통적인 소프트웨어 엔지니어링에서는 결정적인 규칙으로 프로그램을 작성하기 때문에 데이터를 입력받고, 처리하고, 저장하는 대상으로 다룹니다.

머신러닝 엔지니어링은 제품을 만들기 위해 엔지니어링과 머신러닝을 연결합니다. 따라서 데이터셋은 제품을 만들기 위한 또 하나의 도구이기도 합니다. 머신러닝 엔지니어링 작업의 대부분은 초기 데이터셋을 선택한 후 규칙적으로 업데이트하고 보완하는 일입니다. 연구와 제품의 워크플로 차이점이 [그림 4-1]에 나타나 있습니다.

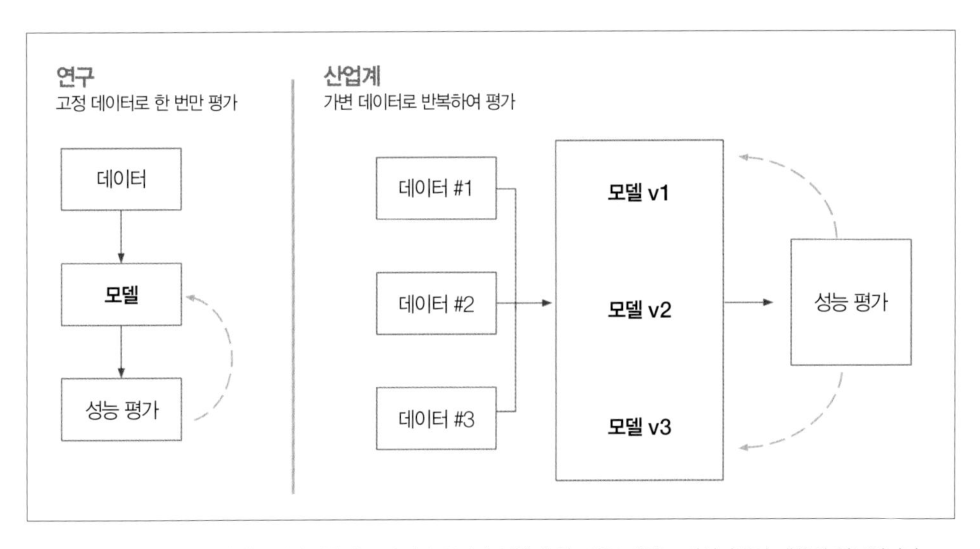

그림 4-1 연구 워크플로에서는 데이터셋이 고정되어 있지만 산업계 워크플로에서는 데이터셋이 제품의 일부입니다.

이 분야를 새로 접한 사람이라면 데이터를 반복, 수정, 향상할 수 있는 (그래야만 하는) 제품의 일부로 다루는 것이 큰 패러다임의 전환입니다. 하지만 익숙해지면 데이터는 새로운 모델을 개발하는 데 가장 좋은 영감의 원천이 되고, 무언가 잘못되었을 때 해답을 위해 가장 먼저 찾는 곳이 될 것입니다.

4.1.1 데이터 과학 수행하기

머신러닝 제품을 개발할 때 데이터 준비 과정이 걸림돌이 되는 것을 셀 수 없을 만큼 많이 보았습니다. 상대적으로 이 주제에 대한 교육이 부족하기 때문입니다(대부분의 온라인 코스는 데이터셋을 제공하고 모델에 초점을 맞춥니다). 이로 인해 많은 기술자들이 이 작업을 두려워합니다.

데이터 작업을 재미있는 모델링을 하기 전에 수행해야 하는 따분한 일이라 생각하기 쉽습니다. 하지만 모델은 데이터에서 트렌드와 패턴을 추출하는 방법을 제공할 뿐입니다. 사용할 데이터가 모델이 예측하기 충분한 패턴을 담고 있는지 확인해야 합니다(그리고 두드러진 편향이 내재되어 있는지 체크해야 합니다). 이것이 데이터 과학의 핵심 작업입니다(사실 모델 과학자라고 부르지 않고 데이터 과학자라고 부르는 것을 보면 알 수 있습니다).

이 장은 데이터를 수집하고 머신러닝에 적용할 수 있는지 조사하고 검증하는 과정에 초점을 맞춥니다. 데이터 품질을 판단하기 위해 먼저 데이터셋 탐색을 수행해보죠.

4.2 첫 번째 데이터셋 탐색하기

그렇다면 초기 데이터셋을 어떻게 탐색할까요? 물론 첫 번째 단계는 데이터셋을 모으는 것입니다. 이 과정에서 기술자들이 완벽한 데이터셋을 찾으려 하기 때문에 막히는 것을 자주 봅니다. 기억하세요. 예비 결과를 만들 수 있는 간단한 데이터셋을 구하는 것이 목표입니다. 머신러닝의 다른 부분과 마찬가지로 간단하게 시작해서 발전시켜야 합니다.

4.2.1 효율적으로 작게 시작하기

대부분의 머신러닝 문제에서 데이터가 많으면 더 좋은 모델을 만들 수 있습니다. 하지만 이것이 가능한 가장 큰 데이터셋으로 시작해야 한다는 의미는 아닙니다. 프로젝트를 시작할 때 데이터셋이 작으면 분석하고 이해하기가 쉽습니다. 또 더 나은 모델을 만드는 방법을 이해할 수 있습니다. 쉽게 시작할 수 있는 초기 데이터셋을 얻는 것이 목표가 되어야 합니다. 전략이 세워진 후에 큰 데이터셋으로 사이즈를 늘리는 것이 합리적입니다.

서버 클러스터에 저장된 테라바이트 용량의 데이터를 가진 회사에서 일한다면 먼저 로컬 컴퓨터의 메모리에 맞는 크기의 데이터셋을 균등하게 샘플링할 수 있습니다. 집 앞을 지나가는 자동차의 브랜드를 식별하는 사이드 프로젝트를 계획한다면 거리에 있는 수십 개의 자동차 이미지로 시작할 수 있습니다.

초기 모델이 어떻게 수행되고 어떤 문제가 있는지 확인한 후에 이 정보를 바탕으로 다시 데이터셋 탐색을 반복할 수 있습니다.

캐글[1]이나 레딧[2] 같은 플랫폼에서 기존 데이터셋을 찾거나 직접 샘플을 수집할 수 있습니다. 웹에서 스크래핑을 하거나 코먼 크롤 사이트[3] 등에서 대규모 공개 데이터셋을 찾아 활용하거나 데이터를 생성할 수도 있습니다. 2.2.2절의 '오픈 데이터'를 참고하세요.

데이터 수집과 분석은 필수이며 초기 프로젝트의 개발 속도도 높입니다. 데이터셋을 둘러보고 특성을 알아가는 것이 좋은 모델링과 특성 생성 파이프라인을 만드는 가장 쉬운 방법입니다.

대부분의 기술자들은 모델 작업의 영향을 과대평가하고 데이터 작업의 가치를 과소평가합니다. 필자는 이런 편견에서 벗어나 데이터에 관심을 많이 가지는 것을 항상 권장합니다.

데이터를 조사할 때 탐색적 방식으로 트렌드를 식별하는 것이 좋지만 거기서 멈춰서는 안 됩니다. 머신러닝 제품을 만드는 것이 목표라면 트렌드를 자동으로 활용할 수 있는 가장 좋은 방법이 무엇인지 스스로 물어봐야 합니다. 강력한 자동화 제품을 만드는 데 이런 트렌드가 어떻게 도움이 될까요?

4.2.2 통찰 vs 제품

데이터셋이 준비되면 데이터를 살펴보고 내용을 탐색해야 합니다. 이 과정에서 분석 목적의 데이터 탐색과 제품 개발 목적의 데이터 탐색 간의 차이를 유념해야 합니다. 둘 다 데이터에 있는 트렌드를 추출하고 이해하는 것이 목적이지만 전자는 트렌드에서 통찰을 얻는 데 관심이 있습니다(예를 들어 부정하게 웹사이트에 로그인하는 대부분이 주로 목요일, 시애틀에서 발생한다는 것을 파악할 수 있습니다). 반면 후자는 트렌드를 사용해 특성을 만드는 것입니다(로그인

1 https://www.kaggle.com

2 https://www.reddit.com/r/datasets

3 https://commoncrawl.org

시간과 IP 주소를 사용해 부정 로그인 계정을 막는 서비스를 만듭니다).

차이가 미묘해 보일 수 있지만 제품 구축의 경우에 추가적인 복잡도가 더해집니다. 이렇게 찾은 패턴을 미래에 얻을 데이터에 적용할 것인지에 대한 확신이 있어야 하고, 훈련 데이터와 제품 시스템에서 얻을 데이터 사이의 차이를 정량화할 필요가 있습니다.

부정 거래 예측의 경우 부정 로그인의 계절 특징seasonality을 아는 것이 첫 번째 단계입니다. 관측된 계절 트렌드를 보고 얼마나 자주 새로 수집된 데이터에서 모델을 훈련해야 하는지 예상할 수 있습니다. 이 장 뒷부분에서 데이터를 조금 더 자세히 살펴보면서 여러 가지 예를 다뤄보겠습니다.

유용한 트렌드를 감지하기 전에 품질을 먼저 조사해야 합니다. 선택한 데이터셋이 품질 기준에 미치지 못한다면 모델링을 시작하기 전에 데이터셋의 품질을 높여야 합니다.

4.2.3 데이터 품질 기준

이 절에서 새로운 데이터셋을 처음 다룰 때 조사할 몇 가지 사안을 다루겠습니다. 데이터셋마다 고유한 편향과 이상치outlier를 가지기 때문에 이해하는 데 필요한 도구가 서로 다릅니다. 따라서 데이터셋의 모든 측면을 다룰 수 있는 보편적인 기준을 만드는 것은 이 책의 범위를 넘어섭니다. 하지만 처음 데이터셋을 다룰 때 주의를 기울일 가치가 있는 몇 개의 카테고리가 있습니다. 먼저 데이터 포맷부터 시작해보죠.

데이터 포맷

깨끗한 입력과 출력으로 데이터셋이 구성되어 있나요? 아니면 추가적인 전처리나 레이블링이 필요한가요?

예를 들어 사용자가 광고를 클릭할지를 예측하는 모델을 만들 때, 일반적으로 과거 일정 기간 동안의 모든 클릭 로그로 데이터셋을 구성합니다. 이 데이터셋을 한 사용자에게 보여진 여러 개의 광고와 해당 사용자의 클릭 여부로 변환해야 합니다. 또한 모델링에 도움이 된다고 생각하는 사용자 정보나 광고 정보를 포함할 수 있습니다.

이미 전처리되어 수집된 데이터셋이 있다면 데이터 처리 방식을 이해하고 있는지 확인해야 합니다. 예를 들어 하나의 열이 평균 전환율[4]을 나타낸다면 이 전환율을 직접 계산하여 맞는지 확인할 수 있나요?

어떤 경우에는 전처리 단계를 재현하고 검증하기 위한 필수 정보를 얻지 못합니다. 이런 경우 데이터의 품질을 살펴보면 신뢰해야 할 특성과 무시해야 할 특성을 결정하는 데 도움이 됩니다.

데이터 품질

데이터셋의 품질을 조사하는 것은 모델링을 시작하기 전에 꼭 필요합니다. 중요한 특성값의 절반이 비어 있는지 알고 있다면 모델의 성능이 왜 좋지 않은지 이해하려고 몇 시간 동안 디버깅하지는 않을 것입니다.

데이터의 품질이 나쁜 데는 여러 이유가 있습니다. 값이 누락되거나 부정확하거나 오염되었을 수 있습니다. 정확한 품질 상태를 알면 어느 정도의 성능이 합리적인지 추정하는 데 도움이 되고 사용할 특성과 모델을 고르는 것도 쉬워집니다.

사용자의 활동 로그로 온라인 제품의 사용성을 예측하는 경우 얼마나 많은 이벤트가 로그에서 누락되었는지 알 수 있나요? 기록된 이벤트의 경우 사용자의 정보 중 일부만 담긴 로그가 얼마나 많나요?

자연어 텍스트를 다룬다면 텍스트의 품질을 어떻게 평가할 수 있나요? 예를 들어 이해할 수 없는 문자가 얼마나 많나요? 맞춤법에 오류가 많거나 일관성이 없나요?

이미지를 다룬다면 해당 작업을 수행할 수 있을 만큼 명확한가요? 사람이 이미지에서 객체를 탐지하기 어렵다면 모델도 탐지하기 어렵다고 생각하나요?

일반적으로 어느 정도의 데이터가 잡음이거나 잘못되어 있나요? 얼마나 많은 입력이 이해하기 어려운가요? 데이터에 레이블이 있다면 이에 동의하는 편인가요? 아니면 정확도에 종종 의문이 드나요?

예를 들면 이전에 필자는 위성 이미지에서 정보를 추출하는 몇몇 프로젝트를 수행했습니다. 최상의 경우 평야나 비행기 같은 관심 대상이 표시되어 있는 데이터셋을 사용할 수 있습니다. 하

4 옮긴이_ 전환율은 온라인 광고를 클릭한 후 마케팅 목표에 도달한 비율입니다. 대표적인 목표는 회원 가입, 앱 다운로드, 상품 구매 등이 있습니다.

지만 어떤 경우에는 이런 표시가 부정확하거나 누락되어 있습니다. 이런 오류는 모든 모델링 방식에 큰 영향을 미치기 때문에 초기에 이를 찾아내는 것이 중요합니다. 누락된 레이블을 위해 초기 데이터셋을 직접 레이블링하거나 대체할 만한 유사 레이블을 찾을 수 있지만 **사전에 품질을 알고 있는 경우**에만 사용할 수 있습니다.

데이터의 포맷과 품질을 검증한 후에 데이터 양과 특성 분포를 조사하여 사전에 문제를 파악하는 다른 과정도 있습니다.

데이터 양과 분포

데이터가 충분한지 또는 특성값이 적절한 범위 안에 있는지 가늠해보죠.

얼마나 많은 데이터가 있나요? 대규모 데이터셋이 있다면 데이터 중 일부를 선택해 분석을 시작해야 합니다. 반면 데이터셋이 너무 작거나 일부 클래스의 샘플이 부족하다면 훈련된 모델도 데이터처럼 편향될 위험이 있습니다. 이런 편향을 피하는 가장 좋은 방법은 수집이나 증식을 통해 데이터의 다양성을 높이는 것입니다. 데이터의 양을 측정하는 방법은 데이터셋에 따라 다르지만 [표 4-1]에 시작하기 좋은 몇 가지 질문이 나타나 있습니다.

표 4-1 데이터 품질 기준

품질	포맷	양과 분포
관련된 특성이 비어 있나요?	데이터에 얼마나 많은 전처리 단계가 필요하나요?	얼마나 많은 샘플을 가지고 있나요?
잘못 측정된 값이 있나요?	제품 시스템에서 동일한 방식으로 전처리할 수 있나요?	클래스마다 몇 개의 샘플이 있나요? 누락된 클래스가 있나요?

실제 예를 들어보죠. 고객 지원 이메일을 다양한 전문 분야로 자동 분류하는 모델을 만들 때, 필자와 함께 협업하던 데이터 과학자 알렉스 발Alex Wahl은 9개의 카테고리마다 하나의 샘플만 받았습니다. 이런 데이터셋은 모델을 훈련하기에 너무 작았고, 따라서 대부분의 노력을 데이터 생성 전략[5]에 기울였습니다. 알렉스는 9개의 카테고리에 대한 공통 구성 요소를 템플릿화하여 모델이 학습할 수천 개의 샘플을 생성했습니다. 이런 전략을 통해서 9개의 샘플에서 만들 수 있는 모델의 복잡도로 얻는 것보다 훨씬 더 높은 정확도를 달성하는 파이프라인을 구현했습니다.

5 https://oreil.ly/KRn0B

이런 탐색 과정을 머신러닝 에디터를 위해 선택한 데이터셋에 적용해보고 품질을 예측해보겠습니다.

머신러닝 에디터 데이터 조사

머신러닝 에디터의 경우 처음엔 익명화된 스택 익스체인지 데이터 덤프[6]를 데이터셋으로 사용합니다. 스택 익스체인지는 철학이나 게임처럼 각 주제에 특화된 질의응답 웹사이트 네트워크입니다. 이 데이터 덤프는 여러 압축 파일을 포함하며 각 파일은 스택 익스체인지 네트워크의 웹사이트 하나에 해당합니다.

초기 데이터셋으로 유용한 규칙을 추출하기 위해 충분히 다양한 질문을 포함하고 있는 웹사이트를 선택하겠습니다. 슬쩍 보니 글쓰기 커뮤니티[7]가 잘 맞을 것 같군요.

웹사이트 데이터는 하나의 XML 파일로 제공됩니다. 이런 파일을 입력하고 텍스트로 변환하여 특성을 추출하는 파이프라인을 만들어야 합니다. 다음 예는 `datascience.stackexchange.com`의 `Posts.xml` 파일입니다.

```
<?xml version="1.0" encoding="utf-8"?>
<posts>
  <row Id="5" PostTypeId="1" CreationDate="2014-05-13T23:58:30.457"
Score="9" ViewCount="516" Body="&lt;p&gt; &quot;Hello World&quot; example? "
OwnerUserId="5" LastActivityDate="2014-05-14T00:36:31.077"
Title="How can I do simple machine learning without hard-coding behavior?"
Tags="&lt;machine-learning&gt;" AnswerCount="1" CommentCount="1" />
  <row Id="7" PostTypeId="1" AcceptedAnswerId="10" ... />
```

이 데이터를 활용하려면 XML 파일을 로드하고, 텍스트에서 HTML 태그를 디코딩해야 합니다. 그다음 판다스의 데이터프레임처럼 분석하기 쉬운 포맷으로 질문과 관련 데이터를 표현하는 작업을 다음 함수에서 처리합니다. 기억을 되살리기 위해 다시 언급하지만 이 함수의 코드를 포함해 책에 있는 모든 코드는 깃허브 저장소[8]에서 확인할 수 있습니다.

6 *https://oreil.ly/6jCGY*

7 *https://writing.stackexchange.com*

8 *https://bit.ly/mlpa-git*

```python
import xml.etree.ElementTree as ElT

def parse_xml_to_csv(path, save_path=None):
    """
    .xml 덤프 파일을 열고 텍스트를 토큰화하여 csv로 변환합니다.
    :param path: 포스트가 담긴 xml 문서 경로
    :return: 전처리된 텍스트의 데이터프레임
    """

    # 파이썬 표준 라이브러리를 사용해 XML 파일을 파싱합니다.
    doc = ElT.parse(path)
    root = doc.getroot()

    # 각 행은 하나의 포스트입니다.
    all_rows = [row.attrib for row in root.findall("row")]

    # tdqm을 사용해 전처리 진행 과정을 출력합니다.
    for item in tqdm(all_rows):
        # HTML에서 텍스트를 디코딩합니다.
        soup = BeautifulSoup(item["Body"], features="html.parser")
        item["body_text"] = soup.get_text()

    # 딕셔너리의 리스트에서 데이터프레임을 생성합니다.
    df = pd.DataFrame.from_dict(all_rows)
    if save_path:
        df.to_csv(save_path)
    return df
```

writing.stackexchange.com은 30,000개 정도의 포스트를 담고 있는 비교적 작은 데이터셋이지만 이 작업은 1분 이상 걸립니다.[9] 따라서 같은 작업을 반복하지 않도록 처리한 데이터를 다시 파일로 저장하는 것이 좋습니다. 코드의 마지막 부분처럼 판다스의 to_csv 함수를 사용하면 간단히 저장할 수 있습니다.

이런 습관은 모델 훈련에 필요한 모든 전처리 작업에 권장됩니다. 모델 최적화 과정 전에 수행해야 할 전처리 코드는 실험 속도를 크게 떨어뜨릴 수 있습니다. 가능한 항상 데이터를 미리 전처리하여 디스크에 저장하세요.

9 옮긴이_ 인터넷 아카이브의 데이터는 계속 늘어납니다. 현재는 약 4만 개 이상의 포스트로 늘어났습니다. 집필 당시의 아카이브 파일은 전처리되어 깃허브에 csv 파일(*data/writers.csv*)로 제공합니다.

판다스 포맷으로 데이터를 준비했다면 앞서 언급한 점들을 조사할 수 있습니다. 전체 탐색 과정은 깃허브 저장소[10]에 있는 notebooks/dataset_exploration.ipynb 노트북에서 볼 수 있습니다.

먼저 df.info() 함수로 이 데이터프레임의 요약 정보와 누락된 값의 개수를 출력합니다.[11]

```
>> df.info()

AcceptedAnswerId         4124 non-null float64
AnswerCount              34330 non-null int64
Body                     34256 non-null object
ClosedDate               969 non-null object
CommentCount             34330 non-null int64
CommunityOwnedDate       186 non-null object
CreationDate             34330 non-null object
FavoriteCount            3307 non-null float64
Id                       34330 non-null int64
LastActivityDate         34330 non-null object
LastEditDate             11201 non-null object
LastEditorDisplayName    614 non-null object
LastEditorUserId         10648 non-null float64
OwnerDisplayName         1976 non-null object
OwnerUserId              32792 non-null float64
ParentId                 25679 non-null float64
PostTypeId               34330 non-null int64
Score                    34330 non-null int64
Tags                     7971 non-null object
Title                    7971 non-null object
ViewCount                7971 non-null float64
body_text                34256 non-null object
full_text                34330 non-null object
text_len                 34330 non-null int64
is_question              34330 non-null bool
```

10 *https://bit.ly/mlpa-git*

11 옮긴이_ 맨 아래 3개 열도 body_text와 같이 전처리 과정에서 생성된 것입니다. full_text는 Title과 body_text를 연결한 것이고, text_len는 full_text의 길이입니다. is_question은 PostTypeId가 1인지 나타냅니다.

34,000개 이상의 포스트 중에서 4,000개 정도만 답변을 채택했습니다. 또한 포스트의 내용을 담고 있는 Body 값의 일부가 의심스럽게 null이라는 것을 알 수 있습니다. 모든 포스트에 텍스트가 포함되어야 합니다. 따라서 Body가 null이면 데이터셋과 함께 제공된 문서를 사용해 확인이 불가능한 포스트이므로 삭제합니다.[12]

이 포맷을 살펴보고 잘 이해했는지 확인해보겠습니다. 포스트의 PostTypeId 값이 1이면 질문, 2면 답변입니다. 질문의 품질을 나타내는 진짜 레이블 대신 유사 레이블로 질문의 점수를 사용하기 때문에 어떤 종류의 질문이 높은 점수를 받았는지 확인하는 것이 좋습니다.

먼저 질문과 이에 연관된 답변을 연결시켜보죠. 다음 코드는 답변이 채택된 모든 질문을 선택하고 해당 답변을 연결하여 붙입니다. 그다음 처음 몇 개의 행을 출력하여 답변이 질문에 잘 연결되었는지 확인해보겠습니다. 이렇게 하면 텍스트를 빠르게 훑어보고 품질을 평가할 수 있습니다.

```
questions_with_accepted_answers = df[
    df["is_question"] & ~(df["AcceptedAnswerId"].isna())
]
q_and_a = questions_with_accepted_answers.join(
    df[["body_text"]], on="AcceptedAnswerId", how="left", rsuffix="_answer"
)

pd.options.display.max_colwidth = 500
q_and_a[["body_text", "body_text_answer"]][:5]
```

[표 4-2]에서 연결된 질문과 답변 쌍을 보니 대부분 잘 연결된 것 같습니다. 이제 질문과 채택된 답변을 연결하는 방법을 알았습니다.

12 옮긴이_ 스택 익스체인지 아카이브 필드에 대한 설명은 *https://archive.org/download/stackexchange/readme.txt* 파일에 있습니다.

표 4-2 질문과 채택된 답변

Id	body_text	body_text_answer
1	I've always wanted to start writing (in a totally amateur way), but whenever I want to start something I instantly get blocked having a lot of questions and doubts.\nAre there some resources on how to start becoming a writer?\nI'm thinking something with tips and easy exercises to get the ball rolling.\n	When I'm thinking about where I learned most how to write, I think that reading was the most important guide to me. This may sound silly, but by reading good written newspaper articles (facts, opinions, scientific articles, and most of all, criticisms of films and music), I learned how others did the job, what works and what doesn't. In my own writing, I try to mimic other people's styles that I liked. Moreover, I learn new things by reading, giving me a broader background that I need when re...
2	What kind of story is better suited for each point of view? Are there advantages or disadvantages inherent to them?\nFor example, writing in the first person you are always following a character, while in the third person you can "jump" between story lines.\n	With a story in first person, you are intending the reader to become much more attached to the main character. Since the reader sees what that character sees and feels what that character feels, the reader will have an emotional investment in that character. Third person does not have this close tie; a reader can become emotionally invested but it will not be as strong as it will be in first person.\nContrarily, you cannot have multiple point characters when you use first person without ex...
3	I finished my novel, and everyone I've talked to says I need an agent. How do I find one?\n	Try to find a list of agents who write in your genre, check out their websites!\nFind out if they are accepting new clients. If they aren't, then check out another agent. But if they are, try sending them a few chapters from your story, a brief, and a short cover letter asking them to represent you.\nIn the cover letter mention your previous publication credits. If sent via post, then I suggest you give them a means of reply, whether it be an email or a stamped, addressed envelope.\nAgents...

마지막 검증을 위해 답변을 받지 못한 질문의 수, 최소한 하나의 답변을 받은 질문의 수, 답변이 채택된 질문의 수를 확인해보겠습니다.

```
received_answers = df[
    df["is_question"]
    & (df["AnswerCount"] != 0)
```

```
]
has_accepted_answer = df[
    df["is_question"]
    & ~(df["AcceptedAnswerId"].isna())
]

print(
    "총 질문: %s개, 1개 이상의 답변을 가진 질문: %s개, 답변이 채택된 질문: %s개"
    % (len(df[df["is_question"]]), len(received_answers), len(has_accepted_answer))
)
총 질문: 7971개, 1개 이상의 답변을 가진 질문: 7827개, 답변이 채택된 질문: 4124개
```

답변이 채택된 질문과 그렇지 않은 질문을 비교적 균등하게 나눌 수 있습니다. 이는 합리적으로 보이므로 데이터 탐색을 수행하는 데 자신감을 가질 수 있습니다.

데이터 포맷을 이해했고 시작하기에 충분한 것 같습니다. 프로젝트를 수행할 때 현재 데이터셋이 너무 작거나 이해하기 힘든 특성이 대부분이라면 더 많은 데이터를 모으거나 완전히 다른 데이터셋을 시도해봐야 합니다.

이 데이터셋은 진행하기에 충분한 품질인 것 같습니다. 이제 모델링 전략에 도움이 되는 방향으로 조금 더 자세히 알아보겠습니다.

4.3 레이블링으로 데이터 트렌드 찾기

데이터셋에서 트렌드를 식별하는 것은 품질 그 이상의 이미가 있습니다. 이 작업은 모델 입장에서 어떤 종류의 구조를 선택할지 예상해보는 것입니다. 데이터를 클러스터cluster (클러스터는 4.3.2절의 '군집'에서 자세히 소개합니다)로 나누고 각 클러스터에서 공통점을 추출하여 이런 작업을 수행해보겠습니다.

이어지는 내용은 실제로 이를 수행하는 단계별 목록입니다. 먼저 데이터셋에 대한 요약 통계를 만들고 그다음 벡터화 기법으로 빠르게 탐색하는 방법을 알아보겠습니다. 벡터화와 군집clustering을 활용하면 데이터셋을 효율적으로 탐색할 수 있습니다.

4.3.1 요약 통계

데이터셋을 살펴보기 시작할 때 일반적으로 각 특성의 요약 통계를 확인하는 것이 좋습니다. 이렇게 하면 데이터셋에 있는 특성을 잘 이해하고 클래스를 쉽게 나눌 수 있는 방법을 찾는 데 도움이 됩니다.

클래스의 분포 차이를 초기에 식별하는 일은 머신러닝에 유용합니다. 모델링 작업을 쉽게 만들거나 뛰어난 특성 하나만 사용해서 모델 성능이 과대평가되는 것을 막을 수 있습니다.

예를 들어 트윗이 긍정 의견인지 부정 의견인지를 예측해야 한다면 먼저 트윗에 있는 평균 단어 개수를 세는 것부터 시작합니다. 그다음 이 특성의 히스토그램histogram을 학습하기 위해 그래프로 그려볼 수 있습니다.

히스토그램을 보고 모든 긍정적인 트윗이 부정적인 트윗보다 짧다는 것을 알았습니다. 따라서 예측 변수로 단어 개수를 추가하면 문제를 쉽게 해결하거나, 반대로 트윗 길이가 아니라 내용에 관해 학습할 수 있도록 추가적인 데이터를 모아야 할 수 있습니다.

이런 점을 설명하기 위해 머신러닝 에디터에 대한 요약 통계를 출력해보죠.

머신러닝 에디터를 위한 요약 통계

머신러닝 에디터의 경우 데이터셋에 있는 질문의 길이를 히스토그램으로 그려봅니다. 이때 높은 점수와 낮은 점수를 가진 질문 사이에 있는 트렌드 차이를 부각해 표시합니다. 다음은 판다스를 사용해 이런 작업을 수행하는 코드입니다.

```
import matplotlib.pyplot as plt
from matplotlib.patches import Rectangle

"""
df는 writers.stackexchange.com의 질문과 답변 카운트를 포함합니다.
2개의 히스토그램을 그립니다:
하나는 중간 점수 이하의 질문에 대한 히스토그램이고
하나는 중간 점수 이상의 질문에 대한 히스토그램입니다.
단순한 그림을 위해 두 히스토그램 모두 이상치는 제거합니다.
"""

high_score = df["Score"] > df["Score"].median()
# 매우 긴 질문은 제외합니다.
```

```python
normal_length = df["text_len"] < 2000

ax = df[df["is_question"] & high_score & normal_length]["text_len"].hist(
    bins=60,
    density=True,
    histtype="step",
    color="orange",
    linewidth=3,
    grid=False,
    figsize=(16, 10),
)

df[df["is_question"] & ~high_score & normal_length]["text_len"].hist(
    bins=60,
    density=True,
    histtype="step",
    color="purple",
    linewidth=3,
    grid=False,
)

handles = [
    Rectangle((0, 0), 1, 1, color=c, ec="k") for c in ["orange", "purple"]
]
labels = ["High score", "Low score"]
plt.legend(handles, labels)
ax.set_xlabel("Sentence length (characters)")
ax.set_ylabel("Percentage of sentences")
```

[그림 4-2]를 보면 두 분포가 거의 비슷하고 긴 질문의 점수가 조금 더 높은 경향이 있습니다(길이가 800 근처일 때 이 경향이 두드러집니다). 이런 현상은 질문의 길이가 질문 점수를 예측하는 모델에 유용한 특성이라는 뜻입니다.

비슷한 방식으로 가능성 있는 특성을 더 찾기 위해 다른 변수도 그릴 수 있습니다. 새로운 특성을 찾은 후에 더 세부적인 트렌드를 감지하기 위해 데이터셋을 조금 더 자세히 살펴보겠습니다.

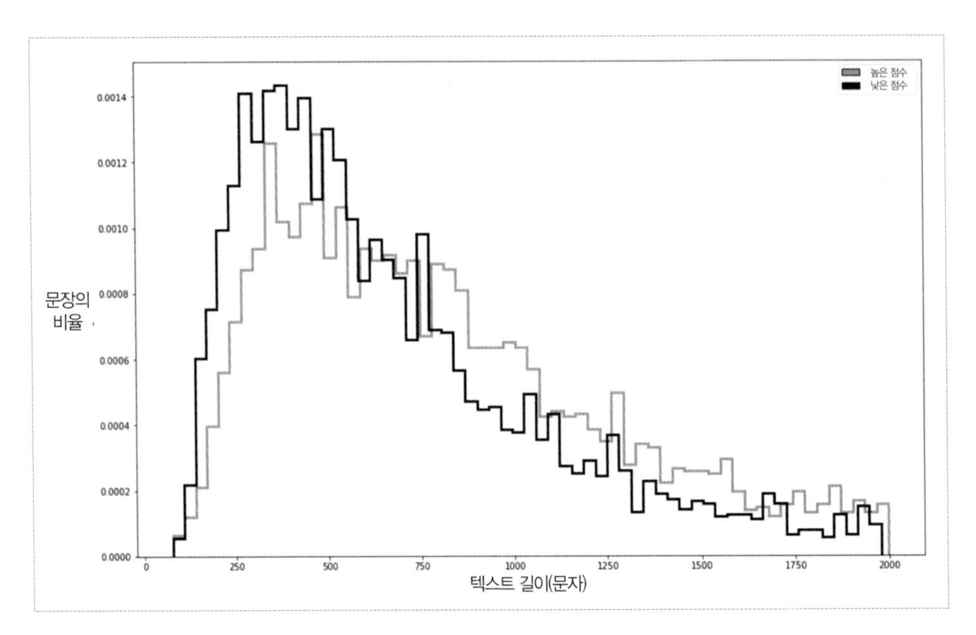

그림 4-2 높은 점수와 낮은 점수의 질문에 대한 텍스트 길이의 히스토그램

4.3.2 효율적인 탐색과 레이블링

지금까지 평균 같은 기술 통계descriptive statistics와 히스토그램 같은 그래프만 보았습니다. 데이터에 대한 직관을 기르기 위해 시간을 들여 개별 데이터 포인트를 살펴봐야 합니다. 하지만 무작위로 데이터셋에 있는 샘플을 살펴보는 것은 비효율적이므로 효율적으로 개별 데이터 포인트를 시각화할 수 있는 방법을 먼저 살펴봅시다.

군집[13]은 여기에 사용할 수 있는 유용한 방법입니다. 군집은 그룹(**클러스터**cluster라고 부릅니다)에 있는 객체가 다른 그룹에 있는 객체보다 (어떤 면에서) 더 비슷하도록 일련의 객체를 모으는 작업입니다. 추후 데이터 탐색과 모델 예측에 군집을 사용합니다(119쪽 '차원 축소'절 참고).

많은 군집 알고리즘은 샘플 간의 거리를 측정하고 서로 가까운 샘플을 같은 클러스터에 할당합니다. [그림 4-3]은 데이터셋을 3개의 클러스터로 나누는 군집 알고리즘의 예를 보여줍니다. 군집은 비지도 학습 방법이며 데이터셋을 모으는 완벽한 하나의 방법이 없는 경우가 종종 있습니다. 이 책에서는 군집을 어떤 구조를 만들어 탐색을 돕는 방법으로 사용하겠습니다.

13 *https://ko.wikipedia.org/wiki/클러스터_분석*

군집은 샘플 간의 거리 계산에 의존하기 때문에 샘플을 수치적으로 표현하는 방법이 만들어지는 클러스터에 큰 영향을 미칩니다. 다음 절 '벡터화'에서 이를 더 자세히 알아보겠습니다.

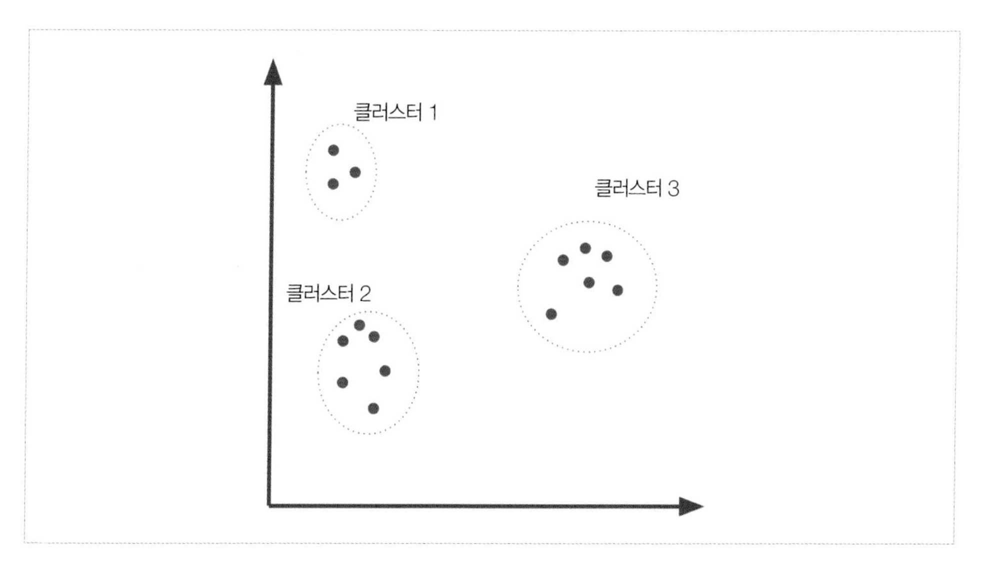

그림 4-3 한 데이터셋에서 생성한 3개의 클러스터

대부분의 데이터셋은 특성, 레이블 또는 둘을 조합하여 클러스터로 나눌 수 있습니다. 각 클러스터를 조사하고 클러스터 간의 유사도와 차이를 살펴보면 데이터셋에 내재된 구조를 식별하는 데 큰 도움이 됩니다.

여기에서 고려해야 할 점은 다음과 같습니다.

- 데이터셋에 얼마나 많은 클러스터가 있나요?
- 클러스터마다 다르게 보이나요? 어떤 기준을 사용하나요?
- 다른 클러스터보다 더 조밀한 클러스터가 있나요? 그렇다면 모델이 조밀하지 않은 지역에서 잘 동작하지 않을 수 있습니다. 특성이나 데이터를 추가하면 이 문제를 해결하는 데 도움이 됩니다.
- 모든 클러스터가 모델링하기 어려운 데이터를 나타내나요? 일부 클러스터가 복잡한 데이터를 표현하는 것처럼 보인다면 기록해두었다가 모델의 성능을 평가할 때 다시 이 문제를 살펴보겠습니다.

앞에서 언급한 것처럼 군집 알고리즘은 벡터에서 수행되기 때문에 일련의 문장을 군집 알고리즘에 그대로 전달할 수 없습니다. 군집 알고리즘에 사용하도록 데이터를 준비하기 위해서는 먼저 이 데이터를 벡터화해야 합니다.

벡터화

데이터셋 벡터화는 원본 데이터를 벡터 표현으로 변환하는 과정입니다. [그림 4-4]는 텍스트와 표 형식 데이터tabular data의 벡터 표현의 예를 보여줍니다.

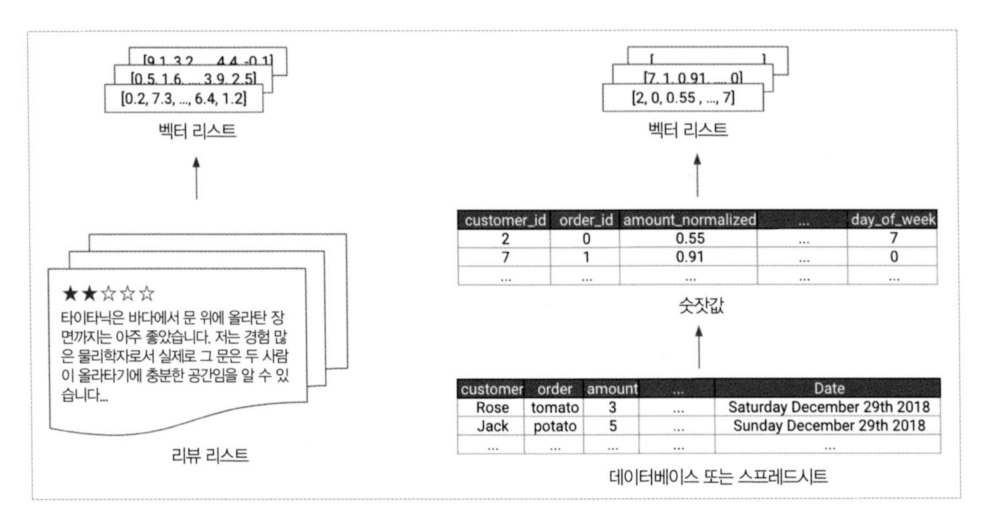

그림 4-4 벡터화된 표현의 예

데이터를 벡터로 바꾸는 방법은 많습니다. 여기서는 표 형식 데이터, 텍스트, 이미지와 같이 일반적인 데이터 타입에 적용할 수 있는 몇 개의 간단한 방법에 초점을 맞추겠습니다.

표 형식 데이터

범주형과 연속형 특성을 모두 포함하고 있는 표 형식 데이터에서 가능한 벡터 표현은 간단히 각 특성의 벡터 표현을 연결하는 것입니다.

연속형 특성일 경우 스케일이 큰 특성 때문에 모델이 작은 특성을 완전히 무시하지 않도록 일정한 스케일로 정규화normalization합니다. 데이터를 정규화하는 방법은 여러 가지이지만 평균이 0이고 단위 분산을 가지도록 특성을 변환하는 것이 좋은 출발점입니다. 이를 **표준 점수**standard score[14]라고 부릅니다.

색과 같은 범주형 특성은 원-핫 인코딩one-hot encoding으로 변환할 수 있습니다. 원-핫 인코딩은

---

14 *https://bit.ly/3ey6hPL*

특성에 있는 고유한 값의 개수만큼 원소를 가진 리스트입니다. 현재 값을 나타내는 인덱스의 원소는 1이고 나머지는 모두 0입니다(예를 들어 4개의 색을 가진 데이터셋일 경우 빨강은 [1, 0, 0, 0], 파랑은 [0, 0, 1, 0]으로 인코딩할 수 있습니다). 빨강은 1, 파랑은 3처럼 하나의 숫자로 표현하지 않는 이유가 궁금할 수도 있습니다. 이런 인코딩 방식은 값 사이에 순서가 있기 때문입니다(파랑(3)이 빨강(1)보다 큽니다). 이는 범주형 변수에 일반적으로 맞지 않습니다.

원-핫 인코딩의 속성 중 하나는 두 특성값 사이의 거리가 항상 1이라는 것입니다. 이런 표현이 모델에 잘 맞는 경우도 많지만, 요일 같은 경우에는 다른 값보다 더 비슷한 값들이 있습니다(토요일과 일요일은 주말이므로 이 벡터들은 수요일과 일요일보다 더 가까운 것이 바람직합니다). 신경망neural network은 이런 표현을 스스로 학습할 수 있다고 알려져 있습니다.[15] 이런 표현이 다른 방식보다 모델의 성능을 높입니다.

마지막으로 날짜와 같이 더 복잡한 특성은 중요한 성질이 드러나도록 몇 개의 수치 특성으로 변환해야 합니다.

표 형식 데이터를 벡터화하는 실제 예제를 살펴보죠. 이 코드는 깃허브 저장소[16]에 있는 `tabular_data_vectorization.ipynb` 노트북에서 볼 수 있습니다.

질문 내용을 보는 대신에 태그, 코멘트 개수, 생성일로 질문 점수를 예측한다고 가정해보죠. [표 4-3]에 `writers.stackexchange.com` 데이터셋과 비슷한 예제 데이터셋이 있습니다.

표 4-3 전처리하지 않은 표 형식 데이터

Id	Tags	CommentCount	CreationDate	Score
1	<resources><first-time-author>	7	2010-11-18T20:40:32.857	32
2	<fiction><grammatical-person><third-person>	0	2010-11-18T20:42:31.513	20
3	<publishing><novel><agent>	1	2010-11-18T20:43:28.903	34
5	<plot><short-story><planning><brainstorming>	0	2010-11-18T20:43:59.693	28
7	<fiction><genre><categories>	1	2010-11-18T20:45:44.067	21

15 C. Guo and F. Berkhahn, 「Entity Embeddings of Categorical Variables」(*https://arxiv.org/abs/1604.06737*)를 참고하세요.

16 *https://bit.ly/mlpa-git*

각 질문은 여러 개의 태그와 날짜, 코멘트 개수를 가집니다. 이를 전처리해보죠. 먼저 수치 특성을 정규화합니다.

```
def get_norm(df, col):
    return (df[col] - df[col].mean()) / df[col].std()

tabular_df["NormComment"]= get_norm(tabular_df, "CommentCount")
tabular_df["NormScore"]= get_norm(tabular_df, "Score")
```

그다음 날짜와 관련된 정보를 추출합니다. 예를 들어 포스트를 작성한 연도, 월, 일, 시간을 선택할 수 있습니다. 각각은 모델이 사용할 수 있는 값입니다.

```
# 날짜를 판다스 datetime 포맷으로 변환합니다.
tabular_df["date"] = pd.to_datetime(tabular_df["CreationDate"])

# datetime 객체에서 의미있는 특성을 추출합니다.
tabular_df["year"] = tabular_df["date"].dt.year
tabular_df["month"] = tabular_df["date"].dt.month
tabular_df["day"] = tabular_df["date"].dt.day
tabular_df["hour"] = tabular_df["date"].dt.hour
```

태그는 범주형 특성입니다. 하나의 질문에 여러 개의 태그가 붙을 수 있습니다. 앞에서 보았듯이 범주형 입력을 가장 쉽게 표현하는 방법은 원-핫 인코딩입니다. 각 태그를 하나의 열로 변환하고 해당 태그가 주어진 질문에 연결되었을 때만 1의 값을 가집니다.

데이터셋에 300개 이상의 태그가 있기 때문에 500개 이상의 질문에 사용된 인기 태그 7개만 선택해 열로 만듭니다. 모든 태그를 열에 추가할 수 있지만 대부분 한 번만 등장하므로 패턴을 식별하는 데 도움이 되지 않습니다.

```
# 문자열로 구성된 태그 목록을 태그 배열로 변환합니다.
tags = tabular_df["Tags"]
clean_tags = tags.str.split("><").apply(
    lambda x: [a.strip("<").strip(">") for a in x])

# 판다스 get_dummies 함수를 사용해 500회 이상 사용된 태그만
# 선택해 원-핫 인코딩을 적용합니다.
tag_columns = pd.get_dummies(clean_tags.apply(pd.Series).stack()).sum(level=0)
```

```python
all_tags = tag_columns.astype(bool).sum(axis=0).sort_values(ascending=False)
top_tags = all_tags[all_tags > 500]
top_tag_columns = tag_columns[top_tags.index]

# 원-핫 인코딩된 태그를 원본 데이터프레임에 추가합니다.
final = pd.concat([tabular_df, top_tag_columns], axis=1)

# 벡터화된 특성만 선택합니다.
col_to_keep = ["year", "month", "day", "hour", "NormComment",
               "NormScore"] + list(top_tags.index)
final_features = final[col_to_keep]
```

[표 4-4]에서 데이터 전체가 벡터화되어 각 행이 숫잣값으로만 구성된 것을 볼 수 있습니다. 이제 이 데이터를 군집 알고리즘이나 지도 학습 머신러닝 모델에 주입할 수 있습니다.

표 4-4 벡터화된 표 형식 데이터

Id	Year	Month	Day	Hour	Norm-Comment	Norm-Score	Creative writing	Fic-tion	Style	Char-acters	Tech-nique	No-vel	Pub-lishing
1	2010	11	18	20	1.405553	3.66092	0	0	0	0	0	0	0
2	2010	11	18	20	-0.878113	2.02388	0	1	0	0	0	0	0
3	2010	11	18	20	-0.551875	3.93376	0	0	0	0	0	1	1
5	2010	11	18	20	-0.878113	3.11524	0	0	0	0	0	0	0
7	2010	11	18	20	-0.551875	2.16030	0	1	0	0	0	0	0

벡터화와 데이터 누수

일반적으로 동일한 기술을 사용해 데이터를 벡터화하여 시각화하고 모델에 주입합니다. 하지만 중요한 차이가 있습니다. 모델에 데이터를 주입하기 위해 벡터화할 때는 훈련 세트를 벡터로 변환하기 위해 사용한 매개변수를 저장해야 합니다. 그다음 검증 세트와 테스트를 변환할 때, 같은 매개변수를 사용해야 합니다.

예를 들어 데이터를 정규화할 때 훈련 세트만 사용해 평균, 표준편차 같은 요약 평균을 계산해야 합니다(동일한 값으로 검증 세트를 정규화합니다). 제품 환경production environment에서 추론을 수행할 때도 마찬가지입니다.

어떤 범주를 원-핫 인코딩할지 결정하거나 정규화를 수행하기 위해 검증과 훈련 데이터를 모두 사용하면 데이터 누수data leakage가 발생합니다. 훈련 세트 밖의 정보를 사용해 훈련 특성을 만들기 때문입니다. 이렇게 하면 모델 성능이 인공적으로 부풀려지고 실제 제품 환경에서는 잘 동작하지 못합니다. 이에 대해서는 5.1.3절 '데이터 누수'에서 자세히 다루겠습니다.

데이터 타입이 다르면 벡터화 방식이 달라집니다. 특히 텍스트 데이터는 조금 더 창의적인 방식이 필요합니다.

텍스트 데이터

텍스트를 벡터화하는 가장 쉬운 방법은 단어를 원-핫 인코딩한 카운트 벡터count vector를 사용하는 것입니다. 먼저 데이터셋에 있는 고유한 단어로 구성된 어휘 사전을 만듭니다. 어휘 사전에 있는 각 단어는 하나의 인덱스(0에서 어휘 사전 크기까지)에 연결됩니다. 그다음 문장이나 문단을 어휘 사전 크기의 리스트로 표현합니다. 예를 들어 각 인덱스에 있는 숫자는 문장에서 단어가 등장한 횟수를 나타냅니다.

이 방법은 문장에 있는 단어의 순서를 무시하기 때문에 종종 **BoW**bag-of-words라고 부릅니다. [그림 4-5]에 두 개의 문장과 BoW 표현이 나타나 있습니다. 두 문장을 단어의 등장 횟수가 담긴 벡터로 변환하지만 문장에 나타난 단어의 순서는 포함하지 않습니다.

	입력 텍스트
문장 1	"Mary is hungry for apples."
...	...
문장 345	"John is happy he is not hungry for apples."

↓

단어 인덱스	MARY	IS	HUNGRY	HAPPY	FOR	...	APPLES	NOT	JOHN	HE	SAND
문장 1	1	1	1	0	1	...	1	0	0	0	0
...	...	...	...	...	...	...	...	...	...	...	...
문장 345	0	2	1	1	1	...	1	1	1	1	0

그림 4-5 문장에서 BoW 벡터 만들기

BoW 표현이나 이를 정규화한 버전인 TF-IDF term frequency - inverse document frequency는 다음처럼 사이킷런에서 쉽게 사용할 수 있습니다.

```
# TfidfVectorizer 클래스 객체를 만듭니다.
# 정규화되지 않은 CountVectorizer를 사용할 수도 있습니다.
vectorizer = TfidfVectorizer()

# vectorizer를 데이터셋에 있는 질문에 훈련하면
# 벡터화된 텍스트의 배열이 반환됩니다.
bag_of_words = vectorizer.fit_transform(df[df["is_question"]]["Text"])
```

2013년 Word2Vec[17]부터 시작해서 fastText[18] 같은 최신 방식까지 수년간 여러 가지 새로운 텍스트 벡터화 방법이 개발되었습니다. 이 벡터화 기법은 TF-IDF 인코딩보다 개념 사이의 유사도를 더 잘 감지하는 표현을 학습하는 단어 벡터를 생성합니다. 위키백과 같은 대용량의 텍스트에서 비슷한 문맥에서 나타나는 단어를 학습하여 이런 표현을 만듭니다. 이런 방식은 분포가 비슷하면 언어적 요소가 비슷한 의미를 가진다고 주장하는 분포 가설을 기반으로 합니다.

구체적으로 이 방식은 각 단어 벡터를 학습하고, 주변 단어의 단어 벡터를 사용해 빠진 단어를 예측하는 모델을 훈련합니다. 고려할 주변 단어의 개수를 **윈도 크기** window size라고 부릅니다. [그림 4-6]은 윈도 크기가 2일 경우를 보여줍니다. 왼쪽에서 타깃 단어의 전후에 있는 두 개의 단어 벡터가 모델로 주입됩니다. 그다음 모델의 출력이 타깃 단어 벡터와 일치되도록 모델과 입력 단어 벡터의 값이 최적화됩니다.

17 Mikolov et al., 「Efficient Estimation of Word Representations in Vector Space」(*https://oreil.ly/gs-AC*)

18 Joulin et al., 「Bag of Tricks for Efficient Text Classification」(*https://arxiv.org/abs/1607.01759*)

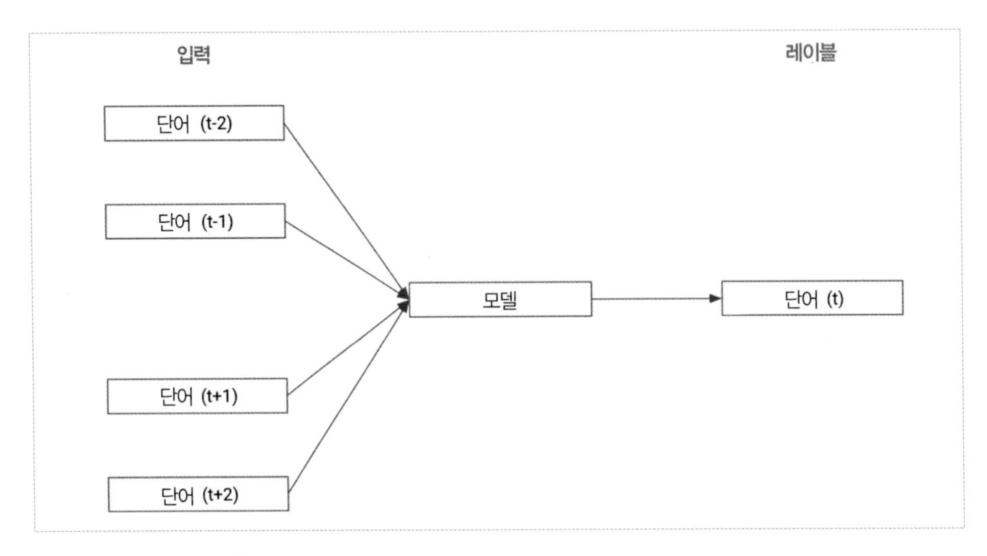

그림 4-6 단어 벡터 학습[19]

오픈 소스로 사전 훈련된 단어 벡터 모델은 많습니다. 대규모 말뭉치(위키백과 뉴스 기사)에서 사전 훈련된 모델이 만든 벡터를 사용하면 현재 모델이 공통된 단어의 의미를 더 잘 활용할 수 있습니다.

예를 들어 줄랭Joulin 등의 fastText[20] 논문에서 언급된 단어 벡터는 독립적인 도구로 온라인에 공개되어 있습니다. 조금 더 문제에 맞춤형으로 구현하려면 NLP 툴킷인 spaCy[21]가 좋습니다. spaCy는 여러 종류의 작업을 위한 사전 훈련된 모델은 물론이고 자신만의 모델을 만드는 방법도 제공합니다.

다음은 spaCy를 사용하여 사전 훈련된 벡터를 로드하고 문장의 의미 벡터를 얻는 예입니다. 내부적으로 spaCy는 데이터셋에 있는 단어의 사전 훈련된 값을 추출하고 (사전 훈련에 포함되지 않은 단어는 무시합니다) 질문에 있는 모든 단어 벡터의 평균을 내어 문장에 대한 벡터 표현을 얻습니다.[22]

---

19 Mikolov et al., 「Efficient Estimation of Word Representations in Vector Space」(*https://oreil.ly/gs-AC*)

20 *https://fasttext.cc*

21 *https://spacy.io*

22 옮긴이_ 다음 코드를 실행하기 전에 먼저 터미널에서 `python -m spacy download en_core_web_lg` 명령으로 영어 라지 모델을 다운로드해야 합니다.

```
import spacy

# 여기에서 불필요한 부분을 제외하고 라지(large) 모델을 로드합니다.
# 이렇게 하면 벡터화 처리 속도를 크게 높일 수 있습니다.
# 모델에 대한 자세한 내용은 https://spacy.io/models/en#en_core_web_lg를 참고하세요.
nlp = spacy.load('en_core_web_lg', disable=["parser", "tagger", "ner",
      "textcat", "lemmatizer"])

# 그다음 질문에 대한 벡터를 만듭니다.
# 기본적으로 문장에 있는 모든 벡터를 평균한 벡터를 반환합니다.
# 더 자세한 내용은 https://spacy.io/usage/vectors-similarity를 참고하세요.
spacy_emb = df[df["is_question"]]["Text"].apply(lambda x: nlp(x).vector)
```

TF-IDF 모델과 사전 훈련된 단어 임베딩을 비교하려면 깃허브[23]에 있는 `vectorizing_text.ipynb` 노트북을 참고하세요.

2018년부터 대용량 데이터셋에서 대규모 언어 모델을 사용한 단어 벡터화가 가장 정확한 결과를 만들기 시작했습니다.[24] 하지만 이런 대규모 모델은 간단한 단어 임베딩보다 느리고 복잡한 단점이 있습니다.

마지막으로 자주 사용하는 또 다른 데이터 타입인 이미지의 벡터화를 알아보겠습니다.

이미지 데이터

이미지 데이터는 이미 벡터화되어 있습니다. 이미지는 다차원 수치 배열에 지나지 않습니다. 머신러닝 커뮤니티에서는 종종 텐서tensor라고 부릅니다. 예를 들어 가장 기본적인 3채널 RGB 이미지는 이미지 픽셀 높이에 너비와 3(빨강, 초록, 파랑 채널)을 곱한 것과 길이가 같은 리스트로 저장됩니다. [그림 4-7]에서 이미지를 수치 텐서로 어떻게 나타내는지 볼 수 있습니다. 이 수치는 3개 컬러 채널의 강도를 나타냅니다.

23 *https://bit.ly/mlpa-git*

24 J. Howard and S. Ruder, 「Universal Language Model Fine-Tuning for Text Classification」(*https://arxiv.org/abs/1801.06146*)와 J. Devlin et al., 「BERT: Pre-training of Deep Bidirectional Transformers for Language Understanding」(*https://arxiv.org/abs/1810.04805*)을 참고하세요.

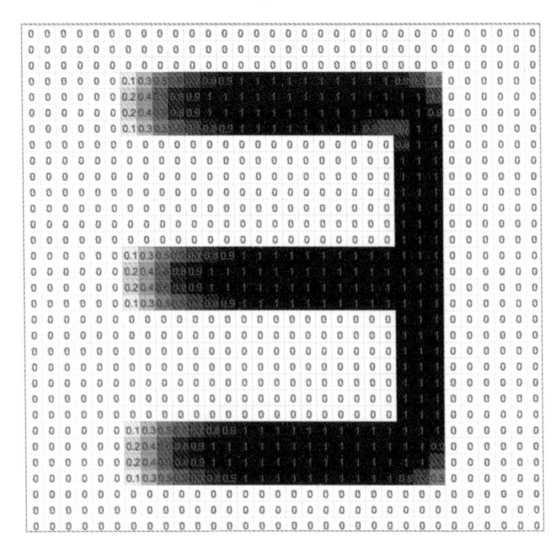

그림 4-7 숫자 3을 0에서 1 사이의 값으로 채워진 행렬로 표현하기(빨강 채널만 나타냄)

이 표현을 그대로 사용할 수 있지만 이미지의 의미를 더 잘 나타내는 텐서가 좋습니다. 이를 위해 텍스트에서 사용한 것과 비슷한 방식과 사전 훈련된 대규모 신경망을 사용할 수 있습니다.

ImageNet 데이터셋을 사용한 Inception[25]이나 VGG[26] 같이 대용량 분류 데이터셋에서 훈련한 모델은 분류 성능을 높이기 위해 매우 효과적인 표현을 학습합니다. 이런 모델의 고수준 구조는 대부분 비슷합니다. 입력 이미지가 연속된 여러 층을 통과하면서 해당 이미지에 대한 각기 다른 표현을 생성합니다.

최종적으로 끝에서 두 번째 층의 출력이 클래스의 분류 확률을 생성하는 함수에 전달됩니다. 따라서 끝에서 두 번째 층은 이미지가 담고 있는 물체를 분류하기에 충분한 표현을 담고 있습니다. 이 표현은 다른 작업에도 유용하게 사용할 수 있습니다.

이런 표현 층은 이미지를 위한 의미 벡터를 생성하는 데 아주 잘 동작한다고 입증되었습니다. 이 방식은 사전 훈련된 모델을 로드하는 것 외에 별도의 작업이 필요하지 않습니다. [그림 4-8]에 있는 직사각형은 사전 훈련된 모델의 층 중 하나입니다. 일반적으로 분류 층 직전의 층이 가장 유용하며 그림에서도 강조되어 있습니다. 이 층이 높은 분류 성능을 위해 이미지를 가장 잘 요약하는 표현을 만들기 때문입니다.

---

25 C. Szegedy et al., 「Going Deeper with Convolutions」(*https://oreil.ly/nbetp*)

26 A. Simonyan and A. Zimmerman, 「Very Deep Convolutional Networks for Large-Scale Image Recognition」(*https://oreil.ly/TVHID*)

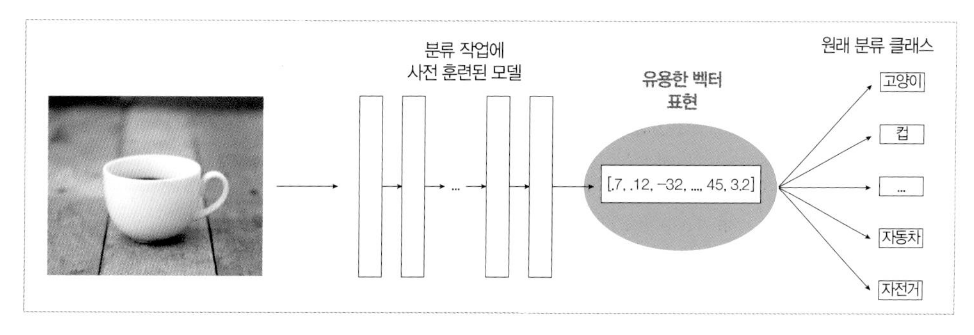

그림 4-8 사전 훈련된 모델을 사용해 이미지를 벡터화하기

텐서플로[27] 같은 최신 라이브러리를 사용하면 이런 작업을 쉽게 할 수 있습니다. 다음은 텐서플로의 케라스 API에서 제공하는 사전 훈련된 신경망을 사용해 폴더에서 이미지를 로드하고 이어지는 분석을 위해 의미 있는 벡터로 변환하는 함수입니다.

```
import numpy as np

from tensorflow.keras.preprocessing import image
from tensorflow.keras.models import Model
from tensorflow.keras.applications.vgg16 import VGG16
from tensorflow.keras.applications.vgg16 import preprocess_input


def generate_features(image_paths):
    """
    이미지 경로의 배열을 받아
    사전 훈련된 신경망을 사용해 추출한 특성을 반환합니다.
    :param image_paths: 이미지 경로의 배열
    :return: 마지막 층의 활성화 출력
    """

    images = np.zeros(shape=(len(image_paths), 224, 224, 3))

    # 사전 훈련된 모델 로드하기
    pretrained_vgg16 = VGG16(weights='imagenet', include_top=True)

    # 학습된 특성을 위해 마지막에서 두 번째 층만 사용합니다.
    model = Model(inputs=pretrained_vgg16.input,
```

27 https://www.tensorflow.org

```
                outputs=pretrained_vgg16.get_layer('fc2').output)

    # 데이터셋을 모두 메모리에 적재합니다(작은 데이터셋일 경우만 가능합니다)
    for i, f in enumerate(image_paths):
        img = image.load_img(f, target_size=(224, 224))
        x_raw = image.img_to_array(img)
        x_expand = np.expand_dims(x_raw, axis=0)
        images[i, :, :, :] = x_expand

    # 이미지를 모두 적재한 후에 모델에 통과시킵니다.
    inputs = preprocess_input(images)
    images_features = model.predict(inputs)
    return images_features
```

전이 학습

사전 훈련된 모델은 데이터를 벡터화하는 데 유용합니다. 하지만 이따금 완전히 다른 작업에 적용할 수도 있습니다. 전이 학습transfer learning은 한 데이터셋이나 작업에서 훈련한 모델을 다른 데이터셋이나 작업에 사용하는 방법입니다. 동일한 구조와 파이프라인을 재사용하는 것을 넘어서 이전에 훈련된 모델의 학습된 가중치weight를 새로운 작업의 시작점으로 사용합니다.

전이 학습은 이론적으로 어느 작업에도 가능하지만 일반적으로 컴퓨터 비전의 ImageNet이나 NLP의 WikiText[28] 같은 대규모 데이터셋에서 훈련한 가중치를 사용해 작은 데이터셋을 사용하는 모델의 성능을 향상하기 위해 사용됩니다.

전이 학습은 종종 성능을 향상시키지만 원치 않는 편향을 추가할 수도 있습니다. 현재 데이터셋을 주의 깊게 정제하더라도 위키백과 전체에서 사전 훈련된 모델을 사용한다면 성별 편향이 그대로 옮겨질 수 있습니다.[29]

벡터화된 표현을 준비했다면 군집 알고리즘을 적용하거나 모델에 전달할 수 있습니다. 하지만 데이터셋을 조금 더 효과적으로 조사하기 위해 사용할 수도 있습니다. 비슷한 표현을 갖는 샘플끼리 모으면 데이터셋에 있는 트렌드를 빠르게 파악할 수 있습니다. 다음 절에서 이에 대해 알아보겠습니다.

---

28 *https://oreil.ly/voPkP*

29 K. Lu et al., 「Gender Bias in Neural Natural Language Processing」(*https://oreil.ly/kPy1l*)

차원 축소

벡터 표현은 알고리즘에 필수적이지만 이 표현을 사용해 데이터를 직접 시각화할 수도 있습니다. 벡터는 보통 2차원 이상이라서 그래프로 표현하기 어려워 보일 수 있습니다. 14차원 벡터를 어떻게 그릴 수 있을까요?

딥러닝 분야의 공로로 튜링상Turing Award을 받은 제프리 힌턴Geoffrey Hinton은 강의에서 이 문제에 대해 다음과 같이 말했습니다. "14차원 공간에 있는 초평면을 다루려면 3D 공간을 그린 다음 큰 소리로 자기 자신에게 '이건 14차원이야'라고 말하세요."[30] 이 방법이 어렵게 느껴진다면 차원 축소dimensionality reduction를 알게 되어 기쁠 수도 있습니다. 차원 축소는 가능한 구조를 많이 유지하면서 적은 차원으로 벡터를 표현하는 기법입니다.

t-SNE,[31] UMAP[32] 같은 차원 축소 기법을 사용하면 문장, 이미지, 여러 특성을 표현하는 벡터와 같은 고차원 데이터를 2D 평면에 투영할 수 있습니다.

이런 투영은 데이터에서 조사할 패턴을 찾는 데 유용합니다. 하지만 이 투영이 실제 데이터의 근사 표현이므로 다른 방법을 사용해 그래프에서 본 것을 검증해야 합니다. 예를 들어 여러 클러스터가 모두 한 클래스에 속하고 공통된 특성을 가지고 있다면 모델이 실제로 이 특성을 사용하는지 확인합니다.

먼저 차원 축소 기법을 사용해 데이터를 출력하고 조사하려는 속성으로 데이터 포인트마다 색을 칠합니다. 분류 문제에서는 레이블 기반으로 포인트의 색을 칠합니다. 비지도 학습 문제에서는 조사하고 있는 특성값을 기반으로 포인트를 칠할 수 있습니다. 이렇게 하면 모델이 쉽게 구분하거나 그렇지 못할 것 같은 영역을 확인할 수 있습니다.

다음 코드는 4.3.2절 '벡터화'에서 생성한 임베딩으로 UMAP을 사용하는 방법을 보여줍니다.[33]

---

30 제프리 힌턴의 강의 「An Overview of the Main Types of Neural Network Architecture」(*https://bit.ly/3cR9s55*)의 16번째 슬라이드를 참고하세요.

31 L. van der Maaten and G. Hinton, PCA, 「Visualizing Data Using t-SNE」(*https://oreil.ly/x8S2b*)

32 L. McInnes et al, 「UMAP: Uniform Manifold Approximation and Projection for Dimension Reduction」(*https://oreil.ly/IYrHH*)

33 옮긴이_ 이 절의 코드는 책의 깃허브에 있는 notebooks/vectorizing_text.ipynb 파일에 있습니다. UMAP 패키지 설치 방법은 다음과 같습니다. *$ pip install umap-learn*

```
import umap

# 데이터로 UMAP을 훈련하고 변환된 데이터를 받습니다.
umap_emb = umap.UMAP().fit_transform(embeddings)

fig = plt.figure(figsize=(16, 10))
color_map = {
    True: '#ff7f0e',
    False:'#1f77b4'
}
plt.scatter(umap_emb[:, 0], umap_emb[:, 1],
            c=[color_map[x] for x in sent_labels],
            s=40, alpha=0.4)
```

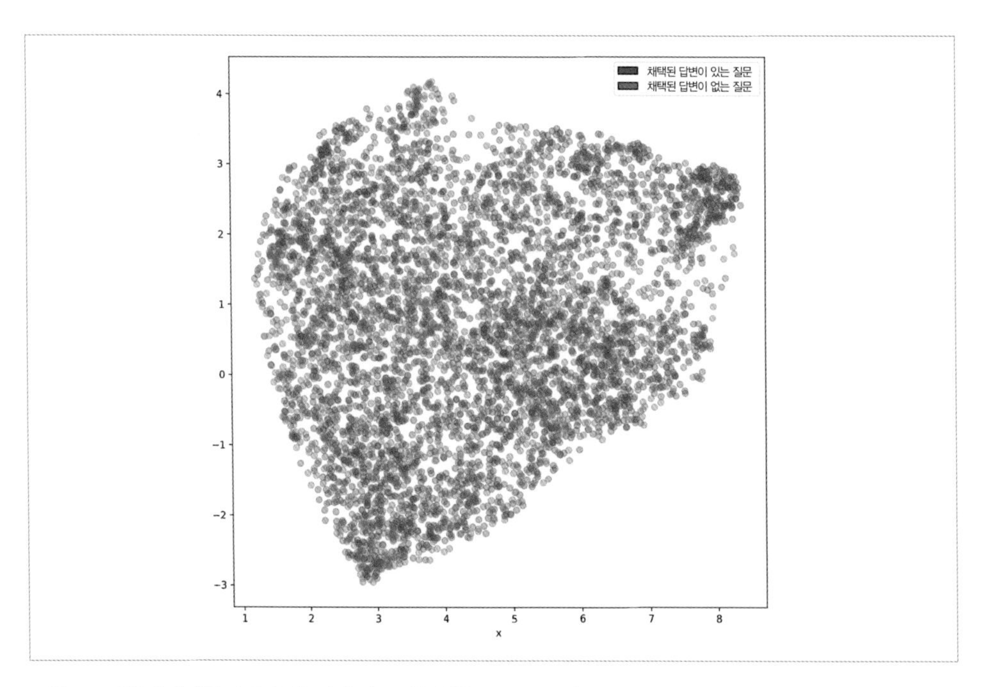

그림 4-9 질문에 채택된 답변이 있는지에 따라 색을 칠한 UMAP 그래프

writers.stackexchange.com 데이터만 가지고 시작했다는 것을 기억하세요. 이 데이터셋의 결과가 [그림 4-9]에 나타나 있습니다. 한눈에 탐색할 지역을 몇 군데 볼 수 있습니다. 채택된 답변이 없는 질문이 왼쪽 하단에 집중되는 경향이 있습니다. 공통된 특성이 있다면 유용한 분

류 특성을 발견할 수 있을 것입니다.

데이터를 벡터화하고 시각화한 후에 체계적으로 비슷한 데이터 포인트의 그룹을 찾고 탐색해 보는 것이 좋습니다. UMAP 그림에서도 이를 수행할 수 있지만 군집을 활용할 수도 있습니다.

군집

앞에서 데이터에서 내재된 구조를 추출하는 방법으로 군집을 소개했습니다. 군집은 데이터셋을 조사하거나 5장에서처럼 모델 성능을 분석하기 위해 데이터 과학자의 도구 상자에 있어야 할 핵심 도구입니다. 여기에서는 차원 축소와 비슷하게 문제를 드러내고 흥미로운 데이터 포인트를 찾기 위한 방법으로 군집을 사용합니다.

실제로 데이터를 클러스터로 모으는 간단한 방법은 k-평균[34] 같은 간단한 알고리즘을 적용하고 만족스러운 성능에 도달할 때까지 클러스터 개수 같은 하이퍼파라미터hyperparameter를 조정하는 것입니다.

군집 성능은 정량화하기 어렵습니다. 여기에서는 엘보 방법elbow method[35]이나 실루엣 그래프silhouette graph[36] 같은 도구와 데이터 시각화 도구를 함께 사용하는 것으로 충분합니다. 데이터를 완벽하게 분리하는 것이 아니라 모델이 어려움을 겪을 만한 영역을 식별하는 것이 목적입니다.

다음 예제는 데이터셋에 군집 알고리즘을 적용하는 코드입니다. 또한 앞서 UMAP에서 소개한 차원 축소 기법을 사용해 클러스터를 시각화하겠습니다.[37]

```
from sklearn.cluster import KMeans
import matplotlib.cm as cm

# 클러스터와 컬러맵 개수를 선택합니다.
n_clusters=3
cmap = plt.get_cmap("Set2")

# 벡터로 변환환 특성에 군집 알고리즘을 훈련합니다.
```

34 https://ko.wikipedia.org/wiki/K-평균_알고리즘

35 https://oreil.ly/k98SV

36 https://oreil.ly/QGky6

37 옮긴이_ 이 코드는 책의 깃허브에 있는 notebooks/clustering_data.ipynb 파일에 있습니다.

```
clus = KMeans(n_clusters=n_clusters, random_state=10)
clusters = clus.fit_predict(vectorized_features)

# 차원 축소된 특성을 2D 평면에 그립니다.
plt.scatter(umap_features[:, 0], umap_features[:, 1],
            c=[cmap(x/n_clusters) for x in clusters], s=40, alpha=.4)
plt.title('UMAP projection of questions, colored by clusters', fontsize=14)
```

[그림 4-10]에서 볼 수 있듯이 2D 표현으로 보는 형태가 군집 알고리즘이 찾은 클러스터와 항상 일치하지는 않습니다. 이는 인위적으로 적용한 차원 축소 알고리즘이나 복잡한 데이터 구조 때문입니다. 실제로 할당된 클러스터를 샘플의 특성으로 추가하면 이런 구조를 활용할 수 있기 때문에 이따금 모델의 성능을 향상시킬 수 있습니다.

클러스터를 얻으면 각 클러스터를 조사하고 데이터에 있는 트렌드를 찾아보세요. 이를 위해 클러스터마다 몇 개의 포인트를 선택하고 스스로 모델이 되어 정답이라고 생각하는 레이블을 할당해보세요. 다음 절에서 이런 레이블링 작업을 어떻게 수행하는지 설명하겠습니다.

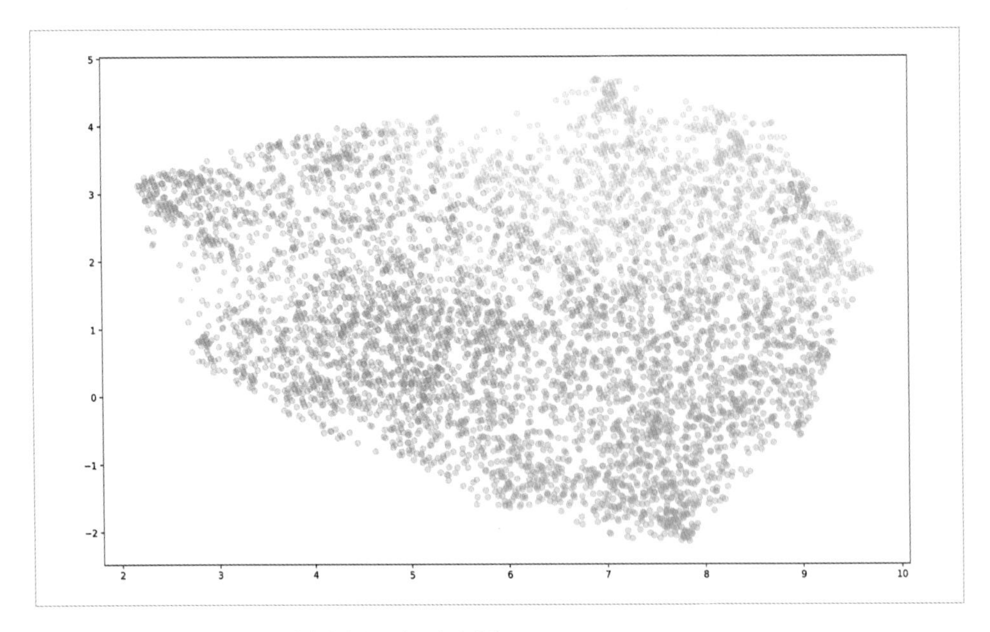

그림 4-10 색으로 구분된 질문 데이터셋의 클러스터 시각화

NOTE_ 옮긴이의 노트

`KMeans` 알고리즘을 사용할 때 각 샘플을 클러스터 중심까지의 거리로 표현할 수 있습니다. `KMeans` 클래스의 `trasnform()` 메서드에서 이를 수행합니다. 여기에서 클러스터 개수는 3개이므로 반환된 데이터의 특성 개수도 3개가 됩니다. 클러스터 중심까지의 거리를 사용해 시각화하면 종종 더 나은 결과를 보여줍니다.

아래 코드는 `KMeans` 클래스의 `transform()` 메서드로 `vectorized_features`를 `transformed_features`로 변환한 후 UMAP으로 시각화하는 예입니다.

```
transformed_features = clus.transform(vectorized_features)

umap_features = umap_embedder.fit_transform(transformed_features)

# 차원 축소된 특성을 2D 평면에 그립니다.
fig = plt.figure(figsize=(16, 10))
plt.scatter(umap_features[:, 0], umap_features[:, 1],
            c=[cmap(x/n_clusters) for x in clusters], s=40, alpha=.4)
plt.title('UMAP projection of questions, colored by clusters', fontsize=14)
```

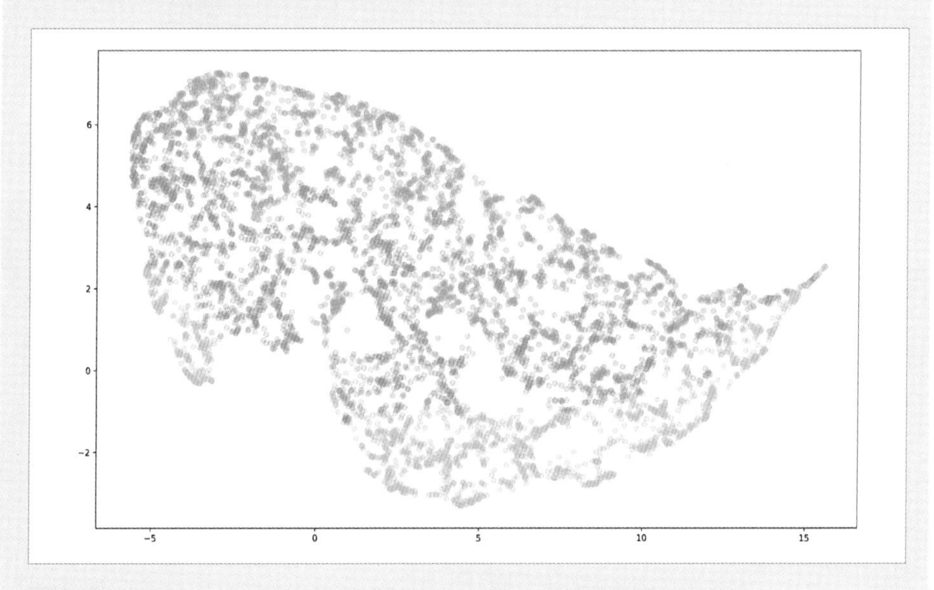

그림 4-10A 클러스터 중심까지 거리를 사용한 질문 데이터셋의 클러스터 시각화

4.3.3 알고리즘이 되어보기

수집된 측정치와 클러스터 정보를 살펴본 후 1.3절 '모니카 로가티: 머신러닝 프로젝트의 우선순위 지정하기'의 권고 사항을 따르는 것이 좋습니다. 그리고 직접 모델이 되어 몇 개의 샘플에 모델이 만들어야 할 결과를 레이블링해보세요.

알고리즘이 되어보기를 해본 적이 없다면 결과의 품질을 판단하기 어려울 것입니다. 반면 시간을 들여 직접 데이터를 레이블링해보면 모델링 작업을 쉽게 만드는 트렌드를 찾는 경우가 많습니다.

경험 규칙에 관한 절에서 이런 조언을 먼저 접했기 때문에 놀랍지는 않습니다. 모델링 방식을 고르는 것은 규칙을 만드는 것만큼 많은 가정이 전제가 되며 이런 가정은 데이터 기반이어야 합니다.

데이터셋이 레이블을 가지더라도 데이터에 레이블을 달아봐야 합니다. 이를 통해 레이블이 올바른 정보를 표현하고 있는지, 레이블이 정확한지 검증할 수 있습니다. 이 경우에는 유사 레이블인 질문의 점수를 품질을 측정하는 척도로 사용합니다. 직접 몇 개의 샘플을 레이블링해보면 이 레이블이 적절한지에 대한 가정을 검증할 수 있습니다.

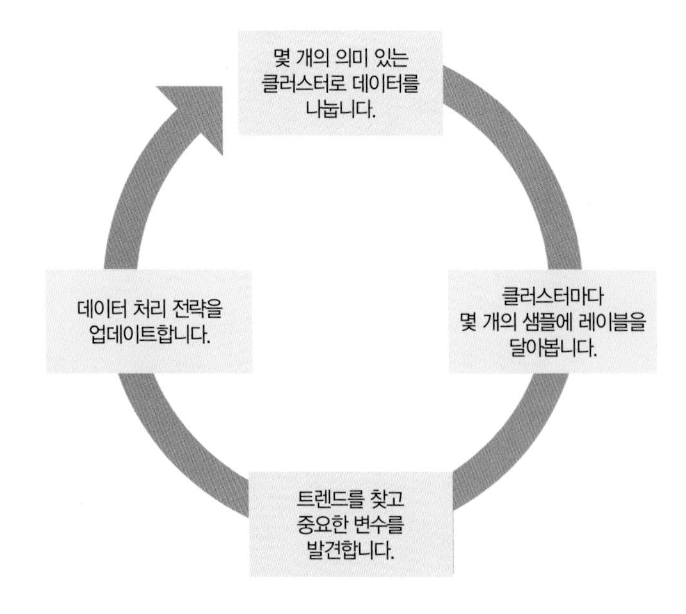

그림 4-11 데이터 레이블링 과정

몇 개의 샘플에 레이블을 달아본 후, 가능한 데이터를 잘 표현할 수 있는 특성을 발견했다면 이를 추가하여 벡터화 전략을 업데이트해도 좋습니다. 그리고 다시 레이블링을 반복합니다. 이 반복 과정이 [그림 4-11]에 나타나 있습니다.

레이블링 속도를 높이려면 특성 분포의 공통적인 값에 대해 클러스터마다 샘플 몇 개를 레이블링하면서 얻은 분석 정보를 활용하세요.

이렇게 하는 한 가지 방법은 데이터를 인터랙티브하게 탐색할 수 있는 시각화 라이브러리를 사용하는 것입니다. 보케Bokeh[38]를 사용하면 인터랙티브한 그래프를 만들 수 있습니다. 벡터화된 샘플의 그래프를 훑어보면서 클래스마다 몇 개의 샘플에 레이블링하면 빠르게 처리할 수 있습니다.

[그림 4-12]는 대부분 채택된 답변이 없는 질문으로 구성된 클러스터의 대표적인 한 샘플입니다. 이 클러스터에 있는 질문은 매우 모호하고 대답하기 어려워 답변을 얻지 못하는 경향이 있습니다. 이런 질문은 정확하게 나쁜 질문으로 레이블됩니다. 이 그래프를 그리는 소스 코드와 머신러닝 에디터에 사용하는 예를 보려면 깃허브[39]에 있는 `exploring_data_to_generate_features.ipynb` 노트북을 참고하세요.

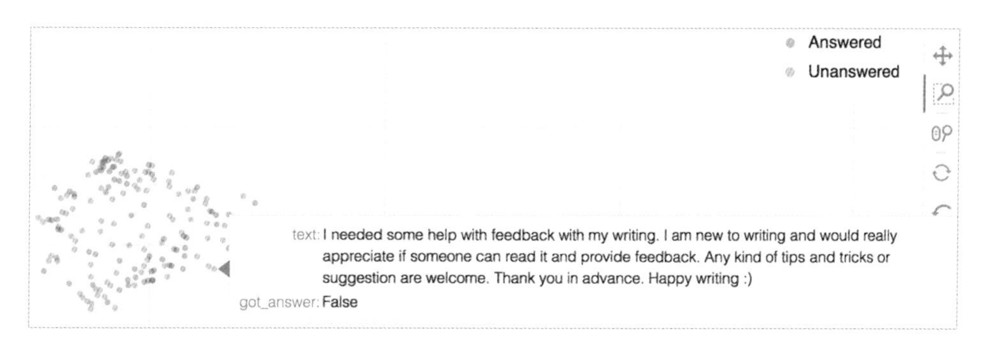

그림 4-12 보케를 사용한 데이터 분석과 레이블링

데이터를 레이블링할 때 데이터 자체에 레이블을 저장할 수 있습니다(예를 들어 데이터프레임에 열을 추가합니다). 또는 별도로 파일이나 식별자에서 레이블로 매핑할 수 있습니다. 이는 순전히 선택의 문제입니다.

38 *https://oreil.ly/6eORd*
39 *https://bit.ly/mlpa-git*

샘플을 레이블링하면서 어떤 과정으로 결정을 내렸는지 확인해보세요. 이렇게 하면 모델에 유용한 특성을 생성하고 트렌드를 찾아내는 데 도움이 됩니다.

4.3.4 데이터 트렌드

데이터를 레이블링하고 나면 일반적으로 트렌드를 읽을 수 있습니다. 일부는 유용한 정보(짧은 트윗이 긍정이나 부정으로 분류하기 쉽다는 경향)를 담고 있어 모델에 유익한 특성을 생성하는 데 도움이 됩니다. 일부는 데이터의 수집 방식 때문에 상관관계가 없을 수도 있습니다.

수집한 프랑스어 트윗이 모두 부정적이라면 모델은 자동으로 프랑스어 트윗을 부정으로 분류하게 됩니다. 더 폭넓고 대표성이 뛰어난 샘플에서 모델이 얼마나 부정확할지 판단해야 합니다.

이런 종류의 문제가 생기더라도 절망하지 마세요! 모델을 만들기 시작하기 전에 이런 종류의 트렌드를 발견하는 것이 중요합니다. 왜냐하면 훈련 데이터에서 모델 성능을 인공적으로 부풀린 뒤 제품에 모델을 투입하면 잘 동작하지 않기 때문입니다.

편향된 샘플을 다루는 가장 좋은 방법은 추가적인 데이터를 모아 훈련 세트의 대표성을 높이는 겁니다. 모델이 편향되는 것을 피하기 위해 훈련 데이터에서 편향된 특성을 제거할 수도 있습니다. 하지만 실전에서는 모델이 종종 다른 특성과의 상관관계를 활용해 편향을 일으키기 때문에 효과적이지 않을 수 있습니다(8장 참조).

어떤 트렌드를 발견했다면 이를 활용할 차례입니다. 대부분 두 가지 방법 중 하나를 사용합니다. 트렌드가 잘 드러나는 특성을 만들거나 이를 잘 활용하는 모델을 사용합니다.

4.4 데이터를 활용한 특성 생성과 모델링

데이터에서 찾은 트렌드를 사용해 데이터 처리, 특성 생성, 모델링 전략에 활용하려고 합니다. 먼저 트렌드를 감지하는 데 도움이 되는 특성을 생성하는 방법을 알아보겠습니다.

4.4.1 패턴에서 특성 만들기

머신러닝은 데이터에 있는 패턴을 활용하기 위해 통계적 학습 알고리즘을 사용합니다. 하지만 일부 패턴은 특정 모델이 감지하기 더 쉽습니다. 2로 나눈 값을 특성으로 사용해 원래 값을 예측하는 간단한 예를 상상해보죠. 이 모델은 타깃을 완벽하게 예측하기 위해 2의 곱셈을 학습해야 합니다. 반면 과거 데이터에서 주식 시장을 예측하는 것은 훨씬 더 복잡한 패턴을 활용해야 하는 문제입니다.

이런 이유 때문에 머신러닝의 많은 이득이 실제로 특성을 추가로 생성하는 데서 옵니다. 이런 특성은 모델이 유용한 패턴을 감지하도록 돕습니다. 모델이 얼마나 패턴을 잘 감지하는지는 데이터를 표현하는 방법과 보유한 데이터의 양에 따라 달라집니다. 데이터가 많고 잡음이 적을수록 일반적으로 수행해야 하는 특성 공학 작업이 줄어듭니다.

하지만 종종 처음에는 특성 생성 작업을 수행할 만한 가치가 있습니다. 첫째 보통 작은 데이터셋으로 시작하기 때문입니다. 둘째는 데이터에 대한 확신을 점검하고 모델을 디버깅하는 데 도움이 되기 때문입니다.

계절성은 특성 생성의 도움을 받을 수 있는 흔한 트렌드입니다. 매달 마지막 주말에 대부분의 판매가 발생하는 온라인 상점을 생각해보죠. 향후 판매량을 예측하는 모델을 만들 때 이런 패턴이 감지되어야 합니다.

앞으로 보겠지만 날짜를 표현하는 방식에 따라 이 작업은 모델에게 매우 어려울 수 있습니다. 대부분의 모델은 수치 입력만 받을 수 있습니다(텍스트와 이미지를 수치 입력으로 변환하는 방법은 4.3.2절의 '벡터화'를 참고하세요). 따라서 날짜를 표현하는 몇 가지 방법을 살펴봅시다.

유닉스 시간

시간을 가장 간단하게 표현하는 방법은 유닉스 시간Unix time[40]입니다. 1970년 1월 1일 목요일 0시 0분 0초부터 지금까지의 시간을 초로 나타냅니다.

이 방식은 간단하지만 모델이 달의 마지막 주말을 인식하기 위해서는 복잡한 패턴을 학습해야 합니다. 예를 들어 2018년의 마지막 주말(12월 29일 0시 0분 0초 ~ 30일 23시 59분 59초)

---

40 https://bit.ly/3aTUJFn

은 유닉스 시간으로 1546041600에서 1546214399 사이입니다(이 두 숫자를 빼면 23시 59분 59초에 해당하는 초가 됩니다).

이 범위를 다른 달의 다른 주말과 쉽게 관련짓기 어렵습니다. 따라서 모델이 유닉스 시간을 입력으로 사용할 때 관심 대상의 주말과 다른 주말을 구분하기가 매우 어렵습니다. 하지만 특성을 생성하면 모델이 이 작업을 쉽게 처리할 수 있습니다.

요일과 일자 추출하기

명확하게 날짜를 표현하는 한 가지 방법은 요일과 일자를 별도의 속성으로 추출하는 것입니다.

예를 들면 2018년 12월 30일 23시 59분 59초를 이전과 동일하게 유닉스 시간으로 나타내며 거기에 요일(예를 들어 일요일이라면 0)과 일자(30) 두 개의 값을 추가해 표현합니다.

이런 표현을 사용하면 모델이 주말(일요일과 토요일은 0과 6)을 학습하기 쉽고, 월말에 높은 판매가 일어난다는 것도 감지할 수 있습니다.

또한 이런 표현이 모델에 편향을 추가한다는 사실이 중요합니다. 예를 들어 주말을 숫자로 인코딩하면 금요일(5)이 월요일(1)보다 다섯 배 큽니다. 이런 수치 기준은 표현 방식 때문에 발생한 것으로 모델이 학습할 대상은 아닙니다.

교차 특성

이전의 표현이 모델 작업을 쉽게 만들지만 여전히 요일과 일자 사이의 복잡한 관계를 학습해야 합니다. 월초 주말이나 월말 주중에는 판매량이 높지 않습니다.

심층 신경망 같은 모델은 특성을 비선형으로 조합하여 이런 관계를 감지할 수 있지만 이런 모델은 종종 많은 양의 데이터가 필요합니다. 이 작업을 더 간단하게 만들고 교차 특성을 추가하면 이 문제를 간단히 해결할 수 있습니다.

교차 특성은 간단히 두 개 이상의 특성을 곱해서 만드는 특성입니다. 여러 특성의 값을 비선형으로 조합하면 모델이 더 쉽게 판별할 수 있습니다.

[표 4-5]는 앞에서 설명한 표현 방식을 몇 개의 샘플에 적용한 예입니다.

표 4-5 데이터를 명확하게 표현하면 손쉽게 알고리즘을 더 잘 수행할 수 있습니다.

일반 표현	원시 데이터 (유닉스 시간)	요일	일자	교차 특성 (요일 * 일자)
Saturday, December 29, 2018, 00:00:00	1,546,041,600	6	29	174
Saturday, December 29, 2018, 01:00:00	1,546,045,200	6	29	174
...	...	...	...	...
Sunday, December 30, 2018, 23:59:59	1,546,214,399	7	30	210

[그림 4-13]에서 시간에 따라 특성이 변하는 추이와 모델을 어떤 특성으로 구분해야 특정 샘플을 다른 것보다 쉽게 구분할 수 있는지 확인할 수 있습니다.

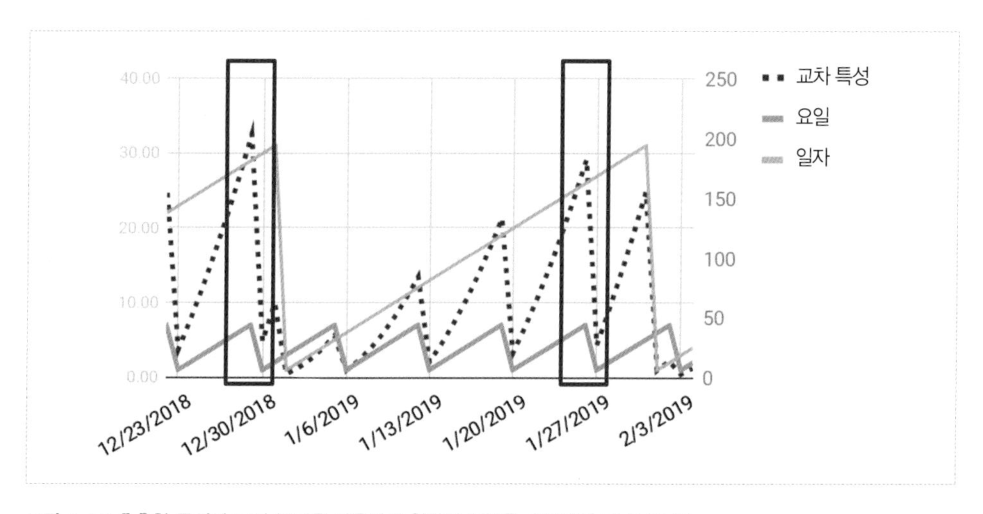

그림 4-13 추출한 특성과 교차 특성을 사용하면 월말의 주말을 구분하기 더 쉽습니다.

모델이 달의 마지막 주말을 더 쉽게 학습하도록 데이터를 표현하는 마지막 방법이 하나 있습니다.

모델에게 정답 제공하기

속임수처럼 보이지만 특성을 조합한 어떤 값이 예측에 특히 효과적이라는 사실을 안다면, 이런 특성이 연관성 있는 조합을 만들 때만 1이 되는 새로운 이진 특성을 만들 수 있습니다. 예를 들어 여기에서는 'is_last_two_weekends'라는 특성을 추가한다는 뜻입니다. 이 특성은 달의 마지막 주말에만 1로 지정됩니다.

예상대로 마지막 주말을 예측할 수 있다면 모델이 이 특성을 활용하여 훨씬 더 높은 정확도를 달성할 것입니다. 머신러닝 제품을 만들 때는 주저하지 말고 모델이 해결할 작업을 더 쉽게 만드세요. 복잡한 작업에서 고군분투하는 모델보다 간단한 작업에서 잘 동작하는 모델이 더 낫습니다.

특성 생성은 광범위한 분야이며 대부분의 데이터 타입을 위한 해결 방법이 존재합니다. 다양한 종류의 데이터 타입을 생성하는 데 유용한 방식을 모두 설명하는 것은 책의 범위를 넘어섭니다. 더 실용적인 예제와 도구를 알고 싶다면 앨리스 젱과 아만다 카사리의『피처 엔지니어링, 제대로 시작하기』(에이콘출판사, 2018)를 참고하세요.

일반적으로 유용한 특성을 생성하는 가장 좋은 방법은 앞서 설명한 방식으로 데이터를 살펴보고, 모델이 패턴을 학습할 수 있도록 데이터를 표현하는 가장 쉬운 방법이 무엇인지 스스로에게 질문해보는 것입니다. 다음 절에서 이 과정으로 머신러닝 에디터를 위한 특성을 생성하는 예를 살펴봅니다.

4.4.2 머신러닝 에디터 특성

머신러닝 에디터를 위해 앞서 설명한 기법으로 데이터셋을 조사하여 다음과 같은 특성을 만듭니다(자세한 데이터 탐색 과정은 깃허브[41]에 있는 `exploring_data_to_generate_features.ipynb` 노트북을 참고하세요).

- can이나 should 같은 동작 동사action verb는 답변할 질문을 예측하기 좋으므로 질문에 이런 동사가 있는지 나타내는 이진 특성 `action_verb`을 추가합니다.
- 물음표도 좋은 예측 변수이므로 물음표가 있는지 나타내는 `question_mark` 이진 특성을 만듭니다.
- 올바른 영어 사용에 대한 질문은 답변을 받지 못하는 경향이 있으므로 영어와 관련된 질문인지 나타내는 `language_question` 특성을 추가합니다.
- 매우 짧은 질문은 대답을 받지 못하는 경향이 있기 때문에 질문 텍스트의 길이도 또 다른 특성이 될 수 있습니다. 질문의 길이를 정규화시킨 `norm_text_len` 특성을 추가합니다.
- 이 데이터셋은 질문의 제목에 중요한 정보가 포함되어 있습니다. 제목을 보면 레이블링 작업을 간단하게 만들 수 있습니다. 이 때문에 앞에서 언급한 특성을 생성할 때 제목을 텍스트에 포함합니다.

---

41 *https://bit.ly/mlpa-git*

초기 특성을 준비했으므로 모델 구축을 시작할 수 있습니다. 첫 번째 모델을 만드는 것이 다음 5장의 주제입니다.

모델로 넘어가기 전에 데이터셋을 모으고 업데이트하는 방법을 자세히 살펴보면 좋을 것 같아 이 분야의 전문가인 로버트 먼로Robert Munro와 인터뷰를 진행했습니다. 다음 절에 실은 로버트와의 대화를 재미있게 읽고 난 후에 다음 장에서 첫 번째 모델을 만들어보겠습니다!

4.5 로버트 먼로: 데이터를 찾고, 레이블링하고, 활용하는 방법

로버트 먼로는 여러 AI 회사를 설립하여 최고의 인공지능 팀들을 만들었습니다. 현재는 크게 성장 중이며 데이터 레이블링 분야의 선두 회사인 피겨 에이트Figure Eight의 CTO입니다.[42] 그전에는 AWS의 첫 번째 자연어 처리와 기계 번역 서비스를 운영했습니다. 로버트는 이번 인터뷰에서 머신러닝 데이터셋을 구축하며 배운 것을 공유해주었습니다.

Q 머신러닝 프로젝트를 어떻게 시작해야 하나요?

A 가장 좋은 방법은 비즈니스 문제부터 시작하는 것입니다. 비즈니스 문제가 작업 범위를 결정하기 때문입니다. 머신러닝 에디터 예제의 경우 다른 사람이 입력한 글을 나중에 수정할 건가요? 또는 누군가 쓰고 있는 글에 실시간으로 추천을 제공할 건가요? 전자의 경우라면 느린 모델로 배치 처리할 수 있고 후자라면 더 빠른 모델이 필요합니다.

모델 입장에서 보면 시퀀스-투-시퀀스 모델은 너무 느리기 때문에 두 번째 방법에 사용할 수 없습니다. 또한 오늘날 시퀀스-투-시퀀스 모델은 문장 수준의 추천을 넘어서지 못해 많은 텍스트 쌍을 훈련해야 합니다. 더 빠른 솔루션으로는 분류기를 사용해 이 분류기가 추출한 중요 특성을 추천으로 사용하는 것입니다. 초기 모델에서 기대하는 것은 손쉬운 구현과 신뢰할 수 있는 결과입니다. 예를 들어 BoW 특성에서 훈련한 나이브 베이즈naive Bayes 분류기로 시작할 수 있습니다.

마지막으로 시간을 들여 데이터를 살펴보고 직접 레이블링을 해봐야 합니다. 이렇게 하면 문제가 얼마나 어려운지, 어떤 솔루션이 잘 맞을지에 대한 직관을 얻을 수 있습니다.

---

42 옮긴이_ 로버트는 현재 애플에서 근무하며 『Human-in-the-Loop Machine Learning』(매닝, 2021)을 집필했습니다.

Q 시작할 때 얼마나 많은 데이터가 필요한가요?

A 데이터를 수집할 때 대표적이고 다양성을 가진 데이터셋을 준비해야 합니다. 먼저 보유한 데이터를 살펴보고 특정 종류의 데이터가 표현되지 않는다면 더 많은 데이터를 모아야 합니다. 데이터셋에 군집 알고리즘을 적용하고 이상치를 살펴보면 이 과정의 속도를 높일 수 있습니다.

일반적인 분류에서 데이터를 레이블링하는 경우, 희귀한 범주에 속하는 샘플 1,000개를 레이블링하면 실전에서 잘 동작합니다. 적어도 현재 모델링 방식을 그대로 유지할지를 판단할 충분한 정보를 얻을 수 있습니다. 샘플 10,000개라면 구축한 모델의 출력을 신뢰할 수 있습니다.

더 많은 데이터를 모을수록 모델의 정확도가 천천히 향상되기 때문에 데이터 양에 따른 성능 향상 그래프를 그릴 수 있습니다. 어떤 경우에든 이 그래프의 마지막 부분에만 관심이 있습니다. 더 많은 데이터가 가져다줄 가치를 추정할 수 있기 때문입니다. 대부분의 경우 더 많은 데이터를 레이블링하여 얻는 성능 향상이 모델을 반복하는 것보다 훨씬 큽니다.

Q 데이터를 수집하고 레이블링할 때 어떤 과정을 거치나요?

A 여러분은 현재까지 최선의 모델을 보고 무엇이 문제를 일으키는지 확인할 수 있습니다. 불확실성 기반 샘플링uncertainty sampling이 널리 사용하는 방법입니다. 모델이 가장 불확실하게 판단하는 (즉, 결정 경계에 가까운) 샘플을 찾고 비슷한 샘플을 찾아 훈련 세트에 추가합니다.

현재 모델이 어려움을 겪고 있는 데이터를 더 찾기 위해 '오류 모델error model'을 훈련할 수도 있습니다. 현재 모델이 만드는 실수를 레이블로 사용합니다(각 데이터 포인트를 '올바르게 예측함' 또는 '잘못 예측함'으로 레이블링합니다). 이런 샘플에서 '오류 모델'을 훈련하고 이를 사용해 레이블되지 않은 데이터에서 현재 모델이 실패할 것이라고 예측되는 샘플을 레이블링할 수 있습니다.

또는 레이블하기 가장 좋은 다음 샘플을 찾기 위해 '레이블링 모델'을 훈련할 수 있습니다. 백만 개의 샘플이 있고 그중에 1,000개만 레이블링되어 있다고 가정해보죠. 랜덤하게 샘플링한 레이블링된 이미지 1,000개와 레이블링되지 않은 1,000개로 훈련 세트를 만들어 어떤 이미지가 레이블링되어 있는지 예측하는 이진 분류기를 훈련할 수 있습니다. 그다음 이 '레이블링 모델'을 사용해 이미 레이블링된 샘플과 가장 동떨어진 샘플을 찾아 레이블링 작업을 진행할 수 있습니다.

Q 모델이 유용한 것을 학습하고 있는지 어떻게 검증할 수 있나요?

A 흔히 하는 실수는 관련 있는 데이터셋의 일부분에 레이블링 노력을 집중하는 것입니다. 모델이 농구에 관련된 기사 때문에 어려움을 겪을 수 있습니다. 더 많은 농구 기사를 모으고 레이블링하면 농구 기사는 잘 처리할 수 있지만 다른 모든 기사를 못 처리할 수 있습니다. 이것이 데이터 수집 전략을 사용하더라도 모델을 검증하려면 항상 테스트 세트에서 랜덤하게 샘플링해야 하는 이유입니다.

마지막으로 이렇게 하는 제일 좋은 방법은 배포된 모델의 성능이 표류할 때를 감지하는 것입니다. 모델의 불확실성을 추적하거나 이상적으로는 비즈니스 성공 지표에 이를 접목할 수 있습니다. 사용 지표가 점점 내려가고 있나요? 이는 다른 요인 때문일 수 있지만 훈련 세트를 조사해서 업데이트해야 한다는 좋은 신호입니다.

4.6 마치며

이 장에서 데이터셋을 효과적이고 효율적으로 조사하기 위한 중요한 팁을 다루었습니다.

먼저 데이터 품질을 살펴보고 필요한 만큼 충분한지 판단하는 방법을 알아보았습니다. 그다음 보유한 데이터 타입에 가장 잘 맞는 방법을 소개했습니다. 요약 통계로 시작해서 넓은 범위의 트렌드를 식별하기 위해 비슷한 데이터를 클러스터로 모으는 작업까지 다루었습니다.

그다음 유용한 특성으로 활용할 수 있는 트렌드를 찾기 위해 많은 시간을 들여 데이터를 레이블링하는 것이 왜 가치 있는지 소개했습니다. 마지막으로 로버트 먼로가 최고의 머신러닝 데이터셋을 만들기 위해 여러 팀을 도왔던 경험으로부터 여러 가지를 배웠습니다.

데이터셋을 조사하고 예측 성능이 좋은 특성을 생성했습니다. 이제 5장에서 첫 번째 모델을 만들 준비가 되었습니다.

Part III

모델 반복

Part III

모델 반복

1부에서 머신러닝 프로젝트를 준비하고 성능 향상을 추적하는 모범 사례를 다루었습니다. 2부에서는 초기 데이터셋을 탐색하면서 가능한 한 빠르게 엔드투엔드 파이프라인을 구축하는 방법의 장점을 알아보았습니다.

태생적으로 머신러닝은 실험이 필수이기 때문에 과정이 매우 반복적입니다. [그림 III-1]에 있는 루프를 따라 모델과 데이터를 반복하는 계획을 세워야 합니다.

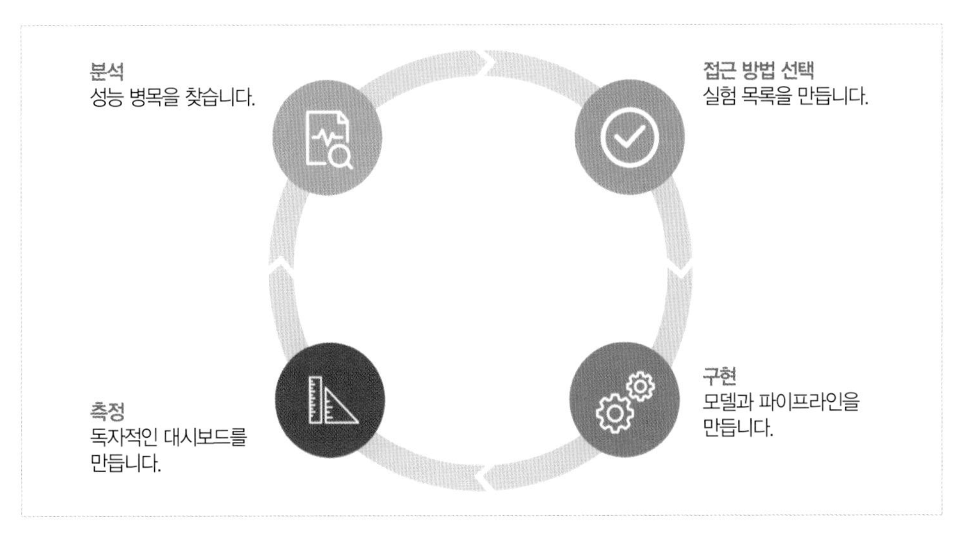

그림 III-1 머신러닝 반복 루프

3부에서 이 반복 루프를 설명합니다. 머신러닝 프로젝트를 수행할 때 만족스러운 성능까지 도달하려면 이 반복을 여러 번 수행할 계획을 세워야 합니다. 3부에서 다룰 내용은 다음과 같습니다.

5장 모델 훈련과 평가

첫 번째 모델을 훈련하고 성능을 평가합니다. 그다음 성능을 자세히 분석하여 개선 방법을 찾아봅니다.

6장 머신러닝 문제 디버깅

모델을 빠르게 구축하고 디버깅하는 기법과 시간을 낭비하게 만드는 오류를 피하는 방법을 다룹니다.

7장 분류기를 사용한 글쓰기 추천

머신러닝 에디터를 예로 들어 훈련된 분류기를 사용해 사용자에게 추천을 제공하는 방법을 소개합니다. 그리고 완전히 기능하는 추천 모델을 만듭니다.

CHAPTER 5

모델 훈련과 평가

이전 장에서 당면한 문제를 올바르게 정의하고, 문제 해결을 위한 계획을 세우고, 데이터셋을 탐색하고, 초기 특성을 만들었습니다. 이런 단계를 통해 적절한 모델을 훈련하기 위한 충분한 정보를 모았습니다. 여기에서 적절한 모델이란 현재 작업에 적합하고 좋은 성능을 낼 가능성이 높은 모델을 의미합니다.

이 장에서는 먼저 모델을 선택할 때 고려할 몇 가지 사항을 간단히 소개하겠습니다. 그다음 실제 조건에서 모델을 평가하는 데 도움이 되도록 데이터를 분할하는 모범 사례를 설명합니다. 마지막으로 모델의 결과를 분석하고 오차를 진단하는 방법을 알아보겠습니다.

5.1 가장 간단하고 적절한 모델

모델을 훈련할 준비가 되었으므로 어떤 모델로 시작할지 결정해야 합니다. 가능한 모든 모델을 시도하고 비교하여 따로 떼어놓은 테스트 세트에서 특정 측정 지표를 기준으로 가장 좋은 결과를 내는 모델을 고르고 싶을 것입니다.

일반적으로 이 방법이 최선은 아닙니다. 이 방식은 계산 비용이 많이 듭니다(모델의 종류도 많고, 모델마다 가진 파라미터가 많기 때문에 현실적으로 최적에 가까운 일부분만 테스트할 수 있습니다). 뿐만 아니라 모델을 블랙박스black box처럼 다루고, **머신러닝 모델이 학습하는 과정에서 암묵적으로 데이터에 대해 어떤 가정을 한다는 것**을 완전히 무시합니다.

모델마다 데이터에 대한 가정이 다르므로 적합한 작업이 따로 있습니다. 또한 머신러닝은 반복적인 작업이므로 빠르게 만들어 평가할 수 있는 모델을 고르는 것이 좋습니다.

먼저 간단한 모델을 찾는 방법을 정의한 다음, 데이터 패턴의 일부 사례를 살펴보고 이를 활용하기 위한 적절한 모델을 골라보겠습니다.

5.1.1 간단한 모델

간단한 모델은 구현이 빠르고, 이해가 쉽고, 배포할 수 있어야 합니다. 첫 번째 모델이 최종 모델이 될 가능성이 없기 때문에 구현이 빨라야 하고, 쉽게 디버깅하기 위해 이해할 수 있어야 하고, 머신러닝 기반 애플리케이션의 기본 요구 사항인 배포가 가능해야 합니다. 빠른 구현이 의미하는 것부터 알아보죠.

빠른 구현

구현이 간단한 모델을 선택합니다. 일반적으로 이해하기 쉬워 튜토리얼에 많이 사용되고 도움을 얻을 수 있는 모델을 의미합니다(특히 여기서 만든 머신러닝 에디터로 질문을 잘 작성하면 쉽게 도움을 받을 수 있겠죠!). 머신러닝 기반 애플리케이션을 새로 만드는 경우, 데이터 처리와 안정적인 결과를 배포하기 위해 해결할 문제가 많기 때문에 가능한 한 초기에 모델과 관련된 골칫거리를 만들지 말아야 합니다.

가능하다면 케라스Keras나 사이킷런scikit-learn[1] 같은 잘 알려진 라이브러리에 있는 모델을 사용하세요. 설명 문서가 없고 지난 9개월 동안 업데이트가 없는 실험적인 깃허브 저장소를 사용하는 일은 피해야 합니다.

모델을 구현하고 나면 데이터셋을 어떻게 활용했는지 조사하고 이해하고 싶을 것입니다. 이렇게 하려면 이해하기 쉬운 모델이 필요합니다.

쉬운 이해

모델의 **설명 가능성**explainability과 **해석 능력**interpretability은 예측을 만들게 된 이유(예를 들면 어떤

1 https://scikit-learn.org

특성 조합)를 제시하는 능력을 말합니다. 설명 가능성은 모델이 원치 않는 방향으로 편향되지 않았는지 확인하거나, 예측 결과를 향상하기 위한 방법을 사용자에게 설명하는 등의 용도로 사용할 수 있어 유용합니다. 또한 반복과 디버깅을 훨씬 쉽게 만듭니다.

모델이 의사결정을 내리는 데 의존하는 특성을 추출할 수 있다면 더 나은 선택을 하도록 어떤 특성을 추가, 변경하거나 제거해야 할지 명확하게 알게 됩니다.

안타깝게도 모델의 설명 가능성은 종종 간단한 모델에서도 복잡할 때가 있고 이따금 대규모 모델에서는 매우 어려울 때도 있습니다. 5.3절 '특성 중요도 평가'에서 이 문제를 해결하고 모델을 향상시키는 포인트를 식별하는 데 도움이 되는 방법을 알아보겠습니다. 여러 가지 방법 중에서 내부 동작 방식과 상관없이 모델의 예측을 설명할 수 있는 블랙박스 설명 도구black box explainer를 사용해보겠습니다.

로지스틱 회귀logistic regression나 결정 트리decision tree 같은 간단한 모델은 일종의 특성 중요도feature importance를 제공하기 때문에 설명하기 쉽습니다. 이 때문에 일반적으로 처음으로 시도해보기 좋습니다.

배포 가능

모델의 최종 목표는 사용자에게 가치 있는 서비스를 제공하는 것임을 기억하세요. 어떤 모델을 훈련할지 생각할 때 항상 이 모델을 배포할 수 있는지 고려해야 합니다.

4부에서 배포를 다루지만 다음 질문을 미리 생각해야 합니다.

- 훈련된 모델이 사용자에게 예측을 제공하는 데 얼마나 걸리나요? 예측 속도를 생각할 때, 모델이 결과를 출력하는 데 걸리는 시간뿐만 아니라 사용자가 요청을 보내고 결과를 받는 과정에서 걸리는 시간도 포함해야 합니다. 여기에는 특성 생성 같은 전처리 단계, 네트워크 전송, 모델 출력과 사용자에게 보여질 데이터 사이에 필요한 후처리 단계가 모두 포함됩니다.
- 예상하는 동시 접속자 수를 고려했을 때 추론 파이프라인이 충분히 빠른가요?
- 모델을 훈련할 때 얼마나 오래 걸리나요? 얼마나 자주 훈련해야 하나요? 훈련에 12시간이 걸리고 4시간마다 다시 훈련해야 한다면 계산 비용이 많이 들고, 모델은 늘 최신 상태가 아닐 것입니다.

[표 5-1]과 같은 표를 사용해 모델이 얼마나 간단한지 비교할 수 있습니다. 머신러닝 분야가 발전하고 새로운 도구가 등장함에 따라 배포하기 복잡하거나 이해하기 어려운 모델이 간단해집니다. 그렇게 되면 이 표는 업데이트되어야 합니다. 이런 이유 때문에 주어진 문제에 맞는 자

신만의 비교 표를 만드는 것이 좋습니다.

표 5-1 단순성을 기준으로 모델에 점수 부여하기

모델 이름	구현의 용이성		해석 능력		배포 능력		총 '단순성 점수'
	이해하기 쉬운 모델	검증된 구현	특성 중요도 추출 용이	디버깅하기 쉬움	추론 시간	훈련 시간	
(사이킷런의) 결정 트리	5/5	5/5	4/5	4/5	5/5	5/5	28/30
(케라스의) CNN	4/5	5/5	3/5	3/5	3/5	2/5	20/30
(개인 깃허브 저장소의) 트랜스포머(Transformer)	2/5	1/5	0/5	0/5	2/5	1/5	6/30

간단하고 해석과 배포가 용이한 모델 중에서도 잠재적인 후보가 많습니다. 하나의 모델을 선택하기 위해 4장에서 확인한 패턴도 고려해야 합니다.

5.1.2 패턴에서 모델로

앞서 찾은 패턴과 생성한 특성이 모델 선택의 가이드가 됩니다. 데이터에 있는 몇 가지 패턴과 이를 사용하는 적절한 모델의 예를 다뤄보겠습니다.

특성 스케일이 차이 납니다

여러 가지 모델들이 작은 특성보다 큰 특성에 영향을 많이 받습니다. 경우에 따라 괜찮지만 그렇지 않은 경우도 있습니다. 신경망 같이 경사 하강법gradient descent 최적화를 사용하는 모델은 특성 스케일이 다르면 훈련 과정이 불안정할 수 있습니다.

나이(1~100 사이)와 수입(1~100,000,000 사이) 특성 2개가 있을 때 모델은 스케일과 관계없이 가장 예측 성능이 좋은 특성을 활용해야 합니다.

이를 위해 특성의 스케일을 정규화하는 전처리를 수행해 평균이 0이고 단위 분산을 가지도록 합니다. 모든 특성이 동일한 범위로 정규화되면 모델이 특성을 (적어도 초기에는) 공평하게 고려하게 됩니다.

또 다른 방법은 특성 스케일의 차이에 영향을 받지 않는 모델로 바꾸는 것입니다. 가장 널리 사

용되는 모델은 결정 트리, 랜덤 포레스트, 그레이디언트 부스티드 결정 트리gradient-boosted decision tree입니다.[2] XGBoost는 그레이디언트 부스티드 트리 라이브러리로 안정성이 높고 속도가 빨라 실전에서 널리 사용됩니다.[3]

타깃이 특성의 선형 조합입니다

이따금 특성의 선형 조합만 사용해 좋은 예측을 만들 수 있습니다. 이런 경우 회귀 문제에는 선형 회귀linear regression, 분류 문제에는 로지스틱 회귀나 나이브 베이즈 분류기를 사용합니다.

이런 모델은 간단하고 효율적이며 종종 모델의 가중치를 직접 보고 중요한 특성을 식별할 수 있습니다. 특성과 타깃의 관계가 더 복잡하다면 다층 신경망 같은 비선형 모델을 사용하거나 교차 특성(4.4절 '데이터를 활용한 특성 생성과 모델링'을 참고하세요)을 생성하면 도움이 됩니다.

데이터에 시계열 특징이 있습니다

현잿값이 이전 시간의 값에 의존하는 시계열 데이터를 다룬다면 이런 정보를 명시적으로 인코딩할 수 있는 모델을 사용합니다. 이런 모델에는 자기회귀누적이동평균autoregressive integrated moving average(ARIMA) 같은 통계 모델과 순환 신경망recurrent neural network(RNN)이 해당됩니다.

각 샘플이 패턴의 조합입니다

이미지 분야의 문제를 다룰 때 합성곱 신경망convolutional neural network(CNN)이 **이동 불변성**translation invariant 필터를 학습하는 능력 때문에 유용하다고 입증되었습니다. 이는 이미지에서 위치와 상관없이 국부적인 패턴을 추출할 수 있다는 의미입니다. 예를 들어 CNN이 눈을 감지하는 방법을 학습하면 훈련 세트에서 눈이 있던 곳뿐만 아니라 이미지의 어디에서나 감지할 수 있습니다.

---

2 옮긴이_ 결정 트리는 특성의 스케일에 영향을 받지 않습니다. 랜덤 포레스트와 그레이디언트 부스티드 결정 트리는 모두 결정 트리를 기반으로 만든 앙상블 모델입니다. 앙상블 모델에 대한 자세한 내용은 사이킷런 문서(*https://bit.ly/3ofV0rF*)와 『핸즈온 머신러닝(2판)』(한빛미디어, 2020)의 7장을 참고하세요.

3 옮긴이_ 인기가 많은 또 다른 라이브러리는 마이크로소프트에서 만든 LightGBM(*https://lightgbm.readthedocs.io/*)입니다.

합성곱 필터는 음성 인식이나 텍스트 분류처럼 국부적인 패턴을 포함하는 다른 분야에서도 유용하다고 알려져 있습니다. 예를 들어 문장 분류에 CNN이 성공적으로 사용되었습니다. 김윤의 논문 「Convolutional Neural Networks for Sentence Classification」(https://arxiv.org/abs/1408.5882)을 참고하세요.[4]

이외에도 모델을 선택할 때 고려해야 할 점들이 많습니다. 전통적인 머신러닝 문제라면 사이킷런 팀에서 만든 간편한 플로차트[5]를 참고하세요. 일반적인 여러 경우에 사용되는 모델을 추천합니다.

머신러닝 에디터 모델

머신러닝 에디터의 경우 빠르고 디버깅하기 쉬운 첫 번째 모델을 만들려고 합니다. 이 데이터는 독립적인 샘플로 구성되어 있고 시간을 고려할 필요가 없습니다(예를 들면 질문의 연속성). 따라서 인기가 높고 성능이 좋은 랜덤 포레스트 분류기로 시작하겠습니다.

합리적인 모델을 선택했다면 이제 훈련할 차례입니다. 4장에서 모은 전체 데이터셋에서 모델을 훈련하지 않는 것이 일반적인 권고 사항입니다. 훈련 세트에서 일부 데이터를 떼어놓고 시작하겠습니다. 이렇게 하는 이유와 방법을 먼저 살펴봅시다.

5.1.3 데이터셋 분할

모델의 핵심 목표는 사용자의 입력 데이터에 대한 합리적인 예측을 제공하는 것입니다. 결국 모델은 이전에 본 적 없는 데이터에서 잘 동작해야 한다는 의미입니다.

한 데이터셋에서 모델을 훈련할 때 동일한 데이터셋으로 성능을 측정하면 이미 보았던 데이터에 대한 예측이 얼마나 좋은지만 알 수 있습니다. 데이터 일부분에서만 모델을 훈련하면 훈련에 사용하지 않은 데이터로 본 적 없는 데이터에 대한 성능을 추정할 수 있습니다.

[그림 5-1]은 데이터셋의 속성(질문 작성자)을 기준으로 3개의 별도 세트set(훈련, 검증, 테스트)로 분할한 예입니다. 이 장에서 각 세트의 의미와 다루는 방법을 설명하겠습니다.

---

4 옮긴이_ 이 논문을 구현한 깃허브 저장소는 다음과 같습니다. *https://github.com/yoonkim/CNN_sentence*

5 *https://oreil.ly/tUsD6*

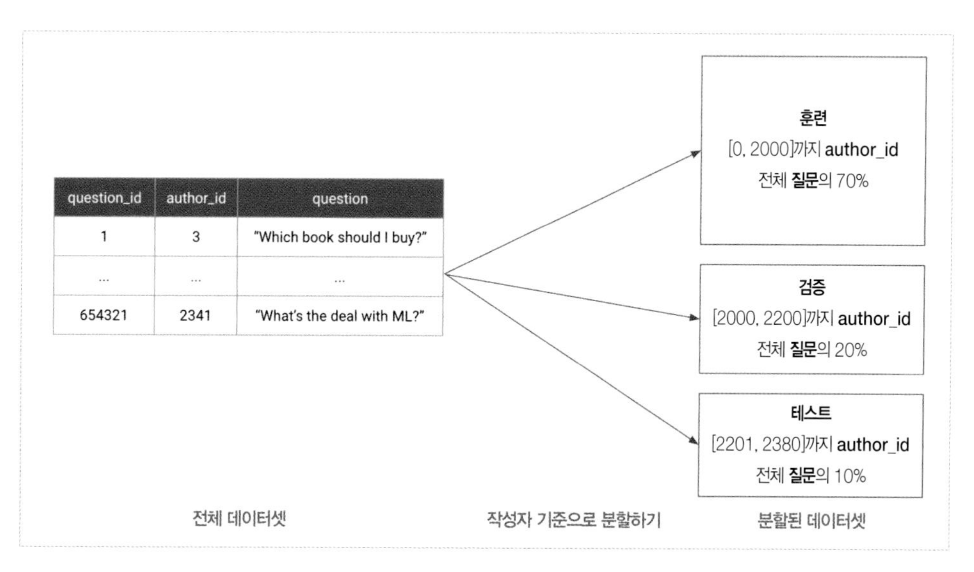

그림 5-1 작성자 기준으로 적절한 비율로 데이터 분할하기

먼저 검증 세트를 알아봅시다.

검증 세트

본 적 없는 데이터에서 모델의 성능을 추정하기 위해 의도적으로 훈련 데이터셋에서 일부를 떼어냅니다. 그다음 따로 떼어낸 데이터셋으로 측정한 성능을 모델이 제품에 투여되었을 때의 성능으로 간주합니다. 따로 떼어놓은 데이터로 모델이 본 적 없는 데이터에 일반화generalization할 수 있는지 검증합니다. 따라서 이 데이터를 **검증 세트**validation set라고 부릅니다.

데이터셋의 일부분을 검증 세트로 덜어내어 모델을 평가하는 데 사용하고 나머지 데이터로 모델을 훈련할 수 있습니다. 이런 과정을 여러 번 반복하면 검증 세트에 따른 평가 점수의 변동을 제어할 수 있습니다. 이를 **교차 검증**cross-validation이라고 합니다.

데이터 전처리 전략, 모델의 종류, 모델의 하이퍼파라미터를 바꿀 때마다 검증 세트의 성능이 바뀝니다(이상적으로는 향상되어야 합니다). 훈련 세트로 모델의 파라미터를 튜닝하는 것처럼 검증 세트를 사용해 하이퍼파라미터를 튜닝합니다.

모델을 조정하기 위해 검증 세트를 여러 번 사용하면 모델 파이프라인이 특별히 이 검증 세트에 잘 동작하도록 맞춰집니다. 이렇게 되면 본 적 없는 데이터의 대안으로 사용하려는 검증 세트의 목적이 훼손됩니다. 이런 이유 때문에 테스트 세트를 추가로 떼어놓아야 합니다.

테스트 세트

모델을 여러 번 반복해 검증 세트에서 성능을 측정하기 때문에 모델이 검증 세트에 잘 동작하도록 편향될 수 있습니다. 훈련 세트를 넘어서 일반화하는 데에는 도움이 되지만, 특정 검증 세트에만 잘 동작하는 모델을 만들 위험이 있습니다. 이상적으로는 검증 세트에 포함되지 않았던 새로운 데이터에서도 잘 동작하는 모델이 필요합니다.

이런 이유 때문에 세 번째 세트인 **테스트 세트**test set를 준비해야 합니다. 모델의 반복 튜닝이 끝나면 이 데이터로 본 적 없는 데이터에 대한 최종 성능을 평가합니다. 테스트 세트를 사용하는 것이 최선이지만 이따금 기술자들은 검증 세트를 테스트 세트로 사용하기도 합니다. 이렇게 하면 모델이 검증 세트에 편향될 위험이 증가하지만 몇 번의 실험만 반복하는 경우에는 용인될 수 있습니다.

모델링 결정을 내리는 데 테스트 세트의 성능을 사용하지 않는 것이 중요합니다. 테스트 세트는 실전에 투입했을 때 본 적 없는 데이터를 대표하기 때문입니다. 테스트 세트에서 잘 동작하도록 모델링 방식을 바꾸면 모델의 성능이 과대평가될 위험이 있습니다.

모델이 실제 환경에서 동작해야 하므로 훈련 데이터는 제품의 사용자가 만드는 데이터와 비슷해야 합니다. 이상적으로는 사용자로부터 받을 수 있는 모든 종류의 데이터가 데이터셋에 나타나야 합니다. 그렇지 않다면 테스트 세트의 성능은 일부 사용자에 대한 성능만을 나타내는 것입니다.

머신러닝 에디터의 경우 `writers.stackexchange.com`의 인구 통계에 포함되지 않는 사용자에게는 추천이 잘 맞지 않을 수 있다는 뜻입니다. 이 문제를 해결하려면 데이터셋을 확장하여 누락된 사용자를 잘 대표할 수 있는 질문을 포함해야 합니다. 다루는 주제를 확대하려면 다른 스택 익스체인지 웹사이트나 다른 질의응답 웹사이트에서 질문을 가져옵니다.

이런 식으로 데이터셋을 고치는 것은 사이드 프로젝트side project에서는 어려운 일입니다. 하지만 소비자에게 제공되는 제품을 만들 때는 모델의 약점이 사용자에게 노출되기 전에 찾아야 합니다. 8장에서 다루겠지만 대부분의 실패는 대표성이 높은 데이터셋으로 피할 수 있습니다.

검증 세트와 테스트 세트의 비율

일반적으로 모델이 학습하기 위해 사용할 데이터의 양을 최대화해야 합니다. 동시에 충분히 큰 검증 세트와 테스트 세트를 떼어내어 정확한 성능을 측정해야 합니다. 종종 기술자들은 훈련에 데이터의 70%, 검증에 20%, 테스트에 10%를 사용합니다. 하지만 이는 데이터의 양에 따라 다릅니다. 매우 큰 데이터셋이라면 많은 비율의 데이터를 훈련에 사용해도 모델을 검증하기에 충분한 데이터가 남습니다. 작은 데이터셋일 경우, 정확한 성능 측정을 위한 검증 세트를 충분히 확보하려면 훈련 세트의 비율을 줄여야 합니다.

이제 데이터를 나눠야 하는 이유와 어떻게 나누어야 할지 알았습니다. 하지만 어떤 샘플을 어떤 세트에 넣어야 할까요? 분할 방법은 모델 성능에 큰 영향을 미치며 데이터셋에 있는 특성에 따라 달라집니다.

데이터 누수

데이터 분할 방법은 검증을 위해 매우 중요한 부분입니다. 검증 세트와 테스트 세트를 본 적 없는 데이터와 비슷하게 만드는 것을 목표로 해야 합니다.

종종 랜덤하게 샘플링하여 훈련, 검증, 테스트 세트를 나눕니다. 경우에 따라 이로 인해 **데이터 누수**data leakage가 일어납니다. 데이터 누수는 실전에서 사용자가 사용할 때 얻을 수 없는 정보를 (훈련 과정에서) 모델이 얻을 때 일어납니다.

데이터 누수는 모델 성능을 부풀리기 때문에 어떤 비용이 들더라도 피해야 합니다. 데이터 누수가 있는 데이터셋에서 훈련한 모델은 다른 데이터에서 얻을 수 없는 정보를 활용해 예측을 만듭니다. 이로 인해 인공적으로 작업이 쉬워집니다. 하지만 단지 누수된 정보 때문입니다. 검증 세트나 테스트 세트에서 모델 성능이 높게 나오지만 제품 환경에서는 훨씬 나빠질 것입니다.

[그림 5-2]는 데이터를 랜덤하게 샘플링하여 나눴을 때 데이터 누수가 발생하는 몇 가지 사례를 보여줍니다. 데이터 누수의 원인은 많습니다. 그중에 자주 발생하는 두 가지 예를 살펴보겠습니다.

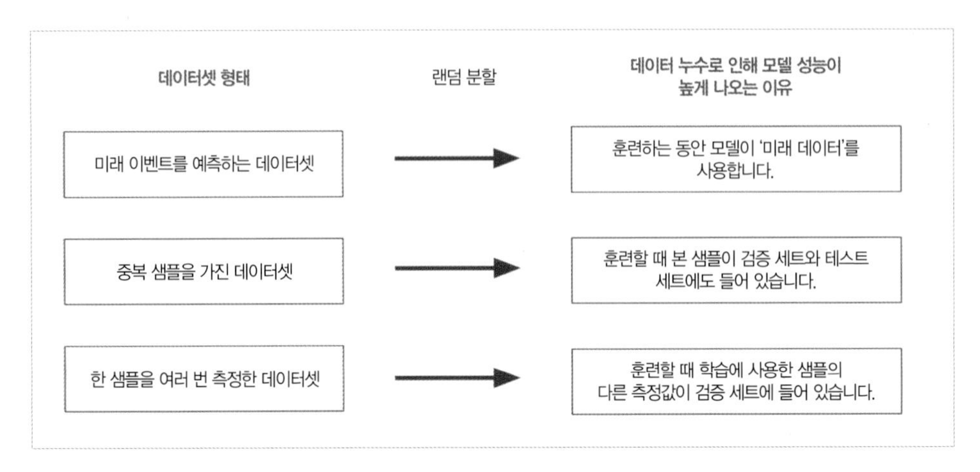

그림 5-2 데이터 누수를 일으키기 쉬운 랜덤한 데이터 분할

먼저 [그림 5-2]의 맨 위에 있는 시계열 데이터 누수의 예를 살펴본 후, 두 번째, 세 번째 예에 해당하는 샘플 오염 문제를 알아봅니다.

시계열 데이터 누수

시계열 예측에서는 모델이 과거 데이터에서 학습하여 아직 일어나지 않은 미래 이벤트를 예측합니다. 시계열 데이터셋을 랜덤하게 나누면 데이터 누수가 발생합니다. 모델을 랜덤하게 나눈 데이터에서 훈련하고, 남은 데이터에서 평가하면 예측하려는 이벤트 뒤에 발생한 데이터에 모델이 노출됩니다.

이 모델은 검증 세트와 테스트 세트에서 잘 동작하겠지만 실전에 투입하면 성능이 나쁠 것입니다. 실제 세상에서는 불가능한 미래 정보를 사용하여 학습했기 때문입니다.

시계열 데이터 누수는 일반적으로 감지하기 쉽습니다. 다른 종류의 데이터 누수는 훈련 과정에서 얻어서는 안 되는 정보를 모델에게 제공하여 훈련 데이터를 '오염'시켜 성능을 부풀리는데, 이런 데이터 누수는 감지하기가 훨씬 어렵습니다.

샘플 오염

데이터 누수의 일반적인 원인은 랜덤한 작업이 일어나는 수준 때문입니다. 학생의 수필 점수를 예측하는 모델을 만들 때, 제가 도왔던 데이터 과학자가 만든 모델이 테스트 세트에서 완벽에 가깝게 동작하는 걸 본 적이 있습니다.

이런 어려운 작업에서 너무 잘 동작하는 모델은 종종 버그나 데이터 누수를 의미하기 때문에 자세히 조사해야 합니다. 사람들은 머신러닝의 머피의 법칙Murphy's law 때문에 테스트 데이터에서 모델이 놀라운 성능을 낼수록 모델 파이프라인에 오류가 있을 가능성이 높다고 말합니다.

앞의 예에서 많은 학생들이 여러 개의 수필을 썼기 때문에 데이터를 랜덤하게 나누면 동일한 학생의 수필이 훈련 세트와 테스트 세트에 들어가게 됩니다. 이로 인해 모델이 학생을 식별하는 특성을 감지하고 이 정보를 사용해 정확한 예측을 만들 수 있습니다(이 데이터셋에서 한 학생이 작성한 수필은 모두 비슷한 점수를 받는 경향이 있었습니다).

이 수필 점수 예측기를 실전에 배포하면, 이전에 본 적 없는 학생의 점수는 잘 예측하지 못하고 단순히 훈련에서 보았던 수필 작성자의 점수를 예측으로 내놓을 것입니다. 이런 모델은 전혀 유용하지 않습니다.

이런 경우의 데이터 누수를 해결하려면 수필 단위가 아니라 학생 단위로 분할해야 합니다. 각 학생의 데이터가 훈련 세트나 검증 세트 중 한 곳에만 나타나야 합니다. 작업이 더 어려워졌기 때문에 모델의 정확도는 감소합니다. 하지만 이제 훈련 작업이 실전과 매우 가까워졌기 때문에 이 새로운 모델이 더 가치가 있습니다.

샘플 오염은 일상적인 작업에서 감지하기 어려운 형태로 일어날 수 있습니다. 아파트 임대 예약 웹사이트로 예를 들어보죠. 이 웹사이트는 클릭 예측 모델을 사용합니다. 사용자 쿼리query와 항목이 주어지면 사용자가 이 항목을 클릭할지를 예측합니다. 이 모델을 사용해 사용자에게 보여질 항목을 결정합니다.

이런 모델을 훈련하기 위해 이전 예약 횟수, 화면에 제시된 아파트와 클릭 여부로 구성된 사용자 특성 데이터셋을 사용합니다. 보통 이런 데이터는 제품 환경에 있는 데이터베이스에 저장되어 있고, 데이터베이스에 질의해 제시된 아파트와 클릭 여부를 추출합니다. 이 웹사이트의 엔지니어가 이런 데이터셋을 만들기 위해 데이터베이스에 질의했다면 데이터 누수에 해당하는 상황을 맞닥뜨릴 가능성이 높습니다. 왜 그럴까요?

특정 사용자에 대한 예측에서 무엇이 잘못되었는지 [그림 5-3]에 그려보았습니다. 위쪽에는 클릭 예측을 위해 제품 환경에서 모델이 사용할 수 있는 특성이 있습니다. 새로운 사용자는 특정 아파트에 대한 과거 예약 횟수가 없습니다. 아래쪽에는 엔지니어가 며칠 지나서 데이터베이스에서 뽑은 데이터의 특성을 볼 수 있습니다.

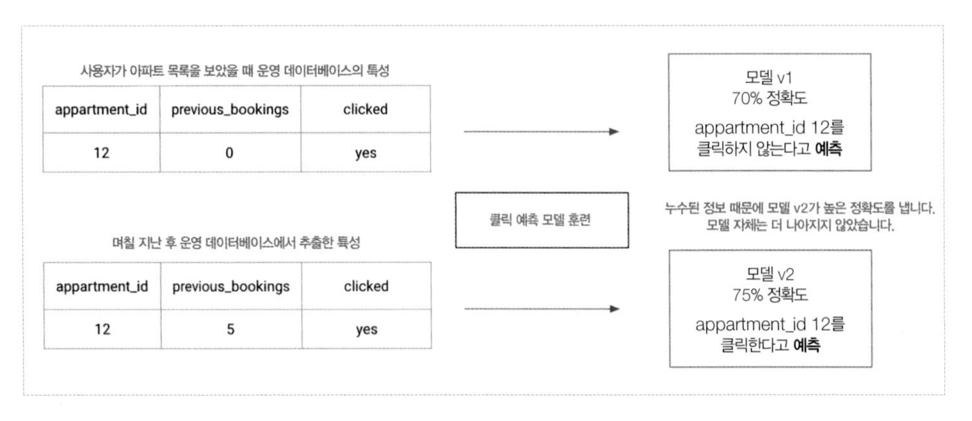

그림 5-3 데이터 버전 관리 부족 같은 미묘한 원인 때문에 데이터 누수가 일어날 수 있습니다.

초기 데이터셋을 만들고 난 후 사용자의 활동으로 인해 `previous_bookings` 특성에 차이가 생겼습니다. 데이터베이스 스냅숏shapshot[6]을 사용하여 사용자의 미래 행동에 대한 정보가 훈련 세트에 새 나갔습니다. 이제 이 사용자가 결국 다섯 번 이 아파트를 예약할 거라는 걸 압니다! 이런 누수 때문에 모델이 정보를 가지고 훈련하게 되고 잘못된 훈련 데이터에서 올바른 예측을 출력합니다. 실전 환경에서는 볼 수 없는 데이터를 활용하기 때문에 생성된 데이터셋에서 모델의 정확도는 높을 것입니다. 하지만 이 모델을 배포하면 기대한 것보다 나쁜 성능을 얻을 것입니다.

이 일화에서 배울 수 있는 것은 만약 모델이 놀라울 정도의 성능을 낸다면 항상 결과를 조사해야 한다는 것입니다.

5.1.4 머신러닝 에디터 데이터 분할

머신러닝 에디터를 훈련하기 위해 사용할 데이터셋은 스택 익스체인지에 있는 질문과 대답을 포함합니다. 처음에는 랜덤한 분할이 충분해 보이며 사이킷런으로 아주 간단히 구현할 수 있습니다. 예를 들어 다음 같은 함수를 작성할 수 있습니다.

6 옮긴이_ 데이터베이스 스냅숏은 특정 시점의 데이터베이스 상태를 동결하여 파일로 저장한 것입니다.

```python
from sklearn.model_selection import train_test_split

def get_random_train_test_split(posts, test_size=0.3, random_state=40):
    """
    데이터프레임을 훈련 세트와 테스트 세트를 나눕니다.
    데이터프레임의 한 행은 하나의 질문 샘플에 해당합니다.
    :param posts: 모든 포스트와 레이블
    :param test_size: 테스트 세트 비율
    :param random_state: 랜덤 시드
    """
    return train_test_split(
        posts, test_size=test_size, random_state=random_state
    )
```

이런 방식은 데이터 누수의 위험이 있습니다. 무엇 때문인지 눈치챘나요?

이 예제를 다시 생각해보면 모델이 이전에 본 적 없는 질문의 내용만 보고 동작하는 모델이 필요합니다. 하지만 질의응답 웹사이트에는 질문이 성공적으로 대답을 얻었는지에 영향을 미치는 요소가 여러 개 있습니다. 이런 요소 중 하나는 작성자 아이디입니다.

데이터를 랜덤하게 나누면 어떤 작성자는 훈련 세트와 검증 세트에 모두 나타날 수 있습니다. 인기가 높은 작성자가 고유한 스타일을 가지고 있다면 모델에 이 스타일이 과대적합overfitting되고 데이터 누수로 인해 검증 세트에서 인공적으로 높은 성능을 내게 됩니다. 이를 피하려면 각 작성자가 훈련 세트나 검증 세트 중 한 곳에만 나타나야 합니다. 앞서 수필 점수 예제의 누수와 동일한 종류입니다.

사이킷런의 `GroupShuffleSplit` 클래스를 사용하여 작성자의 고유 ID 특성을 분할 함수에 전달하면, 특정 작성자가 훈련 세트와 테스트 세트 중 하나에만 나오도록 만들 수 있습니다.

```python
from sklearn.model_selection import GroupShuffleSplit

def get_split_by_author(
    posts, author_id_column="OwnerUserId", test_size=0.3, random_state=40
):
    """
    훈련 세트와 테스트 세트를 분할합니다.
    작성자가 한 세트에만 등장하는 것을 보장합니다.
    :param posts: 모든 포스트와 레이블
```

```
    :param author_id_column: author_id가 저장된 열 이름
    :param test_size: 테스트 세트 비율
    :param random_state: 랜덤 시드
    """
    splitter = GroupShuffleSplit(
        n_splits=1, test_size=test_size, random_state=random_state
    )
    splits = splitter.split(posts, groups=posts[author_id_column])
    return next(splits)
```

분할 방법을 비교해보려면 깃허브 저장소[7]에 있는 splitting_data.ipynb 노트북을 참고하세요.[8]

데이터셋을 분할한 후 모델을 훈련 세트에서 훈련합니다. 2.4.1절 '간단한 파이프라인으로 시작하기'에서 훈련 파이프라인에 필요한 단계를 다루었습니다. 책의 깃허브 저장소에 있는 train_simple_model.ipynb 노트북에서 머신러닝 에디터를 위한 엔드투엔드 훈련 파이프라인의 예를 볼 수 있습니다. 이어서 파이프라인의 결과를 분석해보겠습니다.

데이터를 분할할 때 유념해야 할 주요 위험을 다루었습니다. 하지만 데이터를 분할하고 훈련 세트에서 모델을 훈련한 다음 무엇을 해야 할까요? 다음 절에서 훈련된 모델을 평가하고 이를 가장 잘 활용하는 실용적인 여러 가지 방법을 알아보겠습니다.

5.1.5 성능 평가

이제 데이터를 분할했으므로 모델을 훈련하고 성능을 평가할 수 있습니다. 대부분의 모델은 비용 함수를 최소화하도록 훈련됩니다. 비용 함수는 모델의 예측이 정답 레이블과 얼마나 동떨어져 있는지를 나타냅니다. 비용 함수의 값이 작을수록 모델의 예측이 데이터에 더 잘 맞습니다. 최소화할 함수는 모델과 문제에 따라 다릅니다. 하지만 일반적으로 훈련 세트와 검증 세트에 대한 비용 함수의 값을 확인해보는 것이 좋습니다.

7 *https://bit.ly/mlpa-git*

8 옮긴이_ 이 함수는 깃허브 저장소의 *ml_editor/data_processing.py*에 저장되어 있습니다. GroupShuffleSplit는 n_splits 매개변수에 분할을 반복할 횟수를 지정하고 test_size에 테스트 세트의 비율을 지정합니다. 이 클래스 객체의 split 메서드에 분할할 데이터와 분할에 사용할 그룹 아이디를 전달합니다. 그룹 아이디의 개수는 샘플 개수와 동일해야 합니다.

이 과정은 모델이 단순히 훈련 세트를 암기하는 것이 아니라 데이터로부터 일반화할 수 있는 가치 있는 정보를 학습했는지 측정하는 **편향-분산 트레이드오프**bias-variance tradeoff를 추정하는 데 도움이 됩니다.

> **NOTE_** 분류에 사용하는 표준적인 성능 지표를 잘 알고 있겠지만 만약을 위해서 간단히 언급합니다. 분류 문제에서 정확도는 모델이 올바르게 예측한 샘플의 비율입니다. 다른 말로 하면 진짜 양성true positive과 진짜 음성true negative에 해당하는 정답의 비율입니다. 클래스 불균형이 심한 경우, 나쁜 모델에서도 높은 정확도가 나올 수 있습니다. 샘플의 99%가 양성이라면 무조건 양성 클래스를 예측하는 모델은 99% 정확도를 달성하지만 유용하지는 않습니다. 정밀도precision, 재현율recall, f1 점수는 이런 단점을 보완합니다. 정밀도는 양성으로 예측한 샘플 중에서 진짜 양성의 비율입니다. 재현율은 양성 레이블을 가진 샘플 중에서 진짜 양성으로 분류된 비율입니다. f1 점수는 정밀도와 재현율의 조화 평균입니다.[9]

책의 깃허브 저장소[10]에 있는 **train_simple_model.ipynb** 노트북에서 TF-IDF 벡터와 4.4.2절 '머신러닝 에디터 특성'에서 찾은 특성을 사용해 첫 번째 랜덤 포레스트 모델을 훈련합니다.

다음은 훈련 세트와 검증 세트에 대한 정확도, 정밀도, 재현율, f1 점수입니다.

```
훈련 정확도 = 0.585, 정밀도 = 0.582, 재현율 = 0.585, f1 = 0.581
검증 정확도 = 0.614, 정밀도 = 0.615, 재현율 = 0.614, f1 = 0.612
```

이런 점수로부터 두 가지 사항을 알 수 있습니다.

- 이 데이터셋은 두 클래스의 비율이 비슷하므로 샘플에 대한 클래스를 랜덤하게 고르면 약 50%의 정확도를 얻습니다. 이 모델의 정확도는 61%로 랜덤한 기준선보다 높습니다.
- 검증 세트의 정확도가 훈련 세트보다 높습니다. 모델이 본 적 없는 데이터에서 잘 동작하는 것 같습니다.

모델의 성능을 조금 더 자세히 알아보겠습니다.

---

9 옮긴이_ 양성 샘플을 양성으로 예측한 경우를 진짜 양성(True Positive, TP)이라고 합니다. 음성 샘플을 음성으로 예측한 경우는 진짜 음성(True Negative, TN)이라고 합니다. 양성 샘플을 음성으로 잘못 예측한 비율은 거짓 음성(False Negative, FN)이고, 음성 샘플을 양성으로 잘못 예측한 비율은 거짓 양성(False Positive, FP)입니다. 이때 정밀도 계산 공식은 $\frac{TP}{TP+FP}$이고 재현율은 $\frac{TP}{TP+FN}$입니다. f1 점수는 $2 \times \frac{\text{재현율} \times \text{정밀도}}{\text{재현율} + \text{정밀도}}$와 같이 계산합니다.

10 *https://bit.ly/mlpa-git*

편향–분산 트레이드오프

훈련 세트에서 낮은 성능은 높은 편향[11] 또는 **과소적합**underfitting을 나타냅니다. 모델이 유용한 정보를 감지하지 못했다는 것을 의미합니다. 레이블이 있는 데이터에서도 성능이 좋지 않기 때문입니다.

훈련 세트에서 성능이 높고 검증 세트에서 성능이 낮으면 높은 분산 또는 **과대적합**의 현상입니다. 모델이 훈련 데이터에 있는 입력과 출력의 매핑을 학습하는 방법을 찾았지만 학습한 것을 본 적 없는 데이터에 일반화하지 못합니다.

과소적합과 과대적합은 편향–분산 트레이드오프의 양 극단의 경우입니다. 편향–분산 트레이드오프는 모델의 복잡도가 증가함에 따라 오차의 형태가 어떻게 바뀌는지를 나타냅니다. 모델 복잡도가 올라갈수록 분산은 증가하고 편향은 줄어듭니다. 모델은 과소적합에서 과대적합으로 이동합니다. [그림 5–4]에서 확인할 수 있습니다.

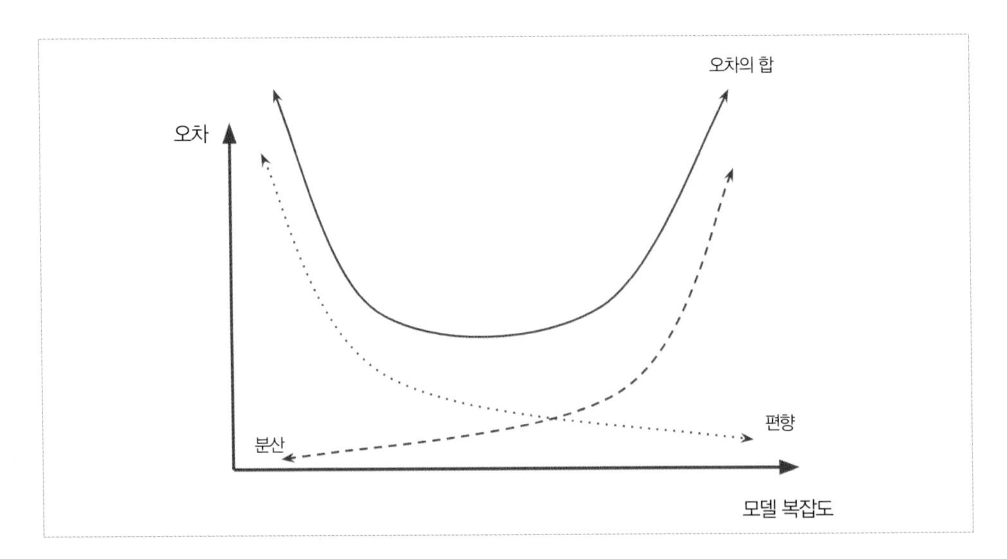

그림 5-4 모델 복잡도가 증가하면 편향은 줄고 분산은 늘어납니다.

머신러닝 에디터의 경우 검증 세트의 성능이 훈련 세트의 성능보다 높기 때문에 이 모델이 훈련 데이터에 과대적합되지 않았다고 볼 수 있습니다. 모델 복잡도를 높이거나 특성을 추가하면

11 옮긴이_ 이 책에서 편향은 한쪽으로 치우쳐졌다는 의미로 주로 사용하지만 편향–분산 트레이드오프에서 편향은 알고리즘의 오차를 의미합니다.

성능이 향상될 수 있습니다. 편향-분산 트레이드오프와 싸우려면 훈련 세트에서 모델의 성능을 높여 편향을 줄이는 것과 검증 세트의 성능을 높여 (종종 이로 인해 훈련 세트의 성능이 나빠지는) 분산을 줄이는 것 사이에서 최적의 지점을 찾아야 합니다.

성능 지표는 모델의 성능을 하나로 요약하는 데 도움이 됩니다. 모델이 어떻게 동작하는지 추측할 수 있지만 자세한 모델의 성공과 실패 내용에 대해서는 많은 직관을 제공하지는 않습니다. 모델의 성능을 높이기 위해서는 조금 더 자세히 알아보는 것이 필요합니다.

측정 지표를 넘어서

모델이 데이터셋에서 올바르게 학습했는지, 개선할 필요가 있는지 결정하는 데 성능 지표가 도움이 됩니다. 그다음 단계는 모델의 성공과 실패하는 과정을 이해하기 위해 결과를 더 자세히 조사하는 것입니다. 이것이 중요한 이유는 두 가지입니다.

성능 검증

성능 지표는 오해를 일으키기 쉽습니다. 1% 미만의 가능성으로 환자에게 나타나는 희귀한 질병을 예측하는 것같이 매우 불균형한 데이터를 다루는 분류 문제에서는 무조건 환자가 건강하다고 예측하면 예측 능력이 전혀 없더라도 모델이 99%의 정확도를 달성할 것입니다. 대부분 문제에 적합한 성능 지표가 있지만(이 문제에는 f1 점수가 더 잘 맞습니다), 하나의 숫자로 요약하는 지표는 상황을 완벽하게 나타내지 못한다는 것이 중요합니다. 모델의 성능을 신뢰하려면 조금 더 세세하게 결과를 조사해야 합니다.

반복

모델 구축은 반복적인 과정입니다. 반복 루프를 시작하는 가장 좋은 방법은 개선할 점과 개선 방법을 찾는 것입니다. 모델이 어려워하는 곳과 파이프라인에서 개선이 필요한 부분을 식별하는 데 성능 지표는 그다지 도움이 되지 않습니다. 단순하게 많은 모델과 하이퍼파라미터를 시도하거나 무턱대고 특성을 추가하여 모델 성능을 높이려는 데이터 과학자를 너무 자주 봅니다. 이는 눈을 가리고 벽에 다트dart를 던지는 것과 같습니다. 성공적인 모델을 빠르게 구축하는 핵심 열쇠는 모델이 실패하는 특정 이유를 찾아 해결하는 것입니다.

이런 두 개의 동기를 염두에 두고 모델의 성능을 더 자세히 살펴보기 위한 몇 가지 방법을 소개하겠습니다.

5.2 모델 평가: 정확도를 넘어서

모델의 성능을 조사하는 방법은 굉장히 많습니다. 여기서 가능성 있는 모든 평가 방법을 다루지는 않고 수면 아래에서 일어나는 일을 알아내는 데 유용한 몇 가지 방법에 초점을 맞춥니다. 모델 성능을 조사할 때 자신을 형사로 생각하고, 다음에 다루는 방법들을 단서를 찾는 도구라고 생각하세요. 먼저 모델 예측을 데이터와 대조하여 흥미로운 패턴을 찾는 방법을 소개하겠습니다.

5.2.1 데이터와 예측 대조하기

모델을 심층적으로 평가하는 첫 번째 단계는 하나의 수치로 요약하는 지표 대신에 데이터와 예측을 대조하기 위해 조금 더 세분화된 방법을 찾는 것입니다. 데이터의 부분집합을 사용해 정확도, 정밀도, 재현율 같은 성능 지표를 따로 계산해보는 것이 좋습니다. 일반적인 머신러닝 분류 문제에서 어떻게 이를 수행하는지 알아보겠습니다.

책의 깃허브 저장소[12]에 있는 comparing_data_to_predictions.ipynb 노트북에서 예제 코드를 볼 수 있습니다.

분류 문제의 경우 먼저 [그림 5-5]에 있는 오차 행렬로 시작하는 것이 좋습니다. 오차 행렬의 행은 진짜 클래스를 나타내고 열은 모델의 예측을 나타냅니다. 완벽한 예측을 하는 모델의 오차 행렬은 왼쪽 위와 오른쪽 아래로 향하는 대각선 위치를 제외하고 모두 값이 0입니다. 실제로 이런 경우는 드뭅니다. 오차 행렬은 종종 매우 유용합니다. 다음 절에서 그 이유를 알아보겠습니다.

12 https://bit.ly/mlpa-git

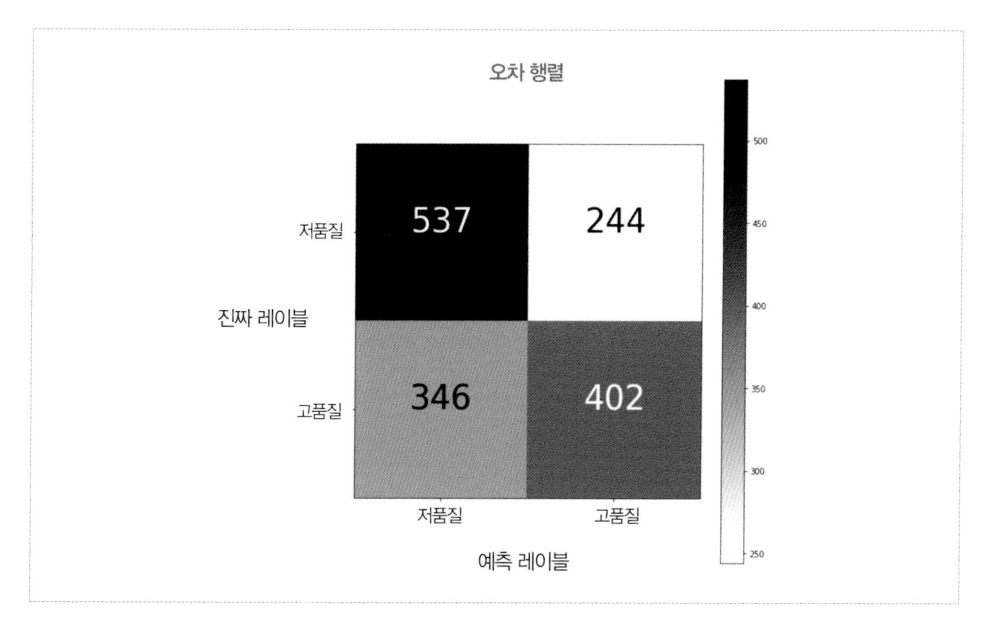

그림 5-5 질문 분류 작업의 초기 기준 모델이 만든 오차 행렬

5.2.2 오차 행렬

오차 행렬confusion matrix을 사용하면 모델이 어떤 클래스에서 성공하고 실패하는지 한눈에 볼 수 있습니다. 클래스가 많거나 불균형한 데이터셋에 특히 유용합니다.

종종 높은 정확도를 달성하는 모델의 오차 행렬에서 한 열이 완전히 비어 있는 것을 봅니다. 이는 모델이 전혀 예측하지 못하는 클래스가 있다는 뜻입니다. 발생 빈도가 낮은 클래스일 경우 자주 일어나며 때로는 해가 되지 않을 수 있습니다. 하지만 낮은 빈도의 클래스가 채무 불이행 같이 중요한 출력을 의미하는 경우 오차 행렬로 문제를 발견할 수 있습니다. 가령 모델의 손실 함수에 낮은 빈도의 클래스에 대한 가중치를 높이면 이런 문제를 해결할 수 있습니다.

[그림 5-5]의 첫 번째 행은 훈련된 초기 모델이 저품질 질문을 잘 예측했다는 것을 보여줍니다. 두 번째 행은 고품질 질문을 감지하는 데 모델이 어려움을 겪고 있다는 것을 보여줍니다. 실제로 높은 점수를 얻은 모든 질문 중에서 모델은 절반만 클래스를 올바르게 예측했습니다. 하지만 오른쪽 열을 보면 질문의 품질이 높다고 예측한 것은 대부분 정확합니다.

오차 행렬은 두 개 이상의 클래스가 있는 문제에서 더 유용할 수 있습니다. 음성speech 단어를 분류하려는 엔지니어와 작업한 적이 있습니다. 그는 최근 모델의 오차 행렬을 그렸는데, 대각선 밖의 두 대칭 영역이 비정상적으로 높은 값을 가진다는 것을 즉시 알았습니다. 모델이 (각각 하나의 단어를 나타내는) 이 두 클래스를 혼돈하고 있었고, 오차의 대부분을 차지하고 있었습니다. 추가로 조사해보니 모델이 혼돈하는 단어가 when과 where이라는 것을 알았습니다. 모델이 비슷한 발음의 이 두 단어를 잘 구분하도록 두 샘플에 대한 데이터를 추가로 수집했습니다.

오차 행렬을 사용하면 각 클래스마다 진짜 클래스와 모델의 예측을 비교할 수 있습니다. 모델을 디버깅할 때 예측을 더 자세히 살펴보고 모델이 출력한 확률을 조사할 수 있습니다.

5.2.3 ROC 곡선

이진 분류 문제에서 ROCreceiver operating characteristic(수신자 조작 특성) 곡선도 많은 정보를 전해줍니다. ROC 곡선은 거짓 양성 비율false positive rate(FPR)의 함수로 진짜 양성 비율true positive rate(TPR)을 그린 것입니다.[13]

분류에 사용하는 대부분의 모델은 샘플이 특정 클래스에 속할 확률 점수를 반환합니다. 추론 시에 모델이 만든 확률이 어떤 임곗값 이상일 때, 샘플을 특정 클래스에 할당할 수 있다는 의미입니다. 이를 **결정 임곗값**decision threshold이라고 부릅니다.

기본적으로 대부분의 분류기는 50% 확률을 결정 임곗값으로 사용하는데, 문제에 따라 바꿀 수도 있습니다. 임곗값을 0~1 사이에서 규칙적으로 바꾸면서 각 지점에서 TPR과 FPR을 계산하면 ROC 곡선을 얻게 됩니다.

모델의 예측 확률과 진짜 레이블을 가지고 있으면 사이킷런을 사용해 FPR과 TPR을 쉽게 얻을 수 있습니다. 그다음 ROC 곡선을 그립니다.[14]

```
from sklearn.metrics import roc_curve

fpr, tpr, thresholds = roc_curve(true_y, predicted_proba_y)
```

13 옮긴이_ 진짜 양성 비율은 재현율과 동일합니다. 거짓 양성 비율은 $\frac{FP}{FP + TN}$와 같이 계산합니다.

14 옮긴이_ 사이킷런의 plot_roc_curve() 함수를 사용하면 ROC 곡선을 간편하게 그릴 수 있습니다.

[그림 5-6]에 있는 ROC 곡선을 이해하는 데 중요한 점이 두 가지 있습니다. 첫째, 왼쪽 아래에서 오른쪽 위로 뻗은 대각선은 무작위 예측을 나타냅니다. 이 말은 랜덤한 기준 모델보다 뛰어나려면 특정 임곗값의 분류기가 이 직선 위에 있어야 한다는 의미입니다. 또한 왼쪽 위로 올라가는 녹색 점선은 완벽한 모델을 나타냅니다.

이런 두 사실 때문에 종종 이 곡선의 아래 면적area under the curve(AUC)을 사용하여 분류 모델의 성능을 나타냅니다. AUC가 클수록 분류 모델은 **완벽한 모델**에 가까워집니다. 랜덤한 모델의 AUC는 0.5이고 완벽한 모델의 AUC는 1입니다. 하지만 실제 애플리케이션에서는 해당 문제에서 가장 유용한 TPR/FPR 비율을 만드는 임곗값을 선택해야 합니다.

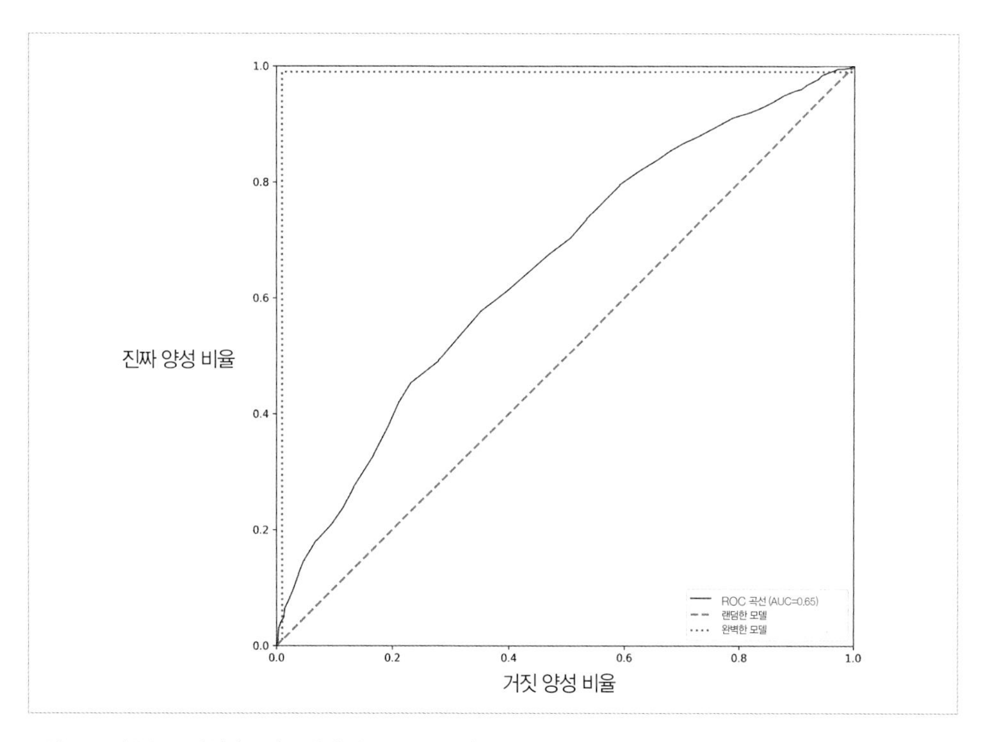

그림 5-6 질문 분류 작업의 초기 모델이 만든 ROC 곡선

이런 이유로 ROC 곡선에 수직선과 수평선을 그어 제품의 요구 사항을 나타내는 것을 권장합니다. 긴급한 고객 요청을 담당자에게 전달하는 시스템을 만들 때, 허용되는 FPR은 고객 지원 담당자 수와 사용자 수에 의해 전적으로 결정됩니다. 한계치보다 높은 FPR의 모델은 고려할

필요가 없다는 뜻입니다.[15]

ROC 곡선에 임곗값을 표시하면 단순히 가장 높은 AUC 점수를 구하는 것보다 더 구체적인 목표를 가질 수 있습니다. 그리고 목표를 이루기 위해 노력하세요!

머신러닝 에디터 모델은 질문이 좋은지 나쁜지 분류합니다. 이런 점에서 TPR은 고품질 질문 중에서 모델이 좋은 질문으로 올바르게 분류한 비율입니다. FPR은 나쁜 질문 중에서 모델이 좋은 질문으로 분류한 비율입니다. 사용자에게 도움을 주지 않더라도 적어도 해는 끼치지 않고 싶습니다. 즉 나쁜 질문을 너무 자주 추천하는 모델을 사용해서는 안 됩니다. 따라서 FPR을 10%로 설정하고 이 기준하에서 찾을 수 있는 최선의 모델을 사용해야 합니다. [그림 5-7]의 ROC 곡선에서 이 요구 사항을 볼 수 있습니다. 모델이 선택할 수 있는 결정 임곗값의 공간이 크게 줄어듭니다.

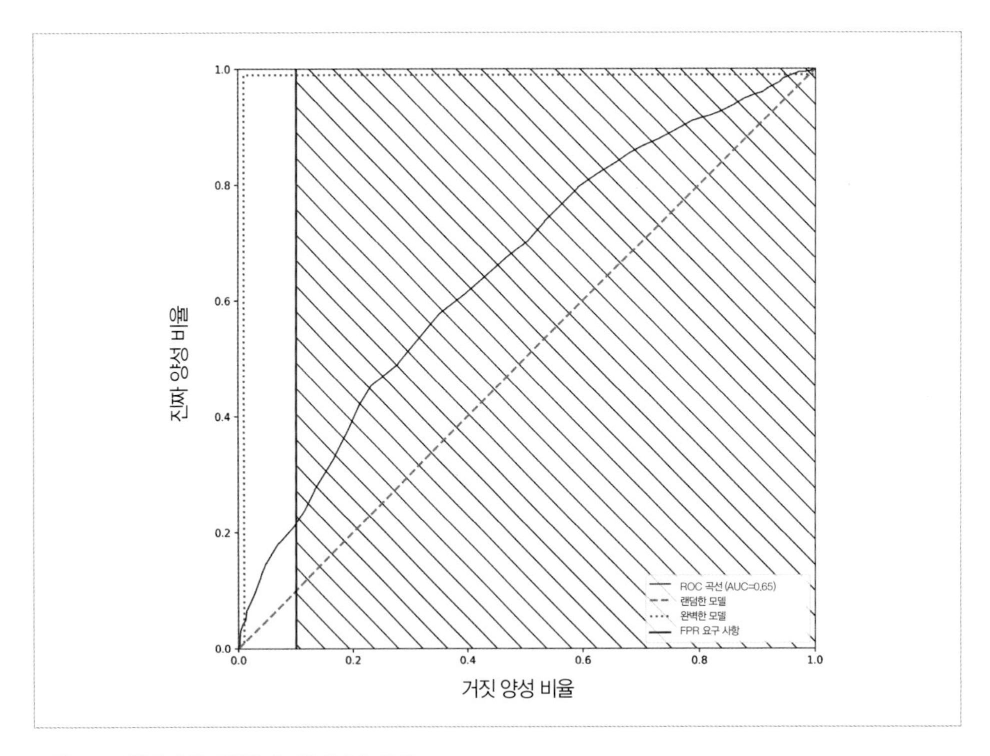

그림 5-7 제품의 요구 사항을 추가한 ROC 곡선

15 옮긴이_ FPR은 전체 음성 샘플 중 양성으로 잘못 예측한 비율입니다. FPR이 커지면 긴급하지 않은 요청을 지원 부서에 전달하는 횟수가 늘어납니다. 하지만 TPR도 늘어나기 때문에 긴급한 요청을 놓치는 경우는 줄어듭니다.

ROC 곡선은 모델의 예측을 더 보수적으로 혹은 덜 보수적으로 만드냐에 따라 성능이 어떻게 변화하는지 자세한 정보를 제공합니다. 모델 예측 확률을 살펴보는 또 다른 방법은 예측 분포를 진짜 클래스 분포와 비교하여 보정calibration이 잘되었는지 확인하는 것입니다.

5.2.4 보정 곡선

보정 곡선은 이진 분류 작업에 유용한 또 다른 그래프이며 모델의 출력 확률을 신뢰할 수 있는지 가늠하는 데 도움이 됩니다. 보정 곡선은 분류기의 신뢰도에 대한 함수로 진짜 양성 샘플의 비율을 나타냅니다. 예를 들어 분류기가 80%에 가까운 확률로 양성으로 분류한 모든 샘플 중에서 진짜 양성 샘플은 몇 개인가요? 완벽한 모델의 보정 곡선은 왼쪽 아래에서 오른쪽 위까지 이은 대각선이 됩니다.

[그림 5-8]의 위쪽 그래프에서 모델이 0.2과 0.7 사이에서 보정이 잘된 것을 볼 수 있습니다. 하지만 이 범위 밖의 확률은 그렇지 않습니다. 아래 예측 확률의 히스토그램을 보면 모델이 이 범위 밖의 확률을 매우 드물게 예측합니다. 앞에서 본 것처럼 나쁜 결과를 만들 가능성이 높습니다. 이 모델은 이 범위의 예측에 확신이 거의 없습니다.

광고 분야의 CTR 예측 같은 많은 문제에서 확률이 0이나 1에 가까울 때 모델이 크게 왜곡되는데, 보정 곡선에서 이를 한눈에 확인할 수 있습니다. 모델의 성능을 진단하기 위해 개별 예측을 시각화해볼 가치가 있습니다. 효율적으로 이런 시각화를 만드는 방법을 알아보겠습니다.

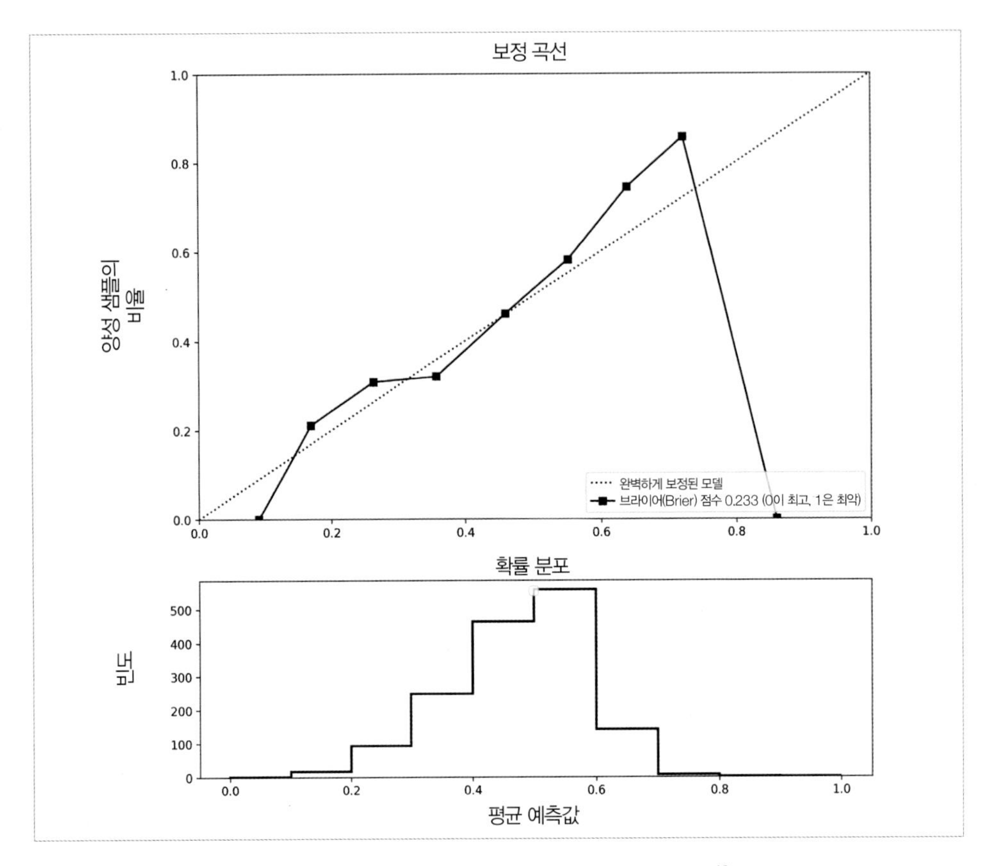

그림 5-8 (위) 보정 곡선: 대각선은 완벽한 모델을 나타냅니다. (아래) 예측값 히스토그램[16]

5.2.5 오차를 위한 차원 축소

4.3.2절에서 데이터 탐색을 위한 벡터화와 차원 축소 기법을 설명했습니다. 동일한 기법을 효율적인 오차 분석에 어떻게 사용하는지 알아보겠습니다.

차원 축소를 사용해 데이터를 시각화하는 방법을 다룰 때, 레이블의 배치 형태를 드러내기 위해 클래스별로 데이터셋의 각 샘플에 색을 입혔습니다. 모델 오차를 분석할 때도 색깔을 달리하여 오차를 구별할 수 있습니다.

16 옮긴이_ 브라이어 점수는 예측 확률과 정답의 차이를 제곱하여 평균한 것이며 1950년 글렌 W. 브라이어(Glenn W. Brier)가 제안했습니다. 사이킷런의 `brier_score_loss()` 함수로 계산할 수 있습니다. 양성 샘플의 비율과 평균 예측값은 사이킷런의 `calibration_curve()` 함수로 계산합니다.

오차의 트렌드를 나타내기 위해 모델의 예측이 맞는지 틀리는지에 따라 데이터 포인트에 색을 입힙니다. 이렇게 하면 모델이 잘 예측하지 못하는 샘플의 종류를 알 수 있습니다. 모델의 성능이 나쁜 영역을 찾으면 거기에 속한 몇 개의 샘플을 시각화합니다. 어려운 샘플을 시각화하는 것은 모델이 더 잘 학습하는 데 도움이 되는 특성을 생성하기 위한 좋은 방법입니다.

어려운 샘플에 있는 트렌드를 드러내기 위해 4.3.2절의 '군집'에서 소개한 군집 알고리즘을 사용할 수도 있습니다. 데이터에 군집 알고리즘을 적용한 후, 각 클러스터에서 모델의 성능을 측정하고 가장 성능이 나쁜 클러스터를 고릅니다. 이 클러스터 안의 샘플을 조사하여 필요한 특성을 생성합니다.

차원 축소 기법은 어려운 샘플을 찾아내는 한 가지 방법입니다. 이를 위해 모델의 신뢰도 점수를 사용할 수도 있습니다.

5.2.6 top-k 방법

오차가 밀집된 영역을 찾는 것은 모델의 실패 종류를 파악하는 데 도움이 됩니다. 앞에서 차원 축소를 사용해 이런 영역을 찾았지만 모델 자체를 사용할 수도 있습니다. 예측 확률을 활용해 가장 어렵거나 불확실하게 예측하는 샘플을 찾을 수 있습니다. 이런 방법을 **top-k 방법**이라고 부르겠습니다.

top-k 방법은 간단합니다. 먼저 시각화하려는 적당한 개수의 샘플을 고르고 이 개수를 k라고 부릅니다. 한 사람이 결과를 시각화하는 개인 프로젝트의 경우, 10개에서 15개의 샘플로 시작합니다. 각 클래스나 앞에서 찾은 클러스터에 대해 다음을 시각화합니다.

- 최상의 k개 샘플
- 최악의 k개 샘플
- 가장 불확실한 k개 샘플

이런 샘플을 시각화하면 모델이 쉬운 샘플, 어려운 샘플, 혼돈되는 샘플을 구별하는 데 도움이 됩니다. 각각을 자세히 살펴봅시다.

최상의 k개 샘플

먼저 모델이 정확하게 예측하고 가장 강한 확신을 가지는 샘플을 k개 출력합니다. 이런 샘플을 시각화할 때 모델의 성능을 설명할 수 있는 공통된 특성값을 찾는 것이 목표입니다. 모델이 잘 활용하는 특성을 알아내는 데 도움이 됩니다.

성공적으로 분류한 샘플을 시각화하여 모델이 활용하는 특성을 찾은 다음, 실패한 샘플을 그려서 선택하지 못한 특성을 파악합니다.

최악의 k개 샘플

모델이 잘못 예측하고 가장 강한 확신을 가지는 샘플을 출력합니다. 먼저 훈련 데이터에서 k개 샘플을 골라 검증을 시작합니다.

실패 샘플의 클러스터를 시각화하는 것처럼 훈련 세트에서 모델 성능이 가장 나쁜 k개 샘플을 시각화하면 실패하는 샘플의 트렌드를 알 수 있습니다. 이런 샘플을 시각화하면 모델의 작업을 쉽게 만드는 추가 특성을 찾는 데 도움이 됩니다.

예를 들어 머신러닝 에디터의 초기 모델의 오류를 살펴봤을 때, 일부 포스트가 실제 질문을 포함하지 않아 낮은 점수를 받았다는 사실을 알았습니다. 이 모델은 이런 질문에 대해 낮은 점수를 예측할 수 없었기 때문에 텍스트 본문에 등장하는 물음표를 카운트하는 특성을 추가했습니다. 이 특성을 추가하면 모델이 질문 없는 포스트에 대해 정확한 예측을 할 수 있습니다.

검증 세트에 있는 최악의 k개 샘플을 시각화하면 훈련 세트와 크게 다른 샘플을 확인할 수 있습니다. 검증 세트에 너무 어려운 샘플이 있다면 5.1.3절 '데이터셋 분할'에 있는 팁을 참고하여 데이터 분할 전략을 업데이트하세요.

마지막으로 모델이 항상 옳고 그른 것에 확신이 있는 것은 아니며 불확실한 예측을 출력할 수도 있습니다. 다음 절에서 이를 살펴봅시다.

가장 불확실한 k개 샘플

가장 불확실한 k개 샘플을 시각화하는 방법은 모델의 예측에 가장 확신이 적은 샘플을 출력하는 것입니다. 책에서 주로 다루는 분류 모델의 경우, 각 클래스에 대한 모델 출력(확률)이 동일할수록 불확실한 샘플입니다.

모델이 잘 보정되어 있다면(보정에 대해서는 5.2.4절 '보정 곡선' 참조), 레이블을 부여하는 사람에게도 불확실한 샘플의 경우 균등한 확률을 출력할 것입니다. 예를 들어 고양이와 강아지 분류기의 경우 강아지와 고양이가 모두 들어 있는 사진이 이런 종류에 해당합니다.

훈련 세트에 있는 불확실한 샘플은 종종 레이블 충돌로 인한 증상입니다. 실제로 만약 훈련 세트가 다른 클래스로 레이블된 중복된 샘플 또는 비슷한 두 개의 샘플을 가지고 있다면, 모델이 이 샘플에 대해 각 클래스의 확률을 동일하게 출력해 훈련 시 손실을 최소화합니다. 따라서 레이블 충돌은 불확실한 예측을 만들며 top-k 방법을 사용하여 이런 샘플을 찾을 수 있습니다.

검증 세트에서 불확실한 top-k 샘플을 출력하면 훈련 세트와 차이를 알 수 있습니다. 모델에는 불확실하지만 사람에게는 명확한 검증 샘플이 있다면, 모델이 훈련 세트에서 이런 종류의 데이터를 만나지 못했다는 신호입니다. 즉 검증 세트에 대한 불확실한 top-k 샘플을 출력하면 훈련 세트에 있어야 할 데이터 종류를 나타낼 수 있습니다.

top-k 평가는 쉽게 구현할 수 있습니다. 다음 절에서 실제로 사용 가능한 예제를 살펴봅니다.

top-k 구현 팁

다음 코드는 판다스 데이터프레임을 사용하는 top-k 구현입니다. 이 함수는 예측 확률을 담은 데이터프레임을 입력으로 받고 top-k 샘플을 반환합니다. 이 함수는 책의 깃허브 저장소[17]에서 볼 수 있습니다.[18]

```
def get_top_k(df, proba_col, true_label_col, k=5, decision_threshold=0.5):
    """
    이진 분류 문제에서 각 클래스에 대해 최상과 최악의 k개 샘플을 반환합니다.
    또한 가장 불확실한 k개 샘플을 반환합니다.
    :param df: 예측과 정답 레이블을 담은 데이터프레임
    :param proba_col: 예측 확률의 열 이름
    :param true_label_col: 정답 레이블의 열 이름
    :param k: 카테고리마다 고를 샘플 개수
    :param decision_threshold: 양성으로 분류할 분류기 결정 임곗값
    :return: correct_pos, correct_neg, incorrect_pos, incorrect_neg, unsure
    """
    # 올바른 예측과 잘못된 예측 고르기
```

17 https://bit.ly/mlpa-git

18 옮긴이_ 이 함수는 깃허브 저장소의 ml_editor/model_evaluation.py에 저장되어 있습니다.

```
    correct = df[
        (df[proba_col] > decision_threshold) == df[true_label_col]
    ].copy()
    incorrect = df[
        (df[proba_col] > decision_threshold) != df[true_label_col]
    ].copy()

    top_correct_positive = correct[correct[true_label_col]].nlargest(
        k, proba_col
    )
    top_correct_negative = correct[~correct[true_label_col]].nsmallest(
        k, proba_col
    )

    top_incorrect_positive = incorrect[incorrect[true_label_col]].nsmallest(
        k, proba_col
    )
    top_incorrect_negative = incorrect[~incorrect[true_label_col]].nlargest(
        k, proba_col
    )

    # 결정 임곗값에 가장 가까운 샘플 고르기
    most_uncertain = df.iloc[
        (df[proba_col] - decision_threshold).abs().argsort()[:k]
    ]

    return (
        top_correct_positive,
        top_correct_negative,
        top_incorrect_positive,
        top_incorrect_negative,
        most_uncertain,
    )
```

머신러닝 에디터에 적용할 top-k 방법을 설명해보죠.

머신러닝 에디터를 위한 top-k 방법

첫 번째로 훈련한 분류기에 top-k 방법을 적용해봅시다. 책의 깃허브 저장소의 `top_k.ipynb` 노트북에서 코드를 확인할 수 있습니다.

[그림 5-9]는 첫 번째 머신러닝 에디터 모델이 각 클래스에서 가장 정확하게 예측한 샘플 처음

두 개를 보여줍니다. 두 클래스 간에 가장 크게 다른 특성은 텍스트 길이를 나타내는 text_len 입니다. 분류기는 좋은 질문은 길이가 길고 나쁜 질문은 짧은 경향이 있다고 학습했습니다. 즉 클래스를 판별하는 데 텍스트 길이에 크게 의존하고 있습니다.

```
In [7]: # 가장 올바르게 예측한 양성 샘플
        top_pos[to_display]
```

Out [7]:

	predicted_proba	true_label	Title	body_text	text_len	action_verb_full	question_mark_full	language_question
Id								
6793	0.74	True	Non-cheap ways to make villains evil?	Do you have any tried and true techniques to make villains of your stories truly hated by the audience?\nI mean, frequently it's "eh, sure, that's bad, he's got to be stopped" but the audience would rather observe the villain more, learn, maybe try to get them to change their ways. Or worst of all, pity the villain in the end for failing to execute their just revenge, or not getting along with their plan for what would -really- be a better future, even if through baptism of fire.\nNow what t...	1448	False	True	False
4107	0.72	True	Single character POV vs. two POVs - how to decide?	I'm starting to look at my next novel, and I'm trying to decide whether I should tell it from one POV or two. I've used both techniques in the past, so I'm aware of the basic advantages/disadvantages, but I'm still having trouble deciding which is best for the story I want to tell. \nI realize that it's impossible to answer that question without knowing the details of my story, but I'm hunting for some sort of framework for my thoughts, so: in general, when is it advisable to stick with a ...	1406	True	True	False

Most confident correct negative predictions

```
In [8]: # 가장 올바르게 예측한 음성 샘플
        top_neg[to_display]
```

Out [8]:

	predicted_proba	true_label	Title	body_text	text_len	action_verb_full	question_mark_full	language_question
Id								
7488	0.09	False	Releases needed for picture books?	Do you need location releases for national parks and model releases for Pets to use in picture books?\n	137	False	True	False
34919	0.13	False	Is Rob Zombie's Red Red Kroovy Trochee style?	https://genius.com/Rob-zombie-never-gonna-stop-\nYeah, I'm on Durango number 95\nTake me to the home, kick boots and ultra live\nSee heaven flash a horror show\nKnock it nice and smooth step back and watch it blow, yeah\nNever gonna stop me, never gonna stop\nNever gonna stop me, never gonna stop\nNever gonna stop me, never gonna stop\nNever gonna stop me, never gonna stop\nGive it to me, give it to me\nYeah, the devil ride it down the shore\nHe paint the monster red so the blood don't stain...	783	False	True	False

그림 5-9 최상의 top-k 샘플

[그림 5-10]에서 이런 가정을 확인할 수 있습니다. 분류기가 음성으로 잘못 예측한 샘플의 질문은 비교적 짧고, 양성으로 잘못 예측한 질문은 깁니다. 이런 관찰은 5.3절 '특성 중요도 평가'

에서 언급할 text_len이 가장 중요한 특성이라는 사실과 일치합니다.

```
In [9]: # 가장 틀리게 예측한 양성 샘플
        worst_pos[to_display]
```

Out [9]:

	predicted_proba	true_label	Title	body_text	text_len	action_verb_full	question_mark_full	language_question
Id								
14157	0.14	True	Do you bold punctuation directly after bold text?	Do you bold punctuation directly after bold, linked or italic text? \n	119	False	True	False
17543	0.15	True	Using Pronoun 'It' repetitvely for emphasis?	I'd like to know if using "It" repetitively (for emphasis) in this context is okay grammatically.\n\nTV has become the modern day baby sitter. It is raising our children. It is dictating the cultural narrative and shaping future society. It is raising the bored inattentive child. It is raising the consumer child. It is raising the aggressive child. It is raising the obese child. It is raising the misinformed and complacent child. It is raising the disenchanted child. And what's more, it...	591	False	True	False

On the flipside, we find an overrepresentation of short questions with high scores in the examples our model got wrong.

Next, let's look at the most confident incorrect positive predictions

```
In [10]: # 가장 틀리게 예측한 음성 샘플
         worst_neg[to_display]
```

Out [10]:

	predicted_proba	true_label	Title	body_text	text_len	action_verb_full	question_mark_full	language_question
Id								
7878	0.86	False	When quoting a person's informal speech, how much liberty do you have to make changes to what they say?	Even during a formal interview for a news article, people speak informally. They say "uhm", they cut off sentences half-way through, they interject phrases like "you know?", and they make innocent grammatical mistakes.\nAs somebody who wants to fairly and accurately report the discussion that takes place in an interview, what guidelines should I use in making changes to what a person says?\nWhile the simplest solution is to write exactly what they say and [sic] any errors they make, that can...	694	True	True	False
24995	0.72	False	Self-translating into English	I am finishing writing my first book (in Slovak, SF) and will be looking for publishers soon. I was considering self-publishing but I don't think I can do more then them in this field. Well, except for the translation.\nWe have all heard the 3% problem where only this many books are translated to english. So I think about translating my book to english by my own money (i.e. paying someone to translate it - I'm not the one doing this).\nFew reasons: 1) publishers in my country don't try hard ...	917	True	True	False

그림 5-10 최악의 top-k 샘플

분류기가 text_len 특성을 사용해 답변을 받은 질문과 그렇지 않은 질문을 쉽게 구별하지만 이 특성은 충분하지 않으며 잘못된 분류를 만듭니다. 모델의 성능을 향상시키려면 특성을 더 추가해야 합니다. 두 개 이상의 샘플을 시각화하면 후보 특성을 찾는 데 도움이 됩니다.

훈련 세트와 검증 세트에서 모두 top-k 메서드를 사용하면 훈련과 데이터셋의 한계를 파악할 수 있습니다. 모델이 데이터를 표현할 능력이 있는지, 충분히 균형 잡힌 데이터셋인지, 충분히 대표성이 있는 샘플을 포함하고 있는지 여부를 확인하는 방법을 설명했습니다.

많은 실제 문제에 분류 모델을 적용할 수 있기 때문에 주로 분류 모델을 위한 평가 방법을 다루었습니다. 분류 문제가 아닐 때, 성능을 조사하는 방법을 간단하게 알아보겠습니다.

5.2.7 다른 모델

분류 프레임워크를 사용해 많은 모델을 평가할 수 있습니다. 예를 들어 이미지에 있는 관심 대상 주위의 바운딩 박스bounding box를 출력하는 것이 목표인 객체 탐지object detection에서는 정확도가 널리 사용됩니다. 개별 이미지마다 실제 객체와 예측을 나타내는 여러 개의 바운딩 박스가 있기 때문에 정확도를 계산하려면 추가적인 단계가 필요합니다. 먼저 예측과 레이블 사이의 중첩도(종종 자카드 지수Jaccard index[19]도 사용함)를 계산하여 각 예측이 맞았는지 틀렸는지 표시합니다. 이를 바탕으로 정확도를 계산하고 이 장에 있는 모든 방법을 사용할 수 있습니다.

비슷하게 콘텐츠 추천 모델을 만들 때 최선의 반복 방법은 여러 카테고리에서 모델을 테스트하고 성능을 관찰하는 것입니다. 각 카테고리를 하나의 클래스로 나타내면 분류 문제와 비슷하게 평가할 수 있습니다.

생성 모델처럼 이런 방법을 적용하기 어려운 문제일 경우에도 데이터 탐색을 활용해 데이터셋을 여러 카테고리로 분할하고 각 카테고리에 대해 성능을 계산할 수 있습니다.

문장을 단순화하는 모델을 만드는 데이터 과학자와 일한 적이 있습니다. 문장 길이에 따라 모델의 성능을 검사해보니 문장이 길수록 모델의 성능이 낮아졌습니다. 조사와 수작업으로 레이블링하는 데 시간이 들었지만, 훈련 데이터에 더 긴 문장을 증식해 추가하는 다음 단계를 밟을 수 있었고, 성능 향상에 큰 도움이 되었습니다.

모델의 예측과 레이블을 대조하여 성능을 조사하는 여러 가지 방법을 다루었습니다. 하지만 모델 자체를 조사할 수도 있습니다. 모델이 전혀 제대로 동작하지 않는다면 모델의 예측을 해석해볼 필요가 있습니다.

19 *https://bit.ly/2RZVV3w*

5.3 특성 중요도 평가

모델 성능을 분석하는 다른 방법은 예측을 만드는 데 어떤 특성이 사용되는지 알아보는 것입니다. 이를 특성 중요도 분석이라고 합니다. 특성 중요도를 평가하면 모델에 도움이 되지 않는 특성을 제거하거나 반복하는 데 도움이 됩니다. 특성 중요도는 데이터 누수와 같이 의심스러운 예측 성능을 제공하는 특성을 찾을 때도 유용합니다. 모델의 특성 중요도를 간단히 만들 수 있는 사례와 직접 만들기 어려운 사례도 다루어보겠습니다.

5.3.1 분류기 직접 활용하기

모델이 올바르게 동작하는지 검증하려면 모델이 사용하거나 무시하는 특성을 시각화해보세요. 회귀나 결정 트리처럼 간단한 모델이라면 모델이 학습한 파라미터를 확인하여 간단하게 특성 중요도를 추출할 수 있습니다.

머신러닝 에디터를 위한 첫 번째 모델은 랜덤 포레스트이므로 사이킷런 API에서 손쉽게 모든 특성의 중요도를 순서대로 얻을 수 있습니다. 특성 중요도를 추출하는 코드와 사용법은 깃허브 저장소[20]의 `feature_importance.ipynb` 노트북에 있습니다.

```
def get_feature_importance(clf, feature_names):
    importances = clf.feature_importances_
    indices_sorted_by_importance = np.argsort(importances)[::-1]
    return list(
        zip(
            feature_names[indices_sorted_by_importance],
            importances[indices_sorted_by_importance],
        )
    )
```

훈련한 모델에 위 함수를 적용하여 얻은 목록에서 가장 영향력 있는 특성을 출력할 수 있습니다.

```
상위 10개 중요도:

text_len: 0.01
```

20 https://bit.ly/mlpa-git

```
are: 0.0059
what: 0.0058
writing: 0.0051
can: 0.0044
ve: 0.0044
on: 0.0039
do: 0.0038
some: 0.0037
story: 0.0037
```

여기서 몇 가지 주목할 내용이 있습니다.

- 텍스트 길이가 가장 영향력 있는 특성입니다.
- 앞에서 직접 만든 특성은 다른 특성에 비해 중요도가 크게 낮아 전혀 나타나지 않았습니다. 이 모델은 이런 특성을 사용해 클래스를 예측할 수 없습니다.
- 다른 특성은 매우 흔한 단어 또는 글의 주제와 관련된 명사를 나타냅니다.

모델과 특성이 간단하기 때문에 이런 결과는 새로운 특성에 대한 아이디어를 제공할 수 있습니다. 예를 들어 자주 등장하는 단어와 드물게 등장한 단어를 카운트한 특성을 추가하여 높은 점수의 특성 중요도가 나오는지 확인할 수 있습니다.

특성이나 모델이 복잡해지면 모델 설명 도구를 사용하여 특성 중요도를 생성해야 합니다.

5.3.2 블랙박스 설명 도구

특성이 복잡해지면 특성 중요도를 해석하기가 점점 더 어려워집니다. 신경망 같이 복잡한 모델은 학습된 특성 중요도를 추출하기 어려울 수 있습니다. 이런 경우에는 모델의 내부 동작과는 상관없이 모델의 예측을 설명하는 블랙박스 설명 도구를 사용하는 것이 좋습니다.

일반적으로 이런 설명 도구는 전체가 아닌 주어진 샘플에서 영향력이 높은 모델의 특성을 감지합니다. 어떤 샘플에 대해 각각의 특성값을 바꾸면서 이로 인해 모델의 예측이 어떻게 바뀌는지 관찰하는 식입니다. 인기 있는 블랙박스 설명 도구로는 LIME[21]과 SHAP[22]가 있습니다.

---

21 *https://github.com/marcotcr/lime*

22 *https://github.com/slundberg/shap*

이를 사용한 엔드투엔드 예제는 책의 깃허브 저장소[23]의 `black_box_explainer.ipynb` 노트북에서 볼 수 있습니다.

[그림 5-11]은 LIME의 출력으로, 한 샘플을 고품질 질문으로 분류하는 데 가장 중요한 단어가 무엇인지를 표시한 그림입니다. LIME은 입력 질문에서 단어를 반복하여 제거하고 모델이 클래스를 예측하는 데 어떤 단어가 기여하는지 살펴봄으로써 이런 설명을 생성합니다.[24]

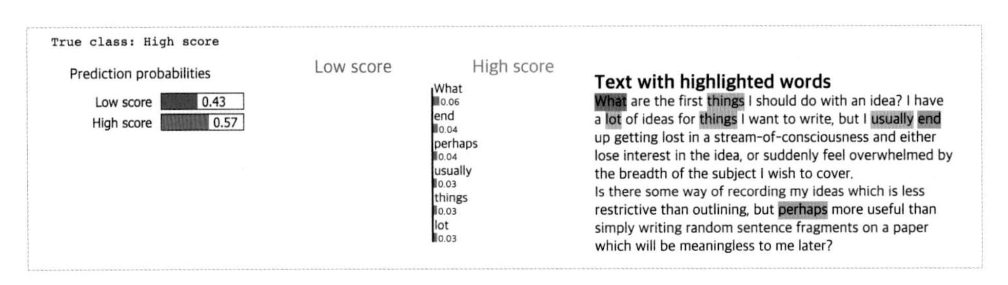

그림 5-11 특정 샘플에 대한 설명

이 모델은 주어진 질문이 높은 점수를 받는다고 정확히 예측했습니다.[25] 하지만 확신이 부족했고 57%의 확률을 출력했습니다. [그림 5-11]의 오른쪽에 예측에 가장 영향을 많이 끼친 단어가 표시되어 있습니다. 이런 단어는 고품질 질문과 특별히 관련이 있어 보이지 않습니다. 모델이 더 유용한 패턴을 사용하는지 확인하기 위해 더 많은 샘플을 조사해보죠.

트렌드를 빠르게 파악하기 위해 많은 질문 샘플에 LIME을 적용할 수 있습니다. 개별 질문에 LIME을 적용하고 그 결과를 모으면 전반적으로 예측을 만드는 데 가장 영향을 많이 끼치는 단어를 알아볼 수 있습니다.

[그림 5-12]에서 데이터셋에 있는 500개의 질문에 대해 가장 예측에 기여가 높은 단어를 출력했습니다. 상당히 많은 샘플을 사용한 실험에서도 자주 등장하는 단어를 활용하는 모델의 트렌드를 확인할 수 있습니다. 아마도 모델이 흔한 단어를 활용하는 것 이상으로 일반화하는 데 어려움을 겪는 것 같습니다. 드문 단어를 표현한 BoW 특성은 대부분 0으로 채워져 있습니다. 이

23 *https://bit.ly/mlpa-git*

24 옮긴이_ 비슷하게 사이킷런의 `permutation_importance()` 함수는 특성을 무작위로 섞은 후 모델의 성능을 관찰하는 식으로 특성 중요도를 계산합니다(*https://bit.ly/3fqrQCd*).

25 옮긴이_ 그림의 맨 위에 쓰인 'True class: High score'가 타깃 레이블에 해당합니다.

를 개선하려면 모델에 더욱 다양한 단어를 제공하기 위해 대규모 데이터셋을 수집하거나 희소하지 않은 특성을 만들어야 합니다.

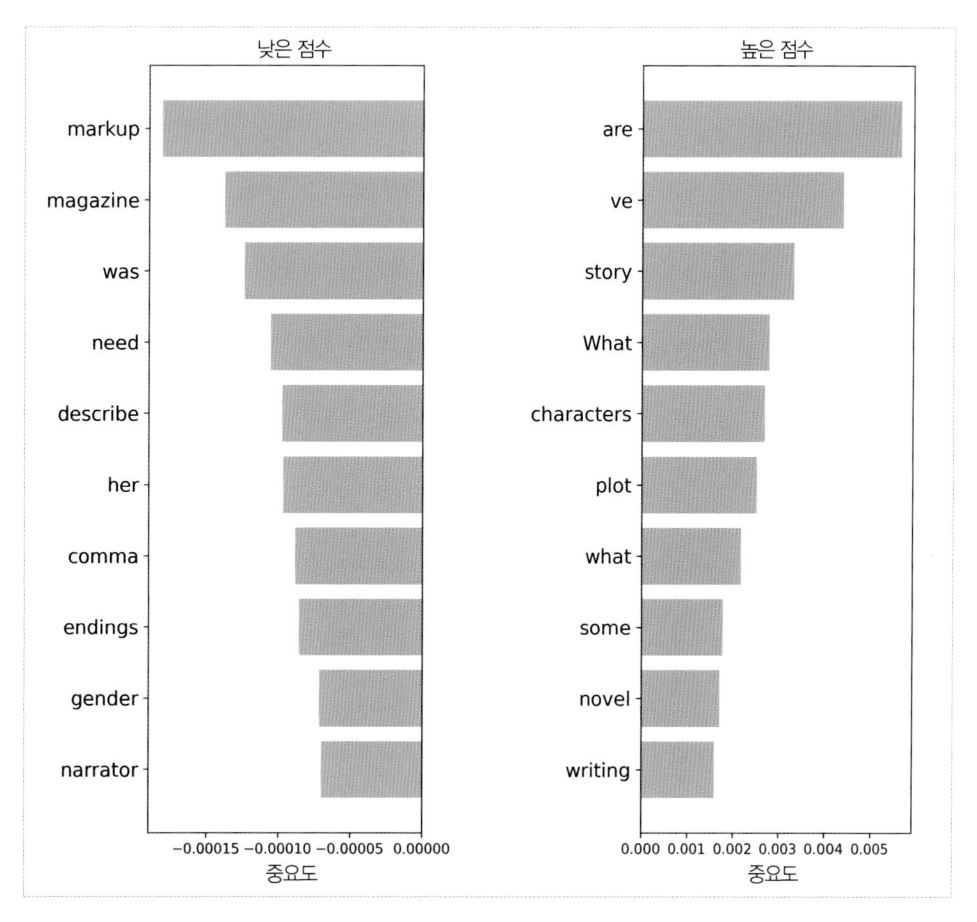

그림 5-12 여러 샘플을 사용한 설명

모델이 사용하는 특성을 확인하면 종종 놀라게 됩니다. 어떤 특성이 기대한 것보다 모델의 예측에 더 도움이 된다면 훈련 세트에서 이런 특성을 가진 샘플을 찾아 조사하세요. 이때 데이터셋 분할 방법을 다시 한번 확인하고 데이터 누수가 있는지 살펴보세요.

예를 들어 제가 멘토를 했던 머신러닝 엔지니어가 이메일 내용에 따라 여러 개의 주제로 자동 분류하는 모델을 만들 때, 가장 뛰어난 예측 변수가 이메일 맨 위에 있는 세 글자 코드라는 것을 알았습니다. 이 코드는 레이블에 거의 완벽하게 매핑된 데이터셋 내부의 코드였습니다. 모델은 이메일의 내용을 완전히 무시하고 기존의 레이블을 외워버린 것입니다. 이런 예는 명백한 데이터 누수이며 특성 중요도를 확인해야만 찾을 수 있습니다.

5.4 마치며

이 장의 서두에서 지금까지 배운 모든 것을 바탕으로 초기 모델을 결정하는 기준을 다루었습니다. 그다음 데이터를 여러 개의 하위 세트로 분할해야 하는 중요성과 데이터 누수를 피하기 위한 방법을 설명했습니다.

초기 모델을 훈련한 후에 모델의 예측과 데이터를 비교하고 대조하는 여러 가지 방법을 찾아 모델이 얼마나 잘 동작하는지 분석했습니다. 마지막으로 특성 중요도를 출력하거나 블랙박스 설명 도구를 사용해 모델 자체를 조사함으로써 모델이 예측에 사용한 특성에 대한 직관을 얻었습니다.

이제 모델 향상에 관한 직관을 얻었을 것입니다. 이 과정에서 드러난 문제를 해결하기 위해 머신러닝 파이프라인을 디버깅하고 수정하는 방법을 6장에서 자세히 알아보겠습니다.

CHAPTER 6

머신러닝 문제 디버깅

이전 장에서 첫 번째 모델을 훈련하고 평가해보았습니다.

파이프라인의 성능을 만족스러운 수준까지 끌어올리는 일은 어렵고 여러 번 반복이 필요합니다. 이번 장의 목표는 이런 사이클을 한 번 반복하는 것입니다. 여기서는 파이프라인을 디버깅하는 도구와 파이프라인을 변경해도 여전히 잘 동작하는지 확인하는 테스트 작성 방법을 다루겠습니다.

정기적으로 코드를 테스트, 검증, 조사하는 것이 소프트웨어 분야의 모범 사례입니다. 특히 보안이나 입력 파싱parsing과 같은 민감한 단계에서 그렇습니다. 머신러닝도 다르지 않습니다. 모델의 오류는 전통적인 소프트웨어보다 훨씬 감지하기 어려울 수 있습니다.

전체 시스템을 망가뜨리지 않으면서 파이프라인이 정상인지 확인하는 몇 개의 팁을 소개하겠습니다. 그 전에 먼저 소프트웨어 분야의 모범 사례를 살펴보죠!

6.1 소프트웨어 모범 사례

대부분의 머신러닝 프로젝트는 모델을 구축하고 단점을 분석하여 이를 해결하는 과정을 여러 번 반복합니다. 인프라의 각 구성 요소를 한 번 이상 바꿀 가능성이 높기 때문에 반복 속도를 높이는 방법을 찾는 것이 중요합니다.

다른 소프트웨어 프로젝트와 마찬가지로 머신러닝에서도 전통적인 소프트웨어 모범 사례를 따라야 합니다. 대부분은 그대로 머신러닝 프로젝트에 적용할 수 있습니다. 예를 들어 KISS^keep it simple, stupid^[1] 원칙인 필요한 것만 만들기입니다.

머신러닝 프로젝트는 태생적으로 반복적이어서 데이터 정제, 특성 생성, 모델 선택을 여러 번 반복합니다. 모범 사례를 따르더라도 반복 속도를 느리게 만드는 두 영역은 디버깅과 테스트입니다. 디버깅과 테스트 작성 속도는 모든 프로젝트에 큰 영향을 미치지만 머신러닝 프로젝트에는 더욱 중요합니다. 모델의 확률적 속성 때문에 간단한 오류를 찾는 데도 며칠이 걸리는 경우가 있습니다.

일반적인 프로그램 디버깅 방법을 배우는 데 유용한 자료는 많습니다. 예를 들면 시카고 대학교의 핵심 디버깅 가이드[2]입니다. 대부분의 머신러닝 기술자들처럼 파이썬 언어를 선택했다면, 표준 파이썬 디버거인 pdb의 온라인 문서[3]를 읽어보는 것이 좋습니다.

하지만 대부분의 소프트웨어와 다르게 머신러닝 코드는 겉으로는 올바르게 작동하지만 완전히 잘못된 결과를 출력할 수 있습니다. 위와 같은 도구와 팁을 대부분의 머신러닝 코드에 적용할 수 있지만 일반적인 문제를 진단하는 데 충분하지 않다는 의미입니다. [그림 6-1]에 이를 나타냈습니다. 대부분의 소프트웨어 애플리케이션에서 테스트 커버리지^test coverage^가 높으면 애플리케이션이 잘 동작한다는 강한 확신을 줄 수 있습니다. 하지만 머신러닝 파이프라인은 많은 테스트를 통과하더라도 여전히 완전히 잘못된 결과를 만들 수 있습니다. 머신러닝 프로그램은 그냥 실행하는 것이 전부가 아니라 정확한 예측 결과를 만들어야 하기 때문입니다.

---

1 *https://bit.ly/3voK1Px*

2 *https://oreil.ly/xwfYn*

3 *https://bit.ly/3flrduM*

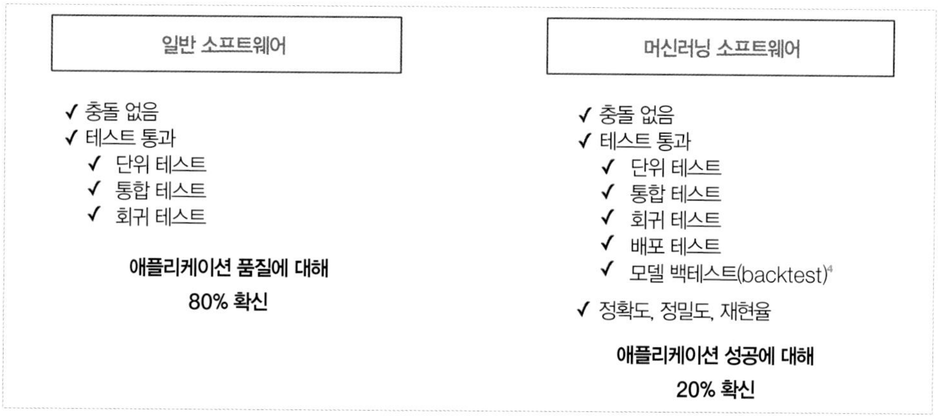

일반 소프트웨어

✓ 충돌 없음
✓ 테스트 통과
  ✓ 단위 테스트
  ✓ 통합 테스트
  ✓ 회귀 테스트

애플리케이션 품질에 대해
80% 확신

머신러닝 소프트웨어

✓ 충돌 없음
✓ 테스트 통과
  ✓ 단위 테스트
  ✓ 통합 테스트
  ✓ 회귀 테스트
  ✓ 배포 테스트
  ✓ 모델 백테스트(backtest)[4]
✓ 정확도, 정밀도, 재현율

애플리케이션 성공에 대해
20% 확신

그림 6-1 머신러닝 파이프라인은 실행에 오류가 없더라도 잘못 동작할 수 있습니다.

머신러닝은 디버깅을 더 어렵게 만들기 때문에 도움이 되는 몇 가지 방법을 소개하겠습니다.

6.1.1 머신러닝에 특화된 모범 사례

어떤 종류의 소프트웨어보다 머신러닝에서는 처음부터 끝까지 프로그램이 실행된다고 정확성을 확신하기 어렵습니다. 전체 파이프라인이 오류 없이 실행되더라도 쓸모없는 모델을 만들 수 있습니다.

한 프로그램이 데이터를 로드해 모델에 전달한다고 해보죠. 모델이 이 입력을 받아 학습 알고리즘을 바탕으로 모델 파라미터를 최적화합니다. 마지막으로 훈련된 모델이 다른 데이터셋에 대한 출력을 생성합니다. 이 프로그램은 눈에 보이는 어떤 버그도 없이 실행됩니다. 문제는 프로그램을 실행하는 것만으로는 모델의 예측이 정확하다는 보장을 할 수 없다는 것입니다.

대부분의 모델은 어떤 크기의 수치 입력(예를 들면 이미지를 나타내는 행렬)을 받고 다른 크기의 데이터(예를 들면 입력 이미지에 있는 핵심 포인트의 좌표 목록)를 출력합니다. 모델에 전달되기 전에 데이터 처리 단계가 데이터를 오염시키더라도 이 데이터가 여전히 숫잣값이고 입력으로 받을 수 있는 크기라면 대부분의 모델은 그대로 실행된다는 뜻입니다.

모델 파이프라인의 성능이 나쁘다면 모델의 품질 때문인지 앞선 단계에 있는 버그 때문인지 어

4 옮긴이_ 백테스트는 과거 데이터를 사용한 테스트를 뜻합니다.

떻게 알 수 있을까요?

머신러닝에서 이 문제를 다루는 가장 좋은 방법은 점진적인 방식을 따르는 것입니다. 데이터 흐름부터 시작해서 훈련 능력, 마지막으로 일반화와 추론의 디버깅을 진행합니다. [그림 6-2]는 이 장에서 다룰 과정을 개략적으로 보여줍니다.

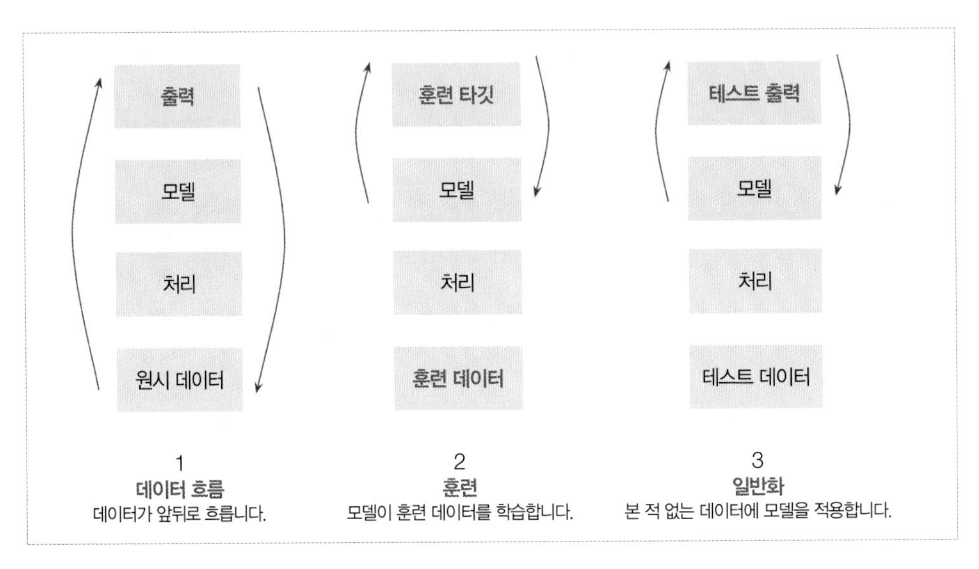

그림 6-2 파이프라인 디버깅 순서

세 단계를 이번 장에서 하나씩 자세히 살펴봅니다. 해결하기 어려운 버그를 만나면 이 계획에 있는 단계를 건너뛰고 싶을 수 있습니다. 하지만 거의 대부분의 경우, 이 원칙을 따르는 것이 오류를 발견하고 수정하는 가장 빠른 길입니다.

데이터 흐름을 검증하는 것부터 시작해보죠. 가장 간단한 방법은 매우 적은 양의 데이터를 선택해서 파이프라인을 잘 통과하는지 확인하는 것입니다.

6.2 데이터 흐름 디버깅: 시각화와 테스트

첫 단계는 간단합니다. 데이터셋에서 작은 부분집합을 선택해 파이프라인에 통과시킵니다. 이는 [그림 6-2]에 있는 데이터 흐름 단계에 해당합니다. 몇 개의 샘플에서 파이프라인이 잘 동작하는지 확인하고 나면, 테스트를 작성해 코드를 바꿀 때마다 파이프라인이 제대로 동작하는지 확인할 수 있습니다.

6.2.1 하나의 샘플로 시작하기

첫 단계의 목표는 데이터를 주입하고, 적절한 포맷으로 변형하고, 모델을 통과하여 제대로 된 출력을 만드는지 확인하는 것입니다. 이 단계에서는 모델이 무언가를 학습할 수 있는지 판단하지 않고 단지 파이프라인이 데이터를 통과시킬 수 있는지만 확인합니다.

구체적으로 다음과 같습니다.

- 데이터셋에서 샘플 몇 개를 선택합니다.
- 이 샘플에 대한 모델의 출력을 만듭니다.
- 이 샘플에 대한 올바른 예측을 출력하도록 모델의 파라미터를 업데이트합니다.

처음 두 개의 항목은 모델이 입력 데이터를 받아 적절한 형태의 출력을 만드는지 확인하는 데 초점을 맞춥니다. 초기 출력은 모델링 입장에서는 틀릴 가능성이 높겠지만, 데이터가 제대로 흐르는지 확인하는 데 도움이 됩니다.

마지막 항목은 모델이 입력과 관련된 출력 사이의 매핑을 학습할 수 있는지 봅니다. 몇 개의 샘플을 학습해서는 유용한 모델을 만들 수 없고 과대적합되기 쉽습니다. 이 단계는 모델이 입력과 출력 쌍을 학습해서 파라미터를 업데이트할 수 있는지를 검증하는 것뿐입니다.

이 첫 단계에 대한 예를 들어보죠. 킥스타터Kickstarter[5] 캠페인이 성공할지 예측하는 모델을 훈련한다면 지난 몇 년간의 캠페인으로 모델을 훈련하는 계획을 세웁니다. 이 장의 팁을 따른다면 먼저 모델이 두 개의 캠페인에 대한 예측을 출력할 수 있는지 확인합니다. 그다음 이 캠페인의 레이블(캠페인이 모금에 성공했는지 여부)을 사용해 올바른 출력을 만들 때까지 모델의 파라미터를 최적화합니다.

적절한 모델을 골랐다면 주어진 데이터셋을 학습할 능력이 있어야 합니다. 그리고 모델이 전체 데이터셋을 학습할 수 있다면 하나의 샘플은 그냥 외웁니다. 몇 개의 샘플을 학습할 수 있는 능력은 전체 데이터셋을 학습해야 하는 모델의 필수 조건입니다. 또한 전체 학습 과정을 검증하

5 옮긴이_ 킥스타터(https://www.kickstarter.com)는 2009년에 시작된 미국의 크라우드 펀딩 사이트입니다.

는 것보다 훨씬 쉽습니다. 따라서 하나의 샘플로 시작하면 향후에 나타날 가능성이 있는 문제를 빠르게 파악할 수 있습니다.

초기 단계에서 발생하는 대부분의 오류는 데이터 불일치와 관계가 있습니다. 즉 모델이 받을 수 없는 포맷으로 데이터를 로드하거나 전처리합니다. 예를 들어 대부분의 모델은 숫잣값만 받기 때문에 비어 있거나 널null 값이면 오류를 반환합니다.

일부 데이터 불일치는 찾기 어렵고 조용히 실패합니다. 범위와 크기가 올바르지 않은 값을 파이프라인에 주입하더라도 여전히 실행할 수 있지만 성능이 형편없는 모델을 만듭니다. 정규화normalization된 데이터가 필요한 모델을 정규화되지 않은 데이터에서 훈련하는 경우가 종종 있습니다. 이렇게 되면 유용한 무언가를 학습할 수 없습니다. 마찬가지로 다른 크기의 행렬을 모델에 주입하면 입력을 잘못 해석하고 올바르지 않은 출력을 만듭니다.

이런 오류는 모델의 성능을 평가하는 후반 단계에 등장하기 때문에 감지하기 어렵습니다. 사전에 이런 오류를 감지하는 가장 좋은 방법은 파이프라인을 구축할 때 데이터를 시각화하고 테스트를 작성해 가정을 인코딩하는 것입니다. 어떻게 하는지 알아보겠습니다.

시각화 단계

이전 장에서 보았듯이 측정 지표는 모델링 작업에서 아주 중요합니다. 이와 비슷하게 정기적으로 데이터를 검사하고 조사하는 것도 동일하게 중요합니다. 처음에 몇 개의 샘플을 관찰하는 것만으로 변화나 불일치를 쉽게 감지할 수 있습니다.

이 단계의 목표는 정기적으로 변화를 검사하는 것입니다. 데이터 파이프라인을 조립 라인으로 생각하면 모든 의미 있는 변경이 일어난 후에 제품을 검사해야 합니다. 조립 라인의 모든 위치에서 샘플 값을 확인하기에는 너무 많고, 입력과 출력값만 보는 것은 확실히 충분하지 않습니다.

[그림 6-3]은 데이터 파이프라인에서 사용할 수 있는 몇 개의 검사 위치를 보여줍니다. 이 예는 원시 데이터에서 모델 출력까지 여러 단계에서 데이터를 조사합니다.

이어지는 절에서 검사할 가치가 있는 몇 단계를 살펴보겠습니다. 데이터 로딩, 정제, 특성 생성, 포맷 변경, 모델 출력입니다.

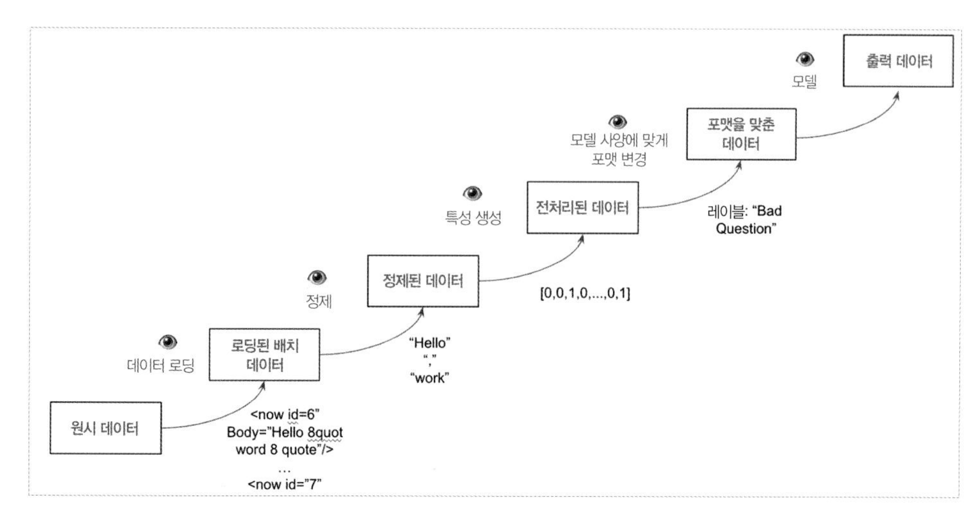

그림 6-3 검사 가능한 위치

데이터 로딩

디스크나 API 호출을 통해 데이터를 로딩할 때 올바른 포맷으로 구성되었는지 확인해야 합니다. 이 단계는 EDA에서 수행했던 것과 비슷하지만 여기서는 파이프라인 입장에서 오류로 인해 데이터가 오염되는지 확인하기 위해 수행합니다.

모든 특성이 예상대로 채워져 있나요? 어떤 특성의 값이 널이거나 상수인가요? 나이가 음수로 된 값을 가지는 것과 같이 어떤 값이 잘못된 범위에 놓여 있나요? 텍스트, 음성, 이미지를 다룬다면 예상한 범위 내에서 보거나 듣거나 읽을 수 있는 샘플인가요?

입력 데이터의 구조에 대한 가정을 기반으로 대부분의 처리 과정이 수행되기 때문에 이런 점을 검증하는 것이 중요합니다.

여기서 목표는 기대한 데이터와 실제 데이터 사이의 불일치를 찾는 것입니다. 따라서 하나 이상의 샘플을 시각화하는 것이 좋습니다. 만약 대표 샘플 하나만 시각화한다면 한 개의 샘플만 보고 전체 샘플이 동일한 품질이라고 잘못 가정하게 됩니다.

[그림 6-4]는 책의 깃허브 저장소[6]에 있는 `dataset_exploration.ipynb` 노트북 예입니다. 아

6 *https://bit.ly/mlpa-git*

카이브에 있는 수백 개의 포스트가 알 수 없는 포스트 타입을 가지고 있습니다. 따라서 이런 샘플은 걸러내야 합니다. 다음 그림에서 `PostTypeId`가 5인 행을 볼 수 있습니다. 아카이브 필드에 대한 설명에 없는 값이므로 이 샘플을 훈련 데이터에서 제거합니다.

```
In [4]: df[df["Body"].isna()]
Out[4]:
```

CommunityOwnedDate	CreationDate	FavoriteCount	Id	...	ParentId	PostTypeId	Score	Tags	Title	ViewCount	body_text	full_text	text_len	is_question
NaN	2011-03-22T19:49:56.600	NaN	2145	...	NaN	5	0	NaN	NaN	NaN	NaN		1	False
NaN	2011-03-22T19:51:05.897	NaN	2147	...	NaN	5	0	NaN	NaN	NaN	NaN		1	False
NaN	2011-03-24T19:35:10.353	NaN	2215	...	NaN	5	0	NaN	NaN	NaN	NaN		1	False
NaN	2011-03-24T19:41:38.677	NaN	2218	...	NaN	5	0	NaN	NaN	NaN	NaN		1	False
NaN	2011-03-24T19:58:59.833	NaN	2225	...	NaN	5	0	NaN	NaN	NaN	NaN		1	False
...	...	...	...	...	...	...	...	...	...	...	...	...	...	...
NaN	2019-02-14T09:42:01.813	NaN	42223	...	NaN	5	0	NaN	NaN	NaN	NaN		1	False
NaN	2019-02-24T05:18:39.920	NaN	42549	...	NaN	5	0	NaN	NaN	NaN	NaN		1	False
NaN	2019-02-24T05:26:20.740	NaN	42551	...	NaN	5	0	NaN	NaN	NaN	NaN		1	False
NaN	2019-02-25T22:45:38.457	NaN	42629	...	NaN	5	0	NaN	NaN	NaN	NaN		1	False
NaN	2019-03-01T01:51:56.043	NaN	42787	...	NaN	5	0	NaN	NaN	NaN	NaN		1	False

그림 6-4 데이터셋에서 출력한 샘플 몇 개

데이터셋 문서에 있는 구조와 데이터가 일치하는지 확인했다면 모델링을 위해 데이터를 처리할 차례입니다. 데이터 정제부터 시작해보죠.

정제와 특성 선택

대부분의 파이프라인 다음 단계는 불필요한 정보를 제거하는 것입니다. 모델에 사용되지 않을 특성이나 값이 여기에 해당됩니다. 또한 실제 제품에 적용되었을 때는 얻을 수 없는 레이블에 관련된 정보가 포함된 모든 특성도 포함됩니다(5.1.3절 '데이터셋 분할' 참조).

삭제한 특성이 모델의 예측에 유용할 수도 있다는 것을 기억하세요. 어떤 특성을 남기고 어떤 특성을 삭제할지 결정하는 작업을 **특성 선택**feature selection이라고 하며 모델 반복에서 필수 요소입니다.

중요한 정보를 잃지 않았는지, 불필요한 모든 값을 삭제했는지, 모델의 성능을 인공적으로 부풀리는 정보(5.1.3절 '데이터 누수' 참조)를 데이터셋에 남기지 않았는지 확인해야 합니다.

데이터 정제가 끝나면 모델이 사용할 특성을 생성할 차례입니다.

특성 생성

킥스타터 캠페인 설명에서 제품 이름이 등장하는 빈도를 특성으로 추가할 수 있습니다. 이처럼 새로운 특성을 생성할 때 그 값을 조사하는 것이 중요합니다. 특성이 채워지고 그 값이 합리적인지 확인해야 합니다. 모든 특성을 확인하고 각 특성의 값이 합리적인지 추정해야 하기 때문에 이는 어려운 작업입니다.

지금 단계에서는 더 깊이 분석할 필요가 없습니다. 이 단계는 모델을 통과하는 데이터에 대한 가정을 검증하는 데 초점을 맞추기 때문에 아직 데이터나 모델의 유용성은 검증하지 않습니다.

특성이 생성되고 나면 모델이 이해할 수 있는 포맷으로 전달되는지 확인해야 합니다.

데이터 포맷 변경

이전 장에서 언급했듯이 샘플을 모델에 전달하기 전에 모델이 인식할 수 있는 포맷으로 변경해야 합니다. 입력값을 정규화하거나, 수치 형태로 텍스트를 벡터화하거나, 흑백 비디오를 3D 텐서로 변환하는 일입니다(4.3.2절 '벡터화' 참조).

지도 학습 문제를 다루고 있다면 입력 외에 레이블을 사용합니다. 분류에서는 클래스 이름을 사용하고 이미지 분할image segmentation일 경우 분할 맵을 사용합니다. 이런 레이블도 모델이 인식할 수 있는 포맷으로 변경해야 합니다.

여러 이미지 분할 문제를 다룬 경험에 비추어보면 모델 예측과 레이블 사이의 데이터 불일치는 가장 흔한 오류의 원인 중 하나입니다. 분할 모델은 분할 마스크mask를 레이블로 사용합니다. 이런 마스크는 입력 이미지와 동일한 크기이지만 픽셀 값이 아니라 각 픽셀에 해당하는 클래스 레이블을 담고 있습니다. 안타깝게도 라이브러리마다 이런 마스크를 표현하는 규칙이 다릅니다. 이로 인해 잘못된 형태의 레이블이 발생하고 모델을 학습하지 못하게 만듭니다.

[그림 6-5]에 자주 발생하는 실수를 나타냈습니다. 모델이 특정 클래스에 대해서는 픽셀 값이 255이고 그 외의 값은 0인 분할 마스크를 기대한다고 가정해보죠. 누군가가 마스크 안의 픽셀에 255가 아니라 1을 넣어야 한다고 생각했다면, 다음 그림에서 '제공된 마스크'에 있는 형태로 레이블이 전달됩니다. 모델이 이런 마스크는 거의 완전히 비어 있다고 생각하므로 마지막 그림

처럼 잘못된 예측을 출력합니다.

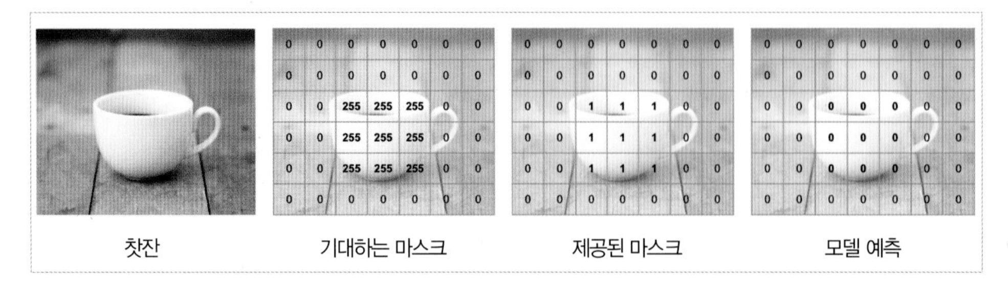

그림 6-5 잘못된 포맷을 가진 레이블은 모델의 학습을 방해합니다.

비슷하게 분류 레이블은 실제 클래스에 해당하는 인덱스 하나는 1이고 나머지는 0인 리스트로 표현되는 경우가 많습니다.[7] 배열 인덱스를 1부터 참조하는 간단한 실수가 레이블을 하나씩 밀리게 만들고, 모델이 항상 다음 레이블을 예측하게 만듭니다. 이런 종류의 오류는 시간을 들여 데이터를 들여다보지 않으면 알아내기 어려울 수 있습니다.

머신러닝 모델은 구조나 콘텐츠가 올바른지와는 상관없이 수치를 출력하도록 학습되기 때문에 이 단계에서 많은 버그가 발생합니다. 이런 버그를 찾는 데 여기서 언급한 방법이 유용합니다.

다음은 머신러닝 에디터를 위한 포맷 변환 함수의 예입니다. 질문 텍스트의 벡터 표현을 생성하고 나서 이 표현에 추가 특성을 덧붙입니다. 이 함수는 여러 변환과 벡터 연산을 포함하고 있으므로 이 함수의 반환값을 시각화하여 의도한 방식대로 데이터가 변환되었는지 확인합니다.[8]

```
def get_feature_vector_and_label(df, feature_names):
    """
    벡터 특성과 다른 특성을 사용해 입력과 출력 벡터를 만듭니다.
    :param df: 입력 데이터프레임
    :param feature_names: ('vectors' 열을 제외한) 특성 열 이름
    :return: 특성 배열과 레이블 배열
    """
    vec_features = vstack(df["vectors"])
    num_features = df[feature_names].astype(float)
    features = hstack([vec_features, num_features])
```

7 옮긴이_ 원-핫 인코딩(one-hot encoding)된 레이블을 말합니다.

8 옮긴이_ 이 함수는 `ml_editor/data_processing.py`에 저장되어 있습니다.

```
    labels = df["Score"] > df["Score"].median()
    return features, labels

features = [
    "action_verb_full",
    "question_mark_full",
    "text_len",
    "language_question",
]

X_train, y_train = get_feature_vector_and_label(train_df, features)
```

특히 텍스트 데이터로 작업할 때 일반적으로 모델을 위해 적절한 포맷으로 데이터를 변경하기 전까지 여러 단계를 거칩니다. 텍스트 문자열에서 토큰 리스트로 바꾸고, 추가 특성을 포함해 벡터 표현으로 변환하는 과정에서 오류가 발생하기 쉽습니다. 각 단계에서 객체의 크기를 조사하는 것만으로도 간단한 실수를 많이 잡을 수 있습니다.

데이터를 적절한 포맷으로 변경했다면 모델에 전달할 수 있습니다. 마지막 단계는 모델의 출력을 시각화하고 검증하는 것입니다.

모델 출력

먼저 출력을 보면 모델의 예측이 적절한 형태나 크기인지 확인하는 데 도움이 됩니다(주택 가격과 상점 체류 시간을 예측할 때 모델이 두 숫자의 배열을 출력하고 있나요?).

또한 몇 개의 샘플로만 모델을 훈련할 때, 출력이 진짜 레이블과 일치하기 시작해야 합니다. 모델이 이런 샘플에서 학습하지 못하면 데이터 포맷이 맞지 않거나 오염되었다는 징표입니다.

훈련하는 동안 모델의 출력이 바뀌지 않는다면 모델이 입력 데이터를 사용하지 않는다는 뜻입니다. 이런 경우 2.2.2절 '거인의 어깨 위에 올라서기'를 참고하여 모델을 올바르게 사용하고 있는지 검증하세요.

몇 개의 샘플을 전체 파이프라인에 통과시켰다면 이런 시각화 작업을 자동화할 테스트를 작성할 차례입니다.

시각적인 검증 자동화하기

앞서 설명한 시각화 작업을 통해 상당히 많은 버그를 잡을 수 있습니다. 새로운 모든 파이프라인이 이 작업에 시간을 투자할 가치가 있습니다. 데이터 흐름에 대한 가정을 검증하면 파이프라인이 멈추는 시간을 크게 절약할 수 있고 훈련과 일반화에 집중할 수 있습니다.

하지만 파이프라인은 자주 바뀝니다. 모델 성능을 높이거나 처리 로직을 수정하기 위해서 여러 요소를 업데이트할 때, 모든 것이 의도대로 여전히 잘 동작하리라 어떻게 보장할 수 있을까요? 무언가를 바꿀 때마다 파이프라인을 거치면서 각 단계에서 샘플을 시각화하려면 금방 지칠 것입니다.

앞서 언급한 소프트웨어 엔지니어링 모범 사례를 참고할 차례입니다. 파이프라인의 각 단계를 격리하고 앞서 수행했던 확인 작업을 파이프라인이 바뀔 때마다 실행할 수 있는 테스트로 바꾸고 이를 검증합니다.

관심 사항 분리하기

보통의 소프트웨어와 비슷하게 머신러닝도 모듈 구조를 채택하면 도움이 됩니다. 현재와 향후 디버깅 작업을 쉽게하려면 전체 파이프라인을 살펴보기 전에 개별 기능의 작동을 확인할 수 있도록 함수로 분리합니다.

파이프라인을 개별 함수로 분리하면 테스트를 작성할 수 있습니다.

6.2.2 머신러닝 코드 테스트

모델의 동작을 테스트하는 것은 어렵습니다. 머신러닝 파이프라인의 코드 대부분은 훈련 파이프라인이나 모델 자체에 대한 것이 아닙니다. 2.4.1절 '간단한 파이프라인으로 시작하기'에 있는 파이프라인 예시를 돌아보면 대부분의 함수는 결정적으로 동작하므로 테스트할 수 있습니다.

엔지니어와 데이터 과학자를 도와 모델을 디버깅했던 제 경험을 비추어보면 다수의 오류가 데이터 수집, 처리, 모델에 주입하는 방식에서 발생합니다. 따라서 데이터 처리 로직을 테스트하는 것은 성공적인 머신러닝 제품을 만들기 위해 아주 중요합니다.

머신러닝 시스템에서 적용 가능한 테스트에 대한 더 많은 정보는 에릭 브렉Eric Breck 등의 「The ML Test Score: A Rubric for ML Production Readiness and Technical Debt Reduction」[9] 논문을 추천합니다. 구글에서 머신러닝 시스템을 배포하면서 배운 교훈과 예시가 많이 포함되어 있습니다.

다음 절에서 3개의 핵심 영역을 위해 작성할 수 있는 유용한 테스트를 설명합니다. [그림 6-6]에서 각 영역과 다음 절에서 설명할 테스트 예를 볼 수 있습니다.

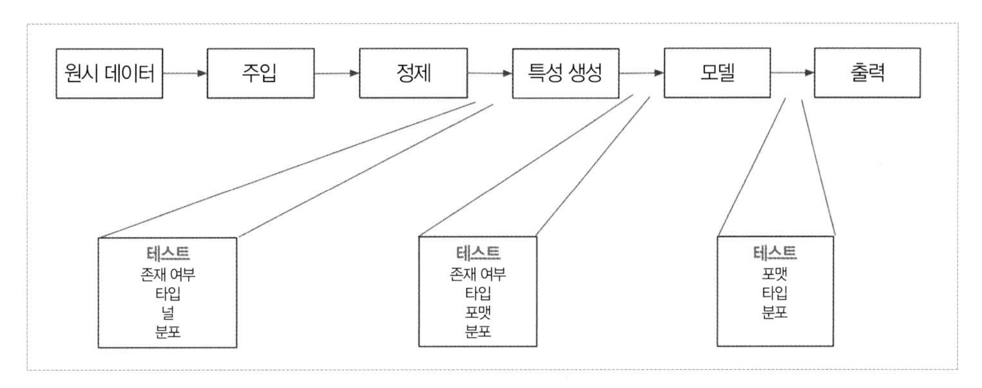

그림 6-6 테스트할 3개의 주요 영역

파이프라인은 데이터를 주입하는 것부터 시작합니다. 따라서 이 영역을 첫 번째로 테스트합니다.

데이터 주입 테스트

데이터는 일반적으로 디스크나 데이터베이스에 저장되어 있습니다. 스토리지에서 데이터를 파이프라인으로 이동할 때 무결성과 정확성을 확인해야 합니다. 먼저 로드한 샘플에 필요한 모든 특성이 포함되어 있는지 확인하는 테스트를 작성합니다.

다음 코드는 파서parser가 올바른 타입(데이터프레임)을 반환하는지, 중요한 모든 열이 담겨 있는지, 모든 특성이 널null이 아닌지를 검증하는 세 개의 테스트를 담고 있습니다. 이 책의 깃허

9 *https://oreil.ly/OjYVl*

브 저장소[10]에 있는 tests 폴더에서 이 장에서 다루는 테스트 함수를 확인할 수 있습니다.[11]

```
def test_parser_returns_dataframe():
    """
    파서가 데이터프레임을 반환하는지 테스트합니다.
    """
    df = get_fixture_df()
    assert isinstance(df, pd.DataFrame)


def test_feature_columns_exist():
    """
    필수 열이 모두 들어 있는지 검사합니다.
    """
    df = get_fixture_df()
    for col in REQUIRED_COLUMNS:
        assert col in df.columns


def test_features_not_all_null():
    """
    누락된 값을 포함한 특성이 있는지 검사합니다.
    """
    df = get_fixture_df()
    for col in REQUIRED_COLUMNS:
        assert not df[col].isnull().all()
```

각 특성의 타입을 테스트하고 널이 아닌지 검사할 수도 있습니다. 마지막으로 평균, 최소, 최댓값을 테스트하여 특성값의 범위나 분포에 대한 가정을 테스트할 수 있습니다. 최근에 특성 분포를 테스트하기 위해 그레이트 익스펙테이션스Great Expectations[12]와 같은 라이브러리가 개발되었습니다.

다음 코드는 간단하게 평균을 테스트하는 방법입니다.

10 *https://bit.ly/mlpa-git*

11 옮긴이_ 이 코드는 tests/test_ingestion.py 파일에 있습니다.

12 *https://greatexpectations.io*

```python
ACCEPTABLE_TEXT_LENGTH_MEANS = pd.Interval(left=20, right=2000)

def test_text_mean():
    """
    텍스트의 평균 길이가 탐험 과정에서 얻은 기대치와 맞는지 검증합니다.
    """
    df = get_fixture_df()
    df["text_len"] = df["body_text"].str.len()
    text_col_mean = df["text_len"].mean()
    assert text_col_mean in ACCEPTABLE_TEXT_LENGTH_MEANS
```

이런 테스트를 통해 데이터 소스의 API나 저장 장치에서 어떤 변화가 일어나더라도 훈련했을 때와 동일한 종류의 데이터가 모델에 입력된다는 것을 확인할 수 있습니다. 주입되는 데이터의 일관성에 대해 확신을 얻었다면 파이프라인의 다음 단계인 데이터 처리를 살펴봅시다.

데이터 처리 테스트

파이프라인 시작 부분에서 데이터가 기대에 부합하는지 테스트한 후에 데이터 정제와 특성 생성 단계가 예상대로 동작하는지 테스트해야 합니다. 먼저 전처리 함수를 위한 테스트를 작성하여 의도한 대로 수행되는지 검증합니다. 또한 데이터 주입 단계와 비슷한 테스트를 작성하고 모델에 주입되는 데이터에 대한 가정을 보장하는 데 초점을 맞춥니다.

이는 처리 파이프라인을 거친 후 필요 특성의 존재 유무, 타입, 속성을 테스트하는 것을 의미합니다. 다음 코드는 생성된 특성이 존재하는지, 타입과 최소, 최대, 평균값을 테스트하는 예입니다.

```python
def test_feature_presence(df_with_features):
    for feat in REQUIRED_FEATURES:
        assert feat in df_with_features.columns

def test_feature_type(df_with_features):
    assert df_with_features["is_question"].dtype == bool
    assert df_with_features["action_verb_full"].dtype == bool
    assert df_with_features["language_question"].dtype == bool
    assert df_with_features["question_mark_full"].dtype == bool
    assert df_with_features["norm_text_len"].dtype == float
    assert df_with_features["vectors"].dtype == list
```

```
def test_normalized_text_length(df_with_features):
    normalized_mean = df_with_features["norm_text_len"].mean()
    normalized_max = df_with_features["norm_text_len"].max()
    normalized_min = df_with_features["norm_text_len"].min()
    assert normalized_mean in pd.Interval(left=-1, right=1)
    assert normalized_max in pd.Interval(left=-1, right=1)
    assert normalized_min in pd.Interval(left=-1, right=1)
```

이런 테스트를 통해 별도의 테스트를 작성하지 않고도 모델의 입력에 영향을 미치는 파이프라인의 변화를 알 수 있습니다. 새로운 특성을 추가하거나 모델 입력에 변화가 있을 때만 새로운 테스트를 작성하면 됩니다.

이제 데이터 주입과 데이터 변환에 확신을 가질 수 있으므로 파이프라인의 다음 부분인 모델을 테스트할 차례입니다.

모델 출력 테스트

이전 두 단계와 비슷하게 모델의 출력값이 올바른 차원과 범위를 가지는지 검증하는 테스트를 작성하고 특정 입력에 대한 예측을 테스트합니다. 이를 통해 새로운 모델에서 예측 품질이 퇴보하는 것을 사전에 감지하는 데 도움이 됩니다. 또한 예제 샘플에 대해 모델이 항상 기대하는 출력을 만들도록 보장할 수 있습니다. 새로운 모델의 성능이 더 나을 경우, 특정 종류의 입력에서 성능이 나빠지는지 알아차리기 어렵습니다. 테스트를 작성하면 이런 이슈를 훨씬 쉽게 감지할 수 있습니다.

다음 코드에서 모델 예측의 크기와 값을 테스트합니다. 세 번째 테스트는 모델 성능의 퇴보를 막기 위해 모델이 엉망으로 쓴 질문을 낮은 품질로 분류하는지를 검사합니다.

```
def test_model_prediction_dimensions(
    df_with_features, trained_v1_vectorizer, trained_v1_model
):
    df_with_features["vectors"] = get_vectorized_series(
        df_with_features["full_text"].copy(), trained_v1_vectorizer
    )

    features, labels = get_feature_vector_and_label(
        df_with_features, FEATURE_NAMES
    )
```

```
    probas = trained_v1_model.predict_proba(features)
    # 모델이 입력 샘플마다 하나의 예측을 만듭니다.
    assert probas.shape[0] == features.shape[0]
    # 모델이 두 개의 클래스에 대한 확률을 예측합니다.
    assert probas.shape[1] == 2


def test_model_proba_values(
    df_with_features, trained_v1_vectorizer, trained_v1_model
):
    df_with_features["vectors"] = get_vectorized_series(
        df_with_features["full_text"].copy(), trained_v1_vectorizer
    )

    features, labels = get_feature_vector_and_label(
        df_with_features, FEATURE_NAMES
    )

    probas = trained_v1_model.predict_proba(features)
    # 모델의 확률은 0과 1 사이입니다.
    assert (probas >= 0).all() and (probas <= 1).all()


def test_model_predicts_no_on_bad_question():
    input_text = "This isn't even a question. We should score it poorly"
    is_question_good = get_model_predictions_for_input_texts([input_text])
    # 모델이 이 샘플을 나쁜 질문으로 분류해야 합니다.
    assert not is_question_good[0]
```

먼저 데이터를 시각적으로 조사하여 파이프라인에 유용하고 사용할 수 있는지 검사했습니다. 그다음 테스트를 작성하여 데이터 처리 전략이 변화되어도 이런 가정이 올바르게 유지되도록 보장합니다. 이제 [그림 6-2]의 두 번째 단계인 훈련 과정의 디버깅을 다룰 차례입니다.

6.3 훈련 디버깅: 모델 학습하기

파이프라인을 테스트하고 하나의 샘플에서 동작하는지 검증했다면 몇 가지 사실을 알 수 있습니다. 이 파이프라인은 데이터를 받아 성공적으로 변환합니다. 그다음 이 데이터를 모델에 적절한 포맷으로 전달합니다. 마지막으로 몇 개의 샘플을 받은 모델이 학습한 뒤 올바른 결과를 출력합니다.

이제 모델이 몇 개 이상의 샘플을 처리하며 훈련 세트에서 학습할 수 있는지 확인할 차례입니다. 다음 절의 초점은 많은 샘플에서 모델을 훈련하고 **전체 훈련 데이터를 모델이 학습할 수 있도록 만드는 것**입니다.

이렇게 하기 위해 전체 훈련 세트를 모델에 전달하여 성능을 측정합니다. 대용량의 데이터를 다룬다면 모델에 주입하는 데이터의 양을 점진적으로 늘리면서 성능을 확인할 수 있습니다.

훈련 세트의 크기를 점진적으로 늘리면 데이터 추가가 모델 성능에 미치는 영향을 측정할 수 있다는 장점이 있습니다. 전체 데이터셋을 사용하기 전에 수백 개의 샘플로 시작해서 수천 개로 늘려보세요(데이터셋에 있는 샘플이 수천 개보다 적다면 그냥 바로 전체 데이터를 전달해도 괜찮습니다).

각 단계에서 모델을 훈련시킨 다음, **동일한 데이터**에서 성능을 평가합니다. 모델이 선택한 데이터를 학습할 수 있는 능력이 된다면 훈련 데이터에 대한 성능은 비교적 안정되어야 합니다.

모델 성능을 나타내기 위해 받아들일 수 있는 오차 수준을 추정하는 것이 좋습니다. 예를 들어 몇 개의 샘플을 직접 레이블링하고 진짜 레이블과 결과를 비교해봅니다. 대부분의 작업은 줄일 수 없는 오차irreducible error가 있습니다. 이 오차는 작업의 복잡성에 대한 최상의 성능을 나타냅니다. [그림 6-7]에서 오차의 종류와 훈련 성능을 비교한 그래프를 볼 수 있습니다.

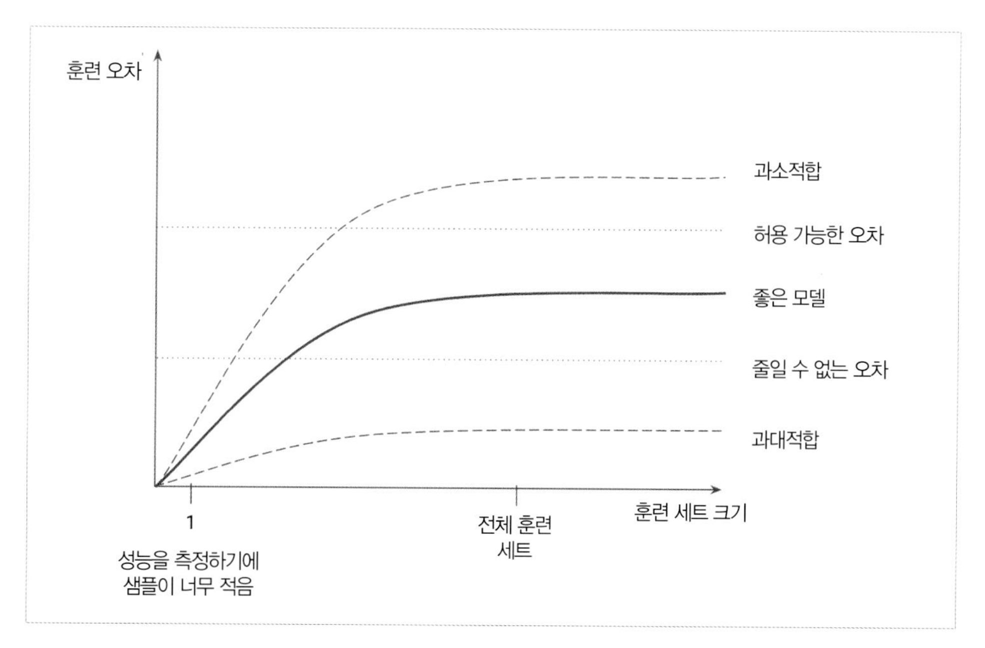

그림 6-7 데이터셋 크기에 따른 훈련 성능

전체 데이터셋에 대한 모델의 성능은 하나의 샘플을 사용했을 때보다 나빠져야 합니다. 하나일 때보다 전체 데이터셋을 외우는 것이 어렵기 때문입니다. 하지만 성능은 앞서 정의한 범위 안에 있어야 합니다.

전체 훈련 세트를 전달하고 모델의 성능이 제품의 목표를 위해 정의한 요구 사항에 도달한다면 다음 단계로 이동해도 괜찮습니다! 그렇지 않다면 이어지는 절에서 모델이 훈련 세트를 학습하지 못하는 몇 가지 원인을 알아보겠습니다.

6.3.1 작업 복잡도

모델의 성능이 기대보다 많이 낮다면 작업이 너무 어렵기 때문일지도 모릅니다. 얼마나 어려운 작업인지 평가하려면 다음을 고려해보세요.

- 보유한 데이터의 양과 다양성
- 생성된 특성의 유용성
- 모델의 복잡도

각각 자세히 살펴보겠습니다.

데이터 품질, 용량, 다양성

문제가 다양하고 복잡할수록 모델이 학습하는 데 더 많은 데이터가 필요합니다. 모델이 패턴을 학습하기 위해서 각 타입의 샘플이 데이터에 많이 있어야 합니다. 예를 들어 고양이 사진을 100가지 고양이 품종 중 하나로 분류하려면 고양이와 개를 분류할 때보다 훨씬 많은 사진이 필요합니다. 실제로 필요한 데이터의 양은 클래스 개수에 비례하여 급격히 늘어납니다. 많은 클래스가 있다는 것은 분류 오차의 가능성이 높기 때문입니다.

또한 데이터가 적을수록 레이블에 있는 오류나 누락된 값이 미치는 영향이 큽니다. 따라서 데이터셋의 특성과 레이블을 검사하고 확인하는 데 시간을 들일 가치가 있습니다.

마지막으로 대부분의 데이터셋은 **이상치**outlier를 가집니다. 이상치는 다른 샘플과는 많이 다르며, 모델이 다루기 어렵습니다. 훈련 세트에서 이상치를 제거하면 작업을 단순화시켜 모델의 성능을 향상시킬 수 있습니다. 하지만 이 방법이 항상 좋지는 않습니다. 실제 제품에 투여되었을 때 모델이 비슷한 샘플을 만날 가능성이 있다면 이상치를 유지하고, 모델이 성공적으로 학습할 수 있도록 **데이터와 모델을 향상하는 데** 초점을 맞추어야 합니다.

데이터셋이 복잡할수록 데이터를 표현하는 데 유용하며 모델이 쉽게 학습할 수 있도록 돕습니다. 이것이 어떤 의미인지 알아보죠.

데이터 표현

모델에 전달하는 특성만으로 관심 패턴을 얼마나 쉽게 감지할 수 있나요? 모델이 훈련 데이터에서 좋은 성능을 내는 데 어려움이 있다면 특성을 추가해 데이터의 표현을 풍부하게 만들고 모델의 학습을 도와야 합니다.

이전에 무시했지만 예측에 유용한 새로운 특성이 나올 수 있습니다. 머신러닝 에디터의 경우 모델의 첫 번째 반복에서 질문에 있는 본문 텍스트만 고려했습니다. 하지만 데이터셋을 더 살펴본 후에 질문의 품질을 판단하는 데 제목이 매우 유용하다는 것을 알았고, 이 특성을 데이터셋에 추가하여 모델의 성능을 높일 수 있었습니다.

새로운 특성은 기존 특성을 반복하거나 창의적으로 연결하여 만들 수 있습니다. 이 예를 4.4절

'데이터를 활용한 특성 생성과 모델링'에서 보았습니다. 요일과 일자를 연결하여 비즈니스 목적에 연관된 특성을 만들었습니다.

가끔 모델에 문제가 있는 경우도 있습니다. 다음 절에서 이를 살펴보겠습니다.

모델 용량

데이터 품질을 높이고 좋은 특성을 제공하는 것이 가장 효과가 좋습니다. 나쁜 성능의 원인이 모델이라면 현재 문제에 이 모델이 적합하지 않다는 뜻입니다. 5.1.2절 '패턴에서 모델로'에서 보았듯이 특정 데이터셋과 문제에는 특정 모델이 필요합니다. 문제에 적합하지 않은 모델은 몇 개의 샘플에 과대적합될 수는 있어도 좋은 성능을 내기 어렵습니다.

유용한 특성이 많은 데이터셋에서 모델이 성능을 높이지 못한다면 먼저 올바른 종류의 모델을 사용하고 있는지 자문해보세요. 가능하다면 검사를 쉽게 하기 위해 현재 모델의 간단한 버전을 사용해보세요. 예를 들어 랜덤 포레스트 모델의 성능이 전혀 향상되지 않는다면 동일한 작업에 결정 트리를 적용하고 노드node를 시각화하여 유용하다고 생각하는 특성을 사용하고 있는지 확인해보세요.

또는 사용한 모델이 너무 단순할 수도 있습니다. 가장 간단한 모델로 시작하면 빠르게 반복하기 좋습니다. 하지만 어떤 작업은 이런 모델의 능력 밖에 있습니다. 이를 해결하려면 모델에 복잡도를 추가해야 합니다. 모델이 작업에 적합한지 확인하려면 2.2.2절 '거인의 어깨 위에 올라서기'에서 언급한 성공적인 사례를 살펴보는 것을 추천합니다. 비슷한 작업의 예를 찾아보고 문제를 해결하기 위해 어떤 모델을 사용했는지 조사해보세요. 이런 모델 중 하나를 사용하는 것도 좋은 출발점이 됩니다.

모델이 작업에 적절하다면 성능 부족은 훈련 과정 때문일 수 있습니다.

6.3.2 최적화 문제

모델이 작은 샘플 집합을 학습할 수 있는지를 검증하고 나면, 데이터가 파이프라인을 통과할 수 있다는 확신을 얻게 됩니다. 하지만 훈련 과정이 전체 데이터셋으로 모델을 훈련하기에 적절한지는 모릅니다. 모델이 가중치를 업데이트하기 위해 사용하는 방법이 현재 데이터셋에 적절하지 않을 수 있습니다. 이런 문제는 신경망처럼 아주 복잡한 모델에서 종종 일어나며 하이퍼파라미터 선택이 훈련 성능에 큰 영향을 미칩니다.

신경망처럼 경사 하강법을 사용하여 훈련하는 모델로 작업할 때는 텐서보드TensorBoard[13] 같은 시각화 도구를 사용하면 훈련 문제를 찾는 데 도움이 됩니다. 최적화 과정 동안 손실 그래프를 그리면, 손실이 초기에 급격히 감소하다가 완만해지는 것을 보게 됩니다. [그림 6-8]은 훈련 과정의 손실 함숫값(이 경우 크로스 엔트로피 함숫값)을 나타낸 텐서보드의 대시보드dashboard 예입니다.

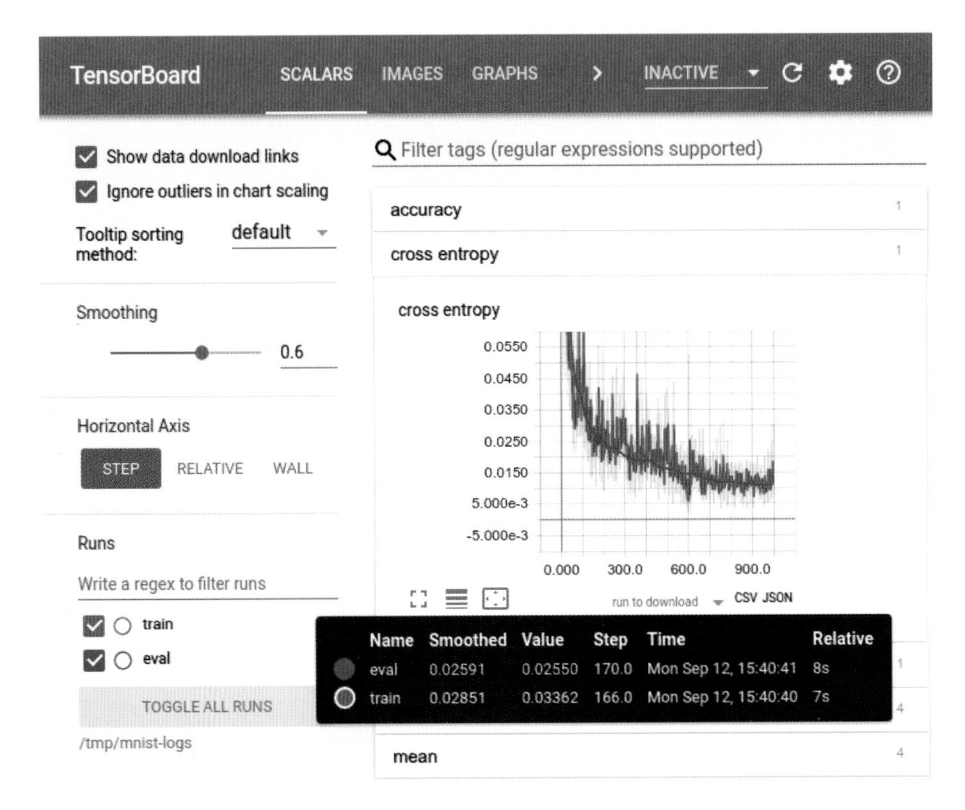

그림 6-8 텐서보드 문서에서 가져온 대시보드 화면

손실 곡선이 매우 느리게 감소한다면 이는 모델이 너무 느리게 학습하는 것을 나타냅니다. 이런 경우 학습률을 높이고 동일한 곡선을 그려 손실이 빠르게 감소하는지 확인할 수 있습니다. 반면 손실 곡선이 매우 불안정하게 보이면 학습률이 너무 크기 때문일 수 있습니다.

13 https://bit.ly/2SH6aKk

손실과 더불어 가중치와 활성홧값을 시각화하면 신경망이 적절하게 학습하는지 확인할 수 있습니다. [그림 6-9]에서 훈련이 진행됨에 따라 가중치의 분포가 변하는 것을 볼 수 있습니다. 몇 번의 에포크epoch[14] 동안 이 분포가 변하지 않는다면 학습률을 높여야 한다는 신호일 수 있습니다. 오히려 너무 많이 변한다면 학습률을 낮춥니다.

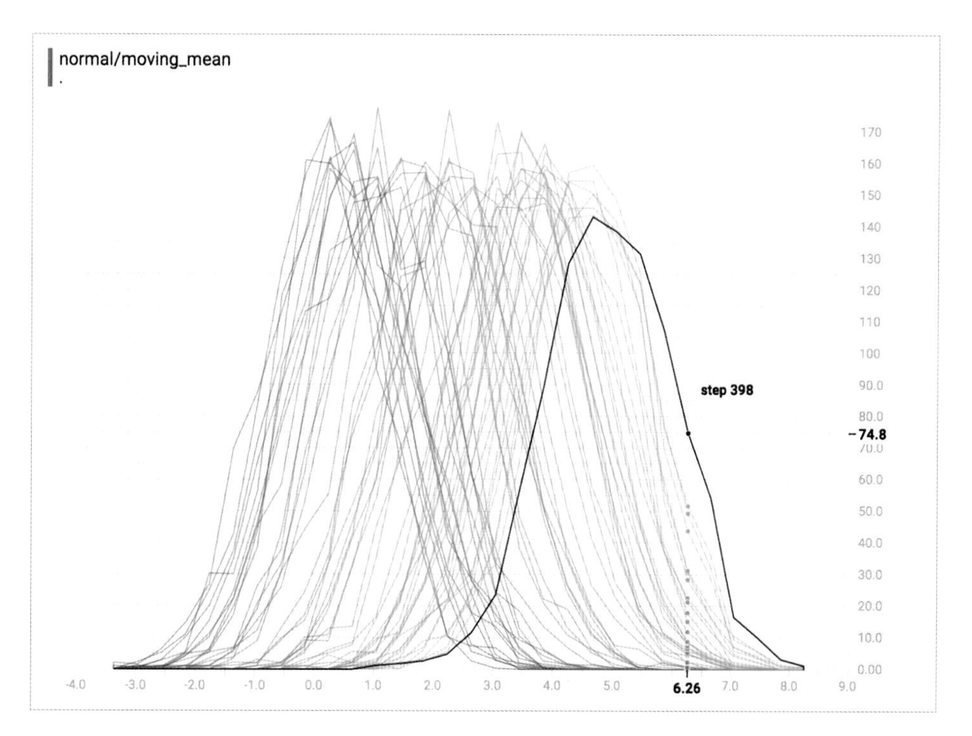

그림 6-9 훈련이 진행되면서 바뀌는 가중치의 히스토그램[15]

훈련 데이터에서 모델을 성공적으로 훈련하는 것은 머신러닝 프로젝트에서 중요한 단계이지만 마지막 단계는 아닙니다. 머신러닝 제품을 만드는 최종 목적은 이전에 본 적 없는 샘플에서 잘 동작하는 모델을 만드는 것입니다. 이를 위해서는 본 적 없는 샘플에 대해 잘 일반화된 모델이 필요합니다. 그럼 다음 절에서 일반화를 살펴봅시다.

14 옮긴이_ 에포크는 경사 하강법 알고리즘에서 훈련 세트를 모두 사용하여 한 번 훈련하는 과정을 의미합니다.

15 옮긴이_ 이 그래프는 텐서보드의 히스토그램 대시보드에서 가져온 예입니다.

6.4 일반화 디버깅: 유용한 모델 만들기

일반화는 [그림 6-2]의 마지막 세 번째 단계입니다. 여기에서는 이전에 본 적 없는 데이터에서도 잘 동작하는 머신러닝 모델을 만드는 데 초점을 맞춥니다. 5.1.3절 '데이터셋 분할'에서 본 적 없는 샘플에 일반화하는 모델의 능력을 평가하기 위해 훈련 세트, 검증 세트, 테스트 세트로 나누는 것이 중요하다고 배웠습니다. 5.2절 '모델 평가: 정확도를 넘어서'에서 모델의 성능을 분석하고 성능을 향상하는 데 도움이 되는 특성을 찾는 방법도 다루었습니다. 여기에서는 모델 훈련을 여러 번 반복한 후에도 검증 세트에서 좋은 성능을 얻지 못할 경우, 도움이 될 만한 조언을 살펴봅니다.

6.4.1 데이터 누수

5.1.3절 '데이터 누수'에서 데이터 누수에 대해 자세히 다루었습니다. 하지만 여기에서는 일반화 입장에서 데이터 누수를 설명하려고 합니다. 모델의 성능은 훈련 세트보다 검증 세트에서 더 나쁩니다. 모델이 훈련에 사용한 데이터보다 이전에 만난 적이 없던 데이터에서 예측을 만들기 어렵기 때문에 예상할 수 있는 결과입니다.

NOTE_ 훈련이 끝나기 전에 검증 손실과 훈련 손실을 보면 검증 손실이 훈련 손실보다 더 낮게 보이는 경우가 있습니다. 이는 모델이 훈련될 때 손실이 한 에포크에 걸쳐 계산되기 때문입니다. 반면 검증 손실은 에포크가 완료된 후에 모델의 최종 버전으로 계산됩니다.[16]

검증 성능이 훈련 성능보다 높으면 데이터 누수가 원인일 가능성이 있습니다. 훈련 세트에 있는 샘플이 검증 세트에 있는 샘플에 대한 정보를 담고 있으면 모델이 이 정보를 사용해 검증 세트에서 높은 성능을 낼 것입니다. 검증 세트에서 놀라운 성능을 보인다면 모델이 사용하는 특성을 조사하고 데이터 누수가 있는지 확인하세요. 데이터 누수 문제를 해결하면 검증 성능은 낮아지지만 모델은 더 좋아집니다.

데이터 누수는 일반화되지 않은 모델을 일반화되었다고 믿게 만듭니다. 그렇지 않은 경우에는 따로 떼어놓은 검증 세트의 성능을 보면, 모델이 훈련 세트에서만 잘 동작한다는 게 명확해집

16 옮긴이_ 보통 에포크 초기의 훈련 손실이 에포크 종료 시점보다 높습니다. 따라서 에포크 전체에 대한 훈련 손실을 평균하면 종료 시점에 계산되는 검증 손실보다 높을 수 있습니다.

니다. 훈련 세트에서만 잘 동작한다면 모델이 과대적합일 수 있습니다.

6.4.2 과대적합

5.1.5절 '편향-분산 트레이드오프'에서 모델이 훈련 세트를 학습하는 데 어려움을 겪을 때를 과소적합이라 불렀습니다. **과소적합**의 반대는 **과대적합**overfitting이며 모델이 훈련 세트에 **너무 잘 맞을 때**를 일컫습니다.

데이터에 너무 잘 맞는다는 것은 어떤 의미일까요? 예를 들면 좋은 글과 나쁜 글에 관련된 일반적인 트렌드를 학습하지 못하며, 다른 데이터에는 없고 훈련 세트에만 있는 개별 샘플의 특정 패턴만 감지한다는 의미입니다. 이런 패턴은 훈련 세트에서 높은 점수를 얻게 도와주지만 다른 샘플을 분류할 때는 유용하지 않습니다.

[그림 6-10]은 작은 예제 데이터셋에 대한 과대적합과 과소적합의 예입니다. 과대적합 모델은 훈련 세트를 완벽하게 학습했지만 내재된 트렌드를 정확하게 근사하지 못했습니다. 따라서 본 적 없는 샘플을 정확히 예측하지 못합니다. 과소적합 모델은 데이터의 경향을 전혀 잡아내지 못했습니다. 합리적인 모델은 과대적합된 모델보다 훈련 세트에서는 성능이 나쁘지만 테스트 세트에서는 더 높습니다.

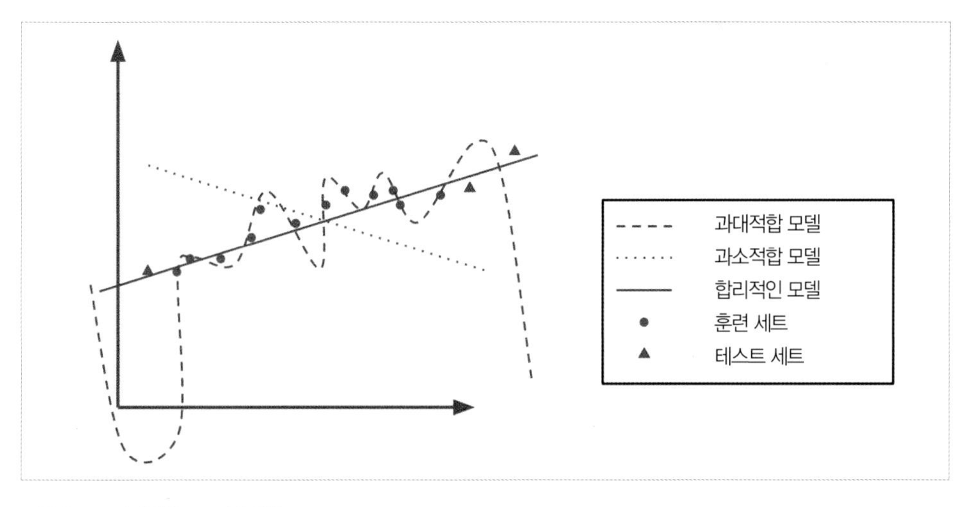

그림 6-10 과대적합 vs 과소적합

테스트 세트보다 훈련 세트의 성능이 너무 높다면 모델이 과대적합되었다는 의미입니다. 훈련 세트에 있는 세세한 패턴을 학습했지만 본 적 없는 데이터에는 잘 적용할 수 없습니다.

과대적합은 훈련 세트에 대해 모델이 너무 많이 학습했기 때문이므로 데이터셋을 학습하는 모델의 능력을 감소시켜 이를 피할 수 있습니다. 이렇게 하는 몇 가지 방법을 알아보겠습니다.

규제

규제regularization는 정보를 표현하는 모델의 능력에 벌칙을 부과합니다. 규제의 목적은 관련 없는 많은 패턴에 초점을 맞추는 모델의 능력을 제한하고 적은 개수의 더 유용한 특성을 사용하게 만드는 것입니다.

많이 사용하는 모델 규제 방법은 가중치의 절댓값을 벌칙으로 부과하는 것입니다. 예를 들어 선형 회귀나 로지스틱 회귀 같은 모델에서 L1 규제와 L2 규제는 손실 함수에 큰 가중치에 대한 벌칙 항을 추가합니다. L1의 경우 이 항은 가중치의 절댓값의 합입니다. L2의 경우 가중치의 제곱합을 추가합니다.

규제 방법마다 효과는 다릅니다. L1 규제는 유용하지 않은 특성을 0으로 만들어 정보가 풍부한 특성을 선택하도록 돕습니다(위키백과의 Lasso[17]를 참고하세요). 일부 특성에 상관관계가 있을 때 L1 규제가 유용합니다. L1 규제는 모델이 이런 특성 중 하나를 사용하도록 유도하기 때문입니다.

규제 방법은 모델에 따라 다를 수 있습니다. 신경망은 드롭아웃dropout을 규제로 종종 사용합니다. 드롭아웃은 훈련 과정에서 신경망의 뉴런 중 일정 비율을 랜덤하게 무시합니다. 이를 통해 하나의 뉴런이 과도한 영향력을 발휘하지 못하도록 합니다. 이런 뉴런 때문에 신경망이 훈련 데이터의 특징을 외워버립니다.

랜덤 포레스트와 같은 트리 기반 모델에서 트리의 최대 깊이를 줄이면 각 트리가 데이터에 과대적합되는 능력이 감소됩니다. 이를 통해 랜덤 포레스트 모델을 규제할 수 있습니다. 랜덤 포레스트에서 사용하는 트리 개수를 늘려도 규제의 효과가 있습니다.

모델이 훈련 세트에서 과대적합되는 것을 막는 또 다른 방법은 **데이터 증식**data augmentation을 사용해 과대적합되기 힘든 데이터를 만드는 것입니다.

17 https://oreil.ly/Su9Bf

데이터 증식

데이터 증식은 기존의 샘플을 조금 바꾸어서 새로운 훈련 데이터를 만드는 과정입니다. 모델에 더 다양한 입력 데이터를 제공하기 위해 기존 데이터와 다른 샘플을 인공적으로 만드는 것이 목표입니다. 증식 전략은 데이터 종류에 따라 다릅니다. [그림 6-11]에서 이미지를 위한 몇 가지 증식 방법을 볼 수 있습니다.

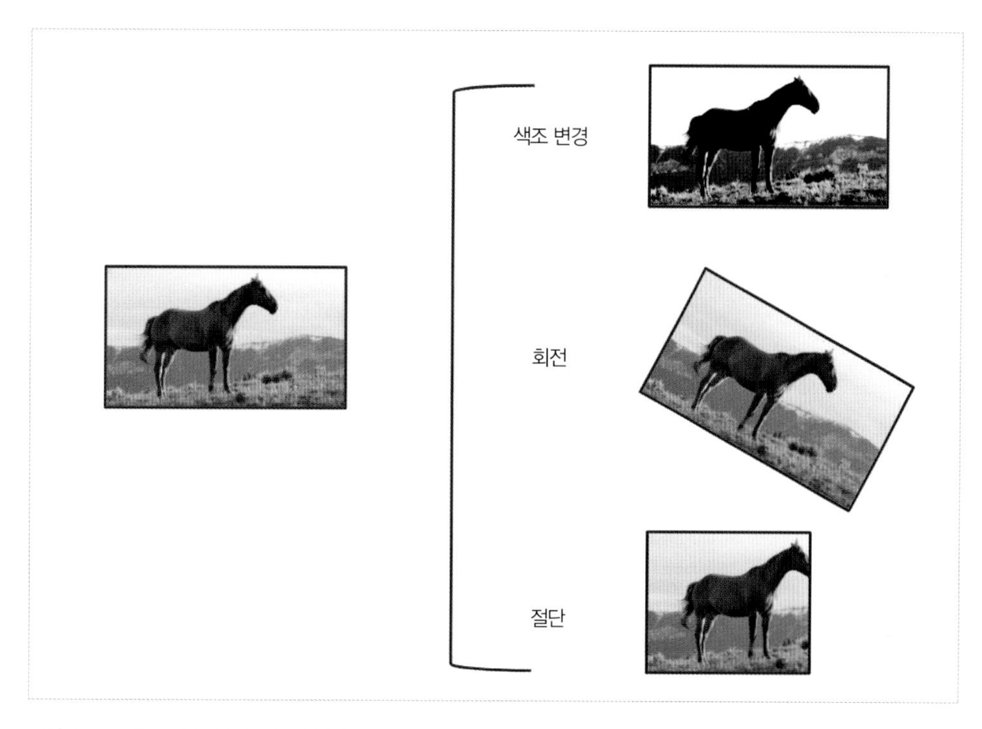

그림 6-11 이미지를 위한 데이터 증식 예

데이터 증식은 훈련 세트를 단조롭지 않고 복잡하게 만듭니다. 이로 인해 훈련 세트를 학습하는 게 더 어려워지지만, 모델이 훈련 과정에서 다양한 입력 데이터를 만날 수 있습니다. 데이터 증식 때문에 종종 훈련 세트에서 성능이 낮게 나오지만 검증 세트나 실제 샘플처럼 본 적 없는 데이터에서는 성능이 높게 나옵니다. 데이터 증식으로 훈련 세트를 실제 샘플과 더 비슷하게 만들 수 있다면 이 전략은 특히 효과적입니다.

허리케인 때문에 침수된 도로를 감지하기 위해 인공위성 사진을 사용하는 엔지니어를 도운 적이 있습니다. 침수되지 않은 도시에 대한 데이터와 레이블만 가지고 있었기에 프로젝트가 난항을 겪고 있었습니다. 많이 어둡고 화질이 좋지 않은 허리케인 이미지에서 모델의 성능을 높이기 위해 데이터 증식 파이프라인으로 어둡고 흐릿한 훈련 이미지를 만들었습니다. 도로를 감지하기 어려워졌기 때문에 훈련 성능이 나빠졌습니다. 하지만 데이터 증식이 검증 세트에 있는 샘플과 비슷한 이미지를 모델에 제공했기 때문에 검증 세트의 성능은 높아졌습니다. 데이터 증식은 훈련 세트의 표현을 풍부하게 만들었고, 따라서 모델의 견고성이 높아졌습니다.

앞서 언급한 방법을 사용하고도 검증 세트의 성능이 낮다면 데이터셋 자체를 다시 만들어야 합니다.

데이터셋 재설계

어떤 경우에는 훈련 세트와 검증 세트가 어렵게 분할되면 모델이 과소적합되고 검증 세트의 성능이 낮을 수 있습니다. 검증 세트에는 어려운 샘플만 있고, 훈련 세트에는 쉬운 샘플만 있다면 모델이 어려운 샘플을 학습할 수가 없습니다. 마찬가지로 훈련 세트에 어떤 범주의 샘플이 부족하게 나타나면 모델이 이 샘플을 제대로 학습하지 못합니다. 하나의 측정 지표를 최소화하도록 모델을 훈련할 때 소수의 클래스는 무시되고, 다수의 클래스에 맞춰질 위험이 있습니다.

데이터 증식 전략이 도움이 될 수 있지만 훈련 세트가 전체 데이터셋을 잘 대표하도록 다시 분할하는 것이 가장 좋은 방법입니다. 이런 작업을 할 때 데이터 누수를 주의하고 가능한 한 동일한 난이도를 가지도록 분할해야 합니다. 새로운 데이터 분할이 검증 세트에 쉬운 샘플을 전부 할당하게 되면 검증 세트에 대한 모델의 성능은 인공적으로 높아지지만, 실전에 투입되었을 때 좋은 결과로 이어지지는 못할 것입니다. 균일하지 못한 데이터 분할 품질에 대한 걱정을 덜려면 k-폴드 교차 검증k-fold cross-validation[18]을 사용할 수 있습니다. 훈련 데이터를 k개의 폴드로 분할하고 차례대로 한 폴드씩 검증 세트의 역할을 담당하면서 모델의 성능을 측정합니다.

훈련 세트와 검증 세트의 복잡도에 균형을 잡았다고 확신이 되면 모델 성능은 향상되어야 합니다. 모델의 성능이 여전히 만족스럽지 않다면 정말 어려운 문제를 다루고 있을 수 있습니다.

---

18 https://oreil.ly/NkhZa

6.4.3 문제 다시 생각하기

작업이 너무 복잡하기 때문에 모델의 일반화가 어려울 수 있습니다. 예를 들면 사용하고 있는 입력이 타깃을 예측하는 데 유용하지 않을 수 있습니다. 해결할 작업이 현재 머신러닝의 기술에 맞는 적절한 난이도인지 확인하려면 2.2.2절 '거인의 어깨 위에 올라서기'를 참고하는 것이 좋습니다. 해당 절에서 현존하는 최상의 머신러닝 모델을 찾아보고 평가하는 방법을 소개했습니다.

또한 데이터셋을 가지고 있다는 것이 문제를 풀 수 있다는 의미는 아닙니다. 랜덤한 입력에서 랜덤한 출력을 정확히 예측하는 작업은 불가능합니다. 훈련 세트를 외우는 것으로 성능 높은 모델을 만들 수는 있지만, 이 모델이 랜덤한 입력에서 다른 랜덤한 출력을 정확히 예측할 수는 없습니다.

모델이 일반화되지 않는다면 너무 어려운 작업일 수 있습니다. 미래에 등장할 샘플에 유용한 의미 있는 특성을 학습하기에 훈련 샘플에는 충분한 정보가 없을 수 있습니다. 이런 경우라면 머신러닝에 잘 맞는 문제가 아닙니다. 문제를 잘 정의하려면 1장을 다시 참고하세요.

6.5 마치며

이 장에서 동작하는 모델을 얻기 위해 따라야 할 세 개의 단계를 다루었습니다. 먼저 데이터를 검사하고 테스트를 작성하여 파이프라인의 동작을 디버깅합니다. 그다음 학습할 능력이 있는지 확인하기 위해 훈련 세트에 잘 동작하는 모델을 얻습니다. 마지막으로 본 적 없는 데이터에 대해 일반화되고 유용한 출력을 만들 수 있는지 확인합니다.

이런 과정이 모델을 디버깅하고 개발 속도와 모델의 안정성을 높이는 데 도움이 됩니다. 첫 번째 모델을 만들고, 훈련하고, 디버깅했다면 다음 단계는 성능을 평가하여 모델을 반복하거나 배포하는 것입니다.

7장에서 훈련된 분류기를 사용해 사용자에게 실제 추천을 어떻게 제공하는지 소개하겠습니다. 그다음 머신러닝 에디터를 위한 후보 모델을 비교하고 추천 성능을 높이기 위해 사용할 모델을 결정하겠습니다.

CHAPTER 7

분류기를 사용한 글쓰기 추천

머신러닝 모델의 성능을 높일 수 있는 최선의 방법은 3부에서 소개했던 [그림 7-1]에 있는 루프를 빠르게 반복하는 것입니다. 먼저 모델링에 대한 가설을 세우고, 모델링 파이프라인을 반복합니다. 그다음 자세한 오차 분석을 통해 다음 가설을 세웁니다.

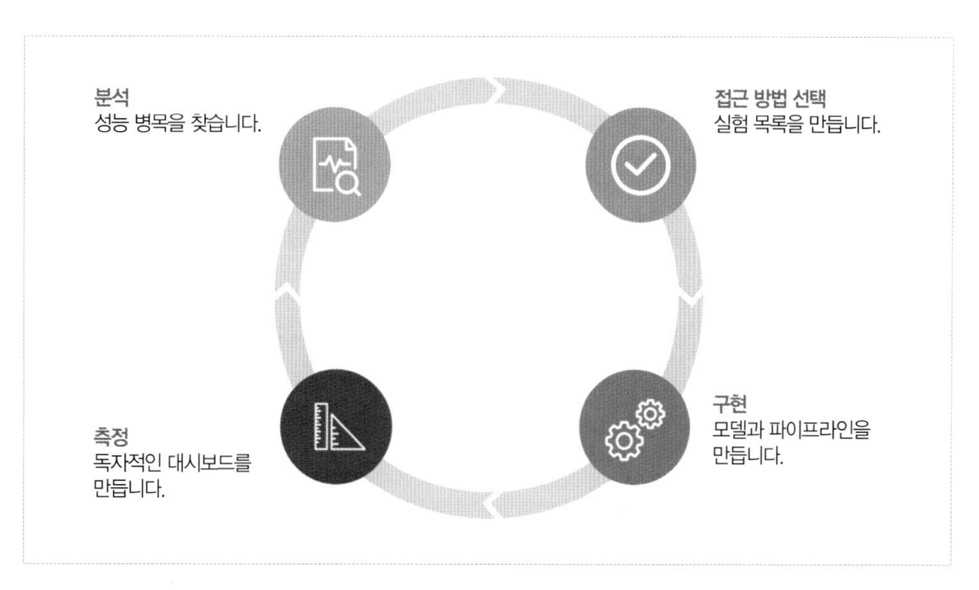

그림 7-1 머신러닝 반복 루프

이전 장에서 이 루프에 있는 몇 가지 단계를 설명했습니다. 5장에서 모델을 훈련하고 평가하는 방법을 다루었고 6장에서 모델을 빠르게 구축하고 머신러닝에 관련된 오류를 해결하는 팁을 소개했습니다. 이번 장은 루프 반복의 마지막 부분으로, 훈련된 모델을 사용해 사용자에게 추천을 제공하는 방법을 처음 소개합니다. 그다음 머신러닝 에디터에 사용할 모델을 선택하고 마지막으로 이 두 가지를 합쳐 완전히 동작하는 머신러닝 에디터를 만듭니다.

2.3절 '머신러닝 에디터 계획하기'에서 머신러닝 에디터에 대한 계획을 설명했습니다. 먼저 샘플을 높은 점수의 질문과 낮은 점수의 질문으로 분류하는 모델을 훈련합니다. 그리고 훈련된 모델을 사용해 더 나은 질문을 작성할 수 있는 가이드를 제공합니다. 그럼 이 모델이 어떻게 사용자에게 질문 작성에 대한 조언을 제공하는지 알아보겠습니다.

7.1 모델로 추천 만들기

머신러닝 에디터의 목표는 글쓰기에 대한 추천을 제공하는 것입니다. 질문을 좋고 나쁜 것으로 분류하는 작업은 사용자에게 현재 질문의 품질을 보여줄 수 있으므로 목표를 향한 첫 번째 단계가 됩니다. 여기서 한 발 더 나아가 사용자에게 적용 가능한 추천을 제공하여 질문을 개선하도록 돕겠습니다.

이런 추천을 제공하는 방법을 이 절에서 다룹니다. 먼저 특성의 통계를 사용하는 간단한 방법으로 시작해보겠습니다. 추론 시에 모델을 사용할 필요가 없는 방법입니다. 그다음 변동에 대한 민감도와 모델의 점수를 사용해 개인화된 추천을 제공하는 방법을 알아보겠습니다. 이 장에서 머신러닝 에디터에 적용하는 방법은 깃허브 저장소[1]의 `generating_recommendations.ipynb` 노트북에서 확인할 수 있습니다.

7.1.1 모델 없이 할 수 있는 것

머신러닝 반복 루프를 여러 번 실행해 훈련시키면 모델의 성능이 좋아집니다. 반복마다 기존 기술을 연구하고, 가능성 있는 데이터셋을 찾고, 모델의 결과를 조사하여 더 좋은 특성을 만듭

1 *https://bit.ly/mlpa-git*

니다. 이런 특성 반복 작업을 활용하면 사용자에게 추천을 제공할 수 있습니다. 이 방식은 사용자의 질문에 대해 모델을 실행할 필요가 없습니다. 대신 보편적인 추천을 제공하는 데 초점을 맞춥니다.

특성을 직접 사용하거나 훈련된 모델로 관련된 특성을 선택할 수 있습니다.

특성 통계 사용하기

예측에 유용한 특성을 찾았다면 모델을 사용하지 않고 사용자에게 바로 제시할 수 있습니다. 이 특성의 평균값이 클래스마다 차이가 크다면 이 정보를 사용자에게 바로 제공해 사용자가 입력을 타깃 클래스 쪽으로 수정할 수 있도록 합니다.

초기에 머신러닝 에디터에서 찾은 특성 중 하나는 물음표의 존재 여부였습니다. 데이터를 조사해보니 높은 점수를 받은 질문은 물음표의 개수가 적은 경향이 있었습니다. 이 정보로 추천을 만들기 위해 사용자의 질문에 포함된 물음표의 비율이 고득점을 받은 질문보다 훨씬 많다면 경고를 보내는 규칙을 작성합니다.

판다스를 사용하면 코드 몇 줄로 각 레이블에 대한 평균 특성값을 출력할 수 있습니다.[2]

```
class_feature_values = features_and_labels.groupby("label").mean()
class_feature_values = class_feature_values.round(3)
class_feature_values.transpose()
```

이 코드를 실행하면 [표 7-1]을 얻을 수 있습니다. 이 결과를 보면 고득점 질문과 저득점 질문 간에 특성값의 차이가 크다는 걸 알 수 있습니다.

표 7-1 클래스 간의 특성값 차이[3]

레이블	저득점	고득점
num_questions	0.432	0.409
num_periods	0.814	0.754
num_commas	0.673	0.728

2 옮긴이_ label 열에는 score 열이 중간값보다 크면 True, 작으면 False가 저장되어 있습니다.

3 옮긴이_ 이 표에서 마지막 행을 제외한 나머지 행은 질문에 있는 문자 개수(num_chars)에 대한 비율(%)을 나타냅니다.

num_exclam	0.019	0.015
num_quotes	0.216	0.199
num_colon	0.094	0.081
num_stops	10.537	10.610
num_semicolon	0.013	0.014
num_words	21.638	21.480
num_chars	822.104	967.032

특성 통계를 사용하면 간단하고 안정적인 추천을 제공할 수 있습니다. 1.2.2절 '가장 간단한 방법: 알고리즘이 되어보기'에서 소개한 경험 규칙을 사용하는 방법과 여러 가지 면에서 비슷합니다.

클래스 간의 특성값을 비교할 때 질문을 분류하는 데 어떤 특성이 가장 크게 기여하는지 확인하기 어려울 수 있습니다. 이를 잘 가늠하려면 특성 중요도를 사용합니다.

7.1.2 특성 중요도 추출하기

5.3절 '특성 중요도 평가'에서 모델을 평가하는 입장에서 특성 중요도를 생성하는 예시를 보았습니다. 특성 중요도는 특성 기반의 추천을 고르는 데도 사용할 수 있습니다. 사용자에게 추천을 제공할 때 훈련된 분류기에서 가장 유용한 특성이 우선권을 가져야 합니다.

다음은 총 30개의 특성을 사용하는 질문 분류 모델의 특성 중요도를 분석한 결과입니다. 상위 5개 특성은 하위 5개 특성보다 훨씬 높은 특성 중요도를 가집니다. 이런 상위 특성을 바탕으로 사용자에게 추천을 제공하면 모델의 의도대로 질문을 빠르게 향상시킬 수 있습니다.

```
상위 5개 중요도:

num_chars: 0.053
num_questions: 0.051
num_periods: 0.051
ADV: 0.049
ADJ: 0.049

하위 5개 중요도:
```

```
X: 0.011
num_semicolon: 0.0076
num_exclam: 0.0072
CONJ: 0
SCONJ: 0
```

특성 통계와 특성 중요도를 연결하면 추천의 실행 가능성을 높이고 중요한 것에 초점을 맞출 수 있습니다. 첫 번째 방법은 각 특성을 위해 타깃 값을 사용합니다. 두 번째는 가장 중요한 특성을 골라 출력하는 방법입니다. 이런 방법은 추론 모델을 실행할 필요가 없고, 가장 중요한 특성에 대한 통계만 확인하면 되기 때문에 추천을 빠르게 제공합니다.

5.3절 '특성 중요도 평가'에서 보았듯이 복잡한 모델에서는 특성 중요도 추출이 어려울 수 있습니다. 특성 중요도를 제공하지 않는 모델을 사용한다면 대량의 샘플에서 블랙박스 설명 도구를 활용하여 특성 중요도를 추측할 수 있습니다.

특성 중요도와 특성 통계는 항상 올바른 추천을 제공하지 않는다는 단점이 있습니다. 전체 데이터셋에서 수집된 통계를 기반으로 추천을 제공하기 때문에 개별 샘플에 적용할 수 없습니다. 특성 통계는 '부사를 많이 포함하는 질문이 높은 점수를 받는 경향이 있습니다'와 같은 보편적인 추천만을 제공합니다. 하지만 부사 사용 비율이 평균보다 낮은 질문 중에서 높은 점수를 받은 샘플도 있으므로 이런 질문에는 이 추천이 도움이 되지 않습니다.

다음 두 개의 절에서는 개별적인 샘플 수준에서 조금 더 세분화된 추천을 제공하는 방법을 다루어보겠습니다.

7.1.3 모델 점수 사용하기

5장에서 분류기가 어떻게 각 샘플의 점수를 출력하는지 설명했습니다. 이 점수가 특정 임곗값보다 높은가를 기준으로 샘플을 클래스에 할당합니다. 모델의 점수가 잘 보정되어 있다면(보정에 대해서는 5.2.4절 '보정 곡선'을 참고하세요), 주어진 클래스에 속하는 입력 샘플의 확률로 사용할 수 있습니다.

사이킷런 모델에서 클래스 대신 점수를 출력하려면 `predict_proba` 함수의 반환값에서 원하는 클래스를 선택합니다.

```
# probabilities는 클래스마다 하나의 확률을 담은 배열입니다.
probabilities = clf.predict_proba(features)

# positive_probas에 양성 클래스의 점수만을 저장합니다.
positive_probas = probabilities[:,1]
```

잘 보정된 경우, 출력된 점수를 사용하면 추천한 대로 사용자가 질문을 수정해 높은 점수를 받도록 개선했는지 추적할 수 있습니다. 이런 점수와 같이 신속한 피드백 메커니즘은 모델이 제공하는 추천에 대한 신뢰도를 높일 수 있습니다.

보정된 점수 외에도 훈련된 모델을 사용하면 특정 샘플을 향상시키는 추천을 제공할 수 있습니다.

7.1.4 특정 샘플에 대한 특성 중요도 추출하기

훈련된 모델에 블랙박스 설명 도구를 사용해 개별 샘플에 대한 추천을 만들 수 있습니다. 5.3절 '특성 중요도 평가'에서 블랙박스 설명 도구가 특정 샘플에 대한 특정 중요도를 어떻게 추정하는지 보았습니다. 반복적으로 입력 특성을 조금씩 바꾼 후 모델의 예측 점수에 대한 변화를 관찰합니다. 이런 설명 도구는 추천을 제공하는 좋은 도구가 될 수 있습니다.

LIME 패키지[4]를 사용해 한 샘플에 대한 설명을 생성하는 예를 만들어보겠습니다. 다음 코드에서는 먼저 `LimeTabularExplainer` 클래스의 객체를 만듭니다. 그다음 테스트 세트에서 하나의 샘플을 선택해 전달합니다. 책의 깃허브 저장소[5]에 있는 `generating_recommendations.ipynb` 노트북에서 배열 형태로 출력된 설명을 볼 수 있습니다.

```
from lime.lime_tabular import LimeTabularExplainer

explainer = LimeTabularExplainer(
    train_df[features].values,
    feature_names=features,
    class_names=["low", "high"],
    discretize_continuous=True,
```

4 https://github.com/marcotcr/lime

5 https://bit.ly/mlpa-git

```
)

idx = 8
exp = explainer.explain_instance(
    test_df[features].iloc[idx, :],
    clf.predict_proba,
    num_features=10,
    labels=(1,),
)

print(exp_array)
exp.show_in_notebook(show_table=True, show_all=False)
exp_array = exp.as_list()
```

앞의 코드를 실행하면 [그림 7-2]에 있는 그래프와 그다음에 나오는 특성 중요도 배열이 출력됩니다. 그림 왼쪽에는 모델의 예측 확률이 나타나 있습니다. 그림 중간에는 예측에 기여한 순서대로 특성값이 나열되어 있습니다.

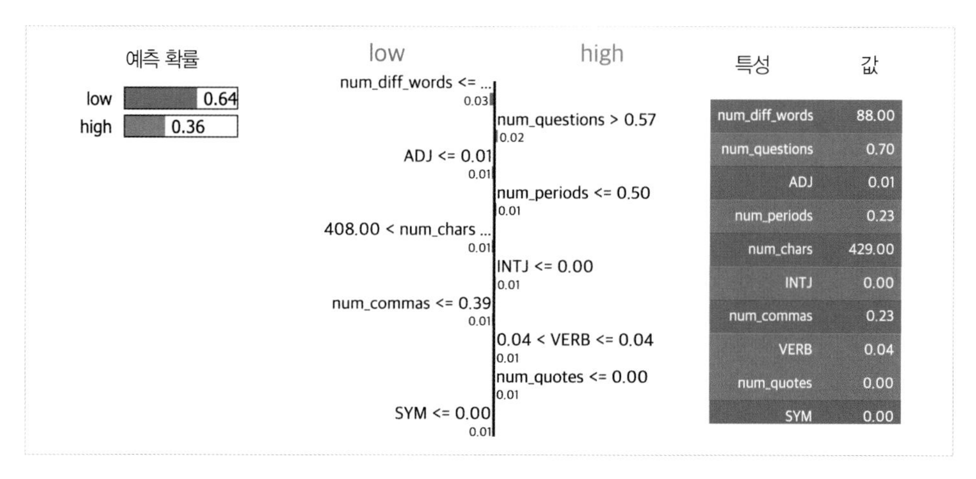

그림 7-2 추천에 대한 설명

그림에 나온 값은 텍스트로 출력된 다음 리스트와 일치합니다. 출력의 각 행은 특성값과 모델의 점수에 미친 영향을 나타냅니다. 예를 들어 `num_diff_words` 특성이 88.00보다 작으면 모델의 점수를 약 0.028 낮춥니다. 이 결과에 따라 `num_diff_words`가 88.0보다 크도록 입력 질문의 길이를 증가시키면 품질이 향상될 것입니다.

```
[('num_diff_words <= 88.00', -0.0281621671696603),
 ('num_questions > 0.57', 0.019789667847866534),
 ('ADJ <= 0.01', -0.014356938546711216),
 ('num_periods <= 0.50', 0.014025180849686241),
 ('408.00 < num_chars <= 655.00', -0.013312266630697874),
 ('INTJ <= 0.00', 0.011049935358055554),
 ('num_commas <= 0.39', -0.010174673675520133),
 ('0.04 < VERB <= 0.04', 0.006890077479722598),
 ('num_quotes <= 0.00', 0.006158258456190109),
 ('SYM <= 0.00', -0.005404261729958519)]
```

더 많은 예제는 책의 깃허브 저장소에 있는 `generating_recommendations.ipynb` 노트북을 참고하세요.

블랙박스 설명 도구는 개별 샘플에 대해 정확한 추천을 생성할 수 있지만 단점이 있습니다. 이런 설명 도구는 입력 특성에 변동을 주고, 이렇게 바뀐 입력에서 모델을 실행합니다. 따라서 추천을 생성하는 데 앞서 언급한 방법보다 느립니다. 예를 들어 LIME이 특성 중요도를 평가하는 데 사용하는 기본 특성 변경 횟수는 5,000입니다.[6] 단 한 번 모델을 실행하는 방법보다 훨씬 느리며 속도의 자릿수가 크게 달라집니다. 모델을 전혀 실행할 필요가 없는 방법보다는 더 느립니다. 노트북에서 하나의 샘플에 LIME을 실행하려면 수 초 이상 걸립니다. 이런 수행 속도 때문에 사용자가 타이핑할 때 추천을 바로 제공하기 어렵고, 대신 사용자가 수동으로 질문을 입력해 제출해야만 추천 결과를 받을 수 있습니다.

많은 머신러닝 모델처럼 여기서 본 추천 방법은 정확도와 속도 사이에 트레이드오프가 있습니다. 제품에 맞는 추천은 요구 사항에 따라 달라집니다.

앞서 다룬 추천 방법은 모두 모델을 반복하는 과정에서 생성된 특성에 의존하며 그중 일부는 훈련된 모델도 활용합니다. 다음 절에서 머신러닝 에디터를 위한 여러 모델을 비교하고 가장 적절한 추천 방법을 결정하겠습니다.

6 옮긴이_ explain_instance() 메서드의 num_samples 매개변수의 기본값이 5,000입니다.

7.2 모델 비교하기

2.1절 '성공 측정하기'에서 제품의 성공을 판단하는 중요한 측정 지표를 다루었습니다. 5.1.5절 '성능 평가'에서는 모델을 평가하는 방법을 설명했습니다. 이러한 방법을 모델과 특성 반복에 사용하여 가장 성능이 좋은 것을 찾아낼 수도 있습니다.

이번 절에서는 핵심 측정 지표의 일부를 선택하여 머신러닝 에디터의 세 가지 버전을 모델 성능과 추천의 유용성 측면에서 평가해보겠습니다.

머신러닝 에디터의 목표는 앞서 언급한 기법을 사용해 추천을 제공하는 것입니다. 추천의 성능을 높이려면 모델은 다음과 같은 요구 사항을 만족해야 합니다. 예측 확률이 질문의 품질에 대한 의미 있는 추정값이 되도록 잘 보정되어야 합니다. 2.1절 '성공 측정하기'에서 다루었듯이 추천이 정확하려면 정밀도가 높아야 합니다. 모델이 사용하는 특성은 추천의 바탕이 되기 때문에 사용자가 이해할 수 있어야 합니다. 마지막으로 블랙박스 설명 도구를 사용해 추천을 제공할 수 있도록 충분히 빨라야 합니다.

머신러닝 에디터를 위한 몇 가지 모델링 방식을 설명하고 성능을 비교해보죠. 성능 비교에 관한 코드는 책의 깃허브 저장소[7]에 있는 comparing_models.ipynb 노트북에서 볼 수 있습니다.

7.2.1 버전 1: 가독성 점수 표시

3장에서 순전히 경험 법칙에만 기반한 머신러닝 에디터 첫 번째 버전을 만들었습니다. 첫 번째 버전은 하드 코딩된 규칙을 사용해 가독성을 계산하고 정해진 포맷으로 사용자에게 결과를 보여줍니다. 이 파이프라인을 구축함으로써 일련의 측정값이 아니라 명확한 추천을 제공하기 위해 접근 방식을 수정하고 머신러닝에 집중할 수 있었습니다.

이 초기 프로토타입은 풀고자 하는 문제에 대한 직관을 기르기 위해 만들었기 때문에 다른 모델과 비교하지 않겠습니다.

7 https://bit.ly/mlpa-git

7.2.2 버전 2: 더 강력하지만 명확하지 않은 추천

규칙 기반의 버전을 만들고 스택 오버플로 데이터셋을 탐색한 후 초기 모델링 방식을 결정했습니다. 여기서 훈련한 간단한 모델은 이 책의 깃허브 저장소[8]에 있는 `train_simple_model.ipynb` 노트북에서 볼 수 있습니다.

이 모델은 4.3.2절 '벡터화'에서 설명한 방법으로 텍스트를 벡터화하여 생성한 특성과 데이터 탐색 과정에서 수동으로 만든 특성을 조합하여 사용합니다. 처음 데이터셋을 탐색했을 때 몇 가지 패턴을 찾았습니다.

- 긴 질문이 높은 점수를 받습니다.
- 특히 영어 사용에 관한 질문은 낮은 점수를 받습니다.
- 적어도 하나의 물음표를 포함한 질문이 높은 점수를 받습니다.

텍스트의 길이, **구두점과 축약어**의 존재, 물음표 빈도를 카운트하여 이런 가정이 적용된 특성을 만듭니다.

이런 특성 외에도 TF-IDF를 사용해 입력 질문을 벡터화합니다. 간단한 벡터화 방법을 사용하면 모델의 특성 중요도를 개별 단어에 다시 매핑할 수 있습니다. 따라서 앞서 설명한 방법으로 단어 수준의 추천이 가능합니다.

이 첫 번째 방식은 정밀도 `0.61`로 납득할 만한 수준의 성능을 보였습니다. 하지만 [그림 7-3]에서 볼 수 있듯이 모델이 잘 보정되어 있지 않습니다.

8 *https://bit.ly/mlpa-git*

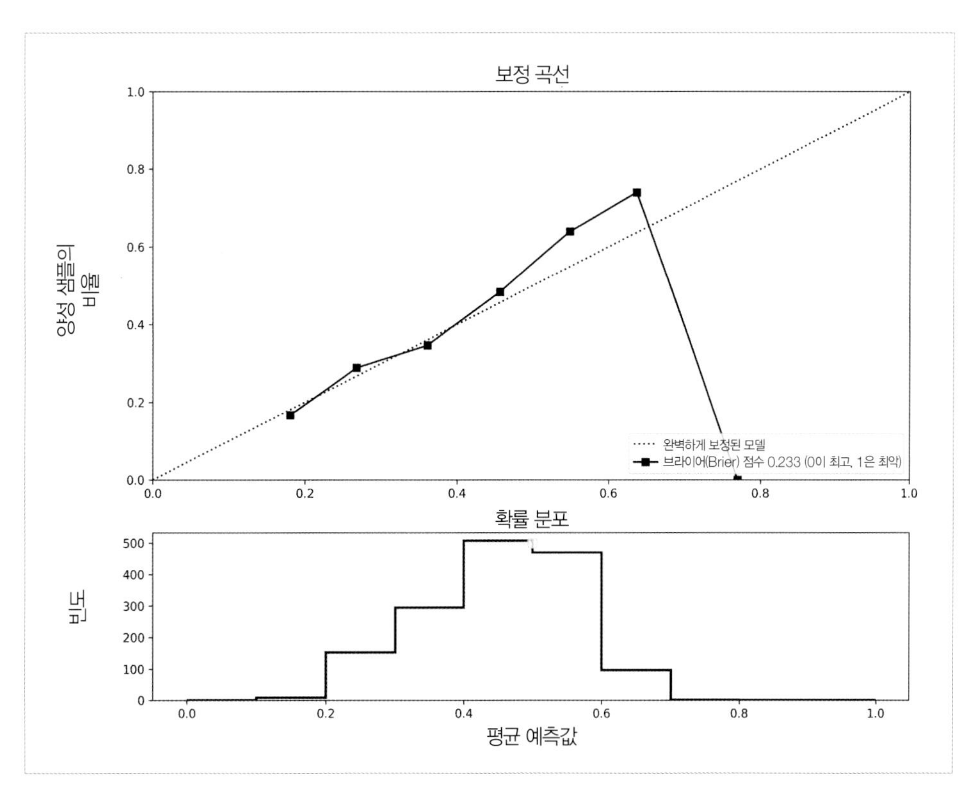

그림 7-3 버전 2 모델의 보정 곡선

모델의 특성 중요도를 조사하고 나니 수동으로 만든 특성 중 유용한 것은 질문 길이뿐이라는 것을 알았습니다. 수동으로 생성한 다른 특성에는 예측 성능이 없었습니다. 데이터셋을 다시 한번 탐색해 예측 성능이 있어 보이는 몇 개의 특성을 더 찾았습니다.

- 제한된 구두점 사용이 높은 점수를 예측하는 것 같습니다.
- 감정적인 질문은 낮은 점수를 받는 것 같습니다.
- 설명적이고 형용사를 많이 사용한 질문이 높은 점수를 받는 것 같습니다.

이런 가정을 적용하기 위해 새로운 특성을 만듭니다. 먼저 각 구두점의 등장 횟수를 카운트합니다. 그다음 질문에서 동사, 형용사와 같이 각 품사별로 단어를 구분해 횟수를 카운트합니다. 마지막으로 질문의 감정을 인코딩한 특성을 추가합니다. 이런 특성에 대한 자세한 내용은 책의 깃허브 저장소[9]에 있는 second_model.ipynb 노트북을 참고하세요.

업데이트된 이 모델의 정밀도는 0.62로 성능이 조금 더 좋습니다. 보정 곡선은 이전 모델보다 나아지지 않았습니다. 이 모델의 특성 중요도를 출력해보니 수동으로 만든 특성에만 의존하고 있습니다. 이런 특성이 어느 정도 예측 능력을 가지고 있음을 나타냅니다.

이렇게 이해할 수 있는 특성에 의존하는 모델은 벡터화된 단어 수준의 특성을 사용할 때보다 사용자에게 추천을 설명하기 쉽습니다. 예를 들어 이 모델에서 가장 중요한 단어 수준 특성은 **are**과 **what**입니다. 이 단어가 왜 질문의 품질과 관련되어 있는지 생각해볼 수 있습니다. 하지만 사용자에게 특정 단어의 등장 횟수를 줄이거나 늘리도록 권장하는 것은 명확한 추천이 아닙니다.

벡터화 표현의 이런 제약을 피하고 수동으로 만든 특성이 예측 성능이 좋다는 것을 알았으므로 벡터화로 만든 특성을 전혀 사용하지 않는 간단한 모델을 만들어보겠습니다.

7.2.3 버전 3: 이해할 수 있는 추천

세 번째 모델은 앞서 언급한 특성(구두점과 품사별 카운트, 질문의 감성, 질문 길이)만 사용합니다. 벡터화된 표현을 사용할 때는 7,000개가 넘는 특성이 있었지만 이 모델은 30개의 특성만 사용합니다. 자세한 내용은 책의 깃허브 저장소에 있는 third_model.ipynb 노트북을 참고하세요. 벡터 특성을 제외하고 수동으로 만든 특성만 사용하면 머신러닝 에디터는 사용자에게 설명 가능한 특성만 활용합니다. 하지만 이로 인해 모델의 성능이 낮아질 수 있습니다.

성능 수치로 보면 이 모델의 정밀도는 0.60으로 이전 모델보다 성능이 낮습니다. 하지만 이전 모델보다 보정 곡선은 훨씬 좋습니다. [그림 7-4]에서 모델 3이 대부분의 확률에서 잘 보정된 것을 확인할 수 있습니다. 특히 다른 모델에서 잘 보정되지 않은 0.7 이상에서도 잘 보정되었습니다. 히스토그램을 보면 이 모델이 다른 모델보다 이 부분의 확률을 더 자주 예측하기 때문임을 알 수 있습니다.

모델이 만드는 점수의 분포가 넓고 보정 곡선이 향상되었기 때문에 사용자에게 점수를 제시하는 데 이 모델이 최선의 선택입니다. 명확한 추천을 제공할 때도 설명 가능한 특성만을 사용하

9 *https://bit.ly/mlpa-git*

기 때문에 이 모델이 최선입니다. 마지막으로 다른 모델보다 적은 특성을 사용하기 때문에 가장 실행 속도도 빠릅니다.

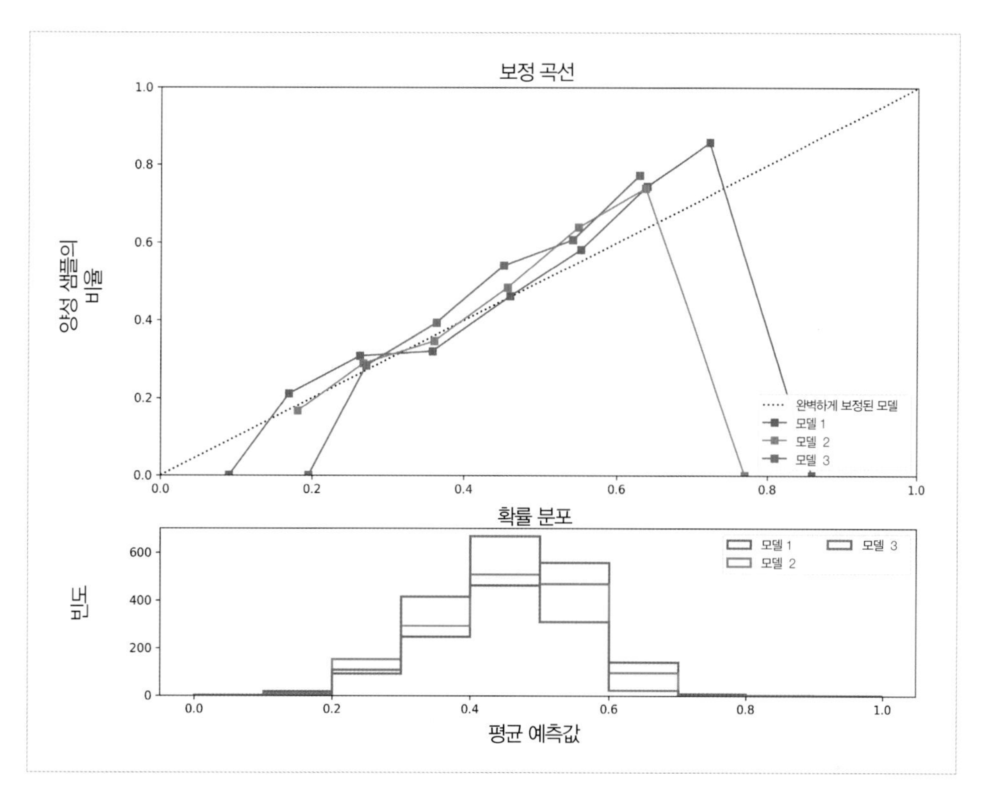

그림 7-4 보정 곡선 비교

모델 3이 머신러닝 에디터를 위한 최선의 선택이며 초기 버전으로 배포할 모델입니다. 다음 절에서 이 모델을 사용해 사용자에게 글쓰기에 관해 추천하는 방법을 간략히 다루어보겠습니다.

7.3 추천 생성하기

머신러닝 에디터는 추천을 만들기 위해 설명한 네 가지 방법을 모두 사용할 수 있습니다. 사실 깃허브 저장소[10]에 있는 generating_recommendations.ipynb 노트북에 이 방법들이 모두 나타나 있습니다. 사용할 모델이 빠르기 때문에 여기에서는 블랙박스 설명 도구를 활용하여 가장 복잡한 방법을 설명하겠습니다.

질문을 받아 훈련된 모델을 기반으로 편집 조언을 제공하는 추천 함수를 먼저 살펴보죠. 이 함수는 다음과 같습니다.

```
def get_recommendation_and_prediction_from_text(input_text, num_feats=10):
    global clf, explainer
    feats = get_features_from_input_text(input_text)
    pos_score = clf.predict_proba([feats])[0][1]

    exp = explainer.explain_instance(
        feats, clf.predict_proba, num_features=num_feats, labels=(1,)
    )
    parsed_exps = parse_explanations(exp.as_list())
    recs = get_recommendation_string_from_parsed_exps(parsed_exps)
    return recs, pos_score
```

샘플 하나에서 이 함수를 호출하면 다음과 같은 추천 결과를 출력합니다. 이런 추천을 사용자에게 보여주고 질문을 다시 수정하도록 만듭니다.

```
>> recos, score = get_recommendation_and_prediction_from_text(example_question)
>> print("점수: %s" % score)
점수: 0.42
>> print(*recos, sep="\n")
문자 개수 높이세요
어휘 다양성 높이세요
물음표 빈도 높이세요
단어 개수 낮추세요
마침표 빈도 높일 필요 없습니다
감탄사 빈도 높일 필요 없습니다
불변화사 빈도 낮출 필요 없습니다
고유명사 빈도 높일 필요 없습니다
```

10 *https://bit.ly/mlpa-git*

```
숫자 빈도 높일 필요 없습니다
쉼표 빈도 높이세요
```

이 함수를 자세히 살펴보겠습니다. 함수 시그니처signature를 보면 이 함수는 질문을 나타내는 문자열을 입력받습니다. 또한 추천을 위해 가장 중요한 특성 몇 개를 사용할지 결정하는 선택 매개변수가 있습니다. 이 함수는 추천과 현재 질문의 품질을 나타내는 점수를 반환합니다.

함수 안을 살펴보면 첫 번째 줄에서 두 개의 전역 변수를 참조합니다. 훈련된 모델과 7.1.4절 '특정 샘플에 대한 특성 중요도 추출하기'에서 만든 것과 같은 LIME 설명 도구 객체입니다. 그다음 두 줄은 입력 텍스트에서 특성을 생성하고, 이 특성을 분류기에 전달하여 예측 점수를 만듭니다. 그다음 LIME 객체 exp로 설명을 생성합니다.

마지막 두 개의 함수 호출은 이 설명을 사람이 읽기 좋은 문장으로 변환합니다. 이 함수가 어떻게 정의되어 있는지 알아보겠습니다. 먼저 parse_explanations 함수부터 살펴보죠.

```
def parse_explanations(exp_list):
    global FEATURE_DISPLAY_NAMES
    parsed_exps = []
    for feat_bound, impact in exp_list:
        conditions = feat_bound.split(" ")

        # 추천으로 표현하기 어렵기 때문에
        # 1 <= a < 3 와 같은 이중 경계 조건은 무시합니다.
        if len(conditions) == 3:
            feat_name, order, threshold = conditions

            simple_order = simplify_order_sign(order)
            recommended_mod = get_recommended_modification(simple_order, impact)

            parsed_exps.append(
                {
                    "feature": feat_name,
                    "feature_display_name": FEATURE_DISPLAY_NAMES[feat_name],
                    "order": simple_order,
                    "threshold": threshold,
                    "impact": impact,
                    "recommendation": recommended_mod,
                }
            )
    return parsed_exps
```

이 함수는 길지만 비교적 목적이 간단합니다. LIME이 반환한 특성 중요도 배열을 받아 추천에 사용할 수 있는 딕셔너리 구조를 만듭니다. 다음은 이렇게 변환하는 예입니다.

```
# exps는 LIME이 반환하는 포맷입니다.
>> exps = [('num_chars <= 408.00', -0.03908691525058592),
 ('DET > 0.03', -0.014685507408497802)]
>> parse_explanations(exps)
[{'feature': 'num_chars',
  'feature_display_name': '문자 개수',
  'order': '<',
  'threshold': '408.00',
  'impact': -0.03908691525058592,
  'recommendation': '높이세요'},
 {'feature': 'DET',
  'feature_display_name': '한정사 빈도',
  'order': '>',
  'threshold': '0.03',
  'impact': -0.014685507408497802,
  'recommendation': '낮추세요'}]
```

이 함수는 LIME이 출력하는 임곗값을 특성값의 증가나 감소에 대한 추천으로 바꿉니다. 이 작업은 다음 get_recommended_modification 함수를 통해 수행됩니다.

```
def get_recommended_modification(simple_order, impact):
    bigger_than_threshold = simple_order == ">"
    has_positive_impact = impact > 0

    if bigger_than_threshold and has_positive_impact:
        return "낮출 필요 없습니다"
    if not bigger_than_threshold and not has_positive_impact:
        return "높이세요"
    if bigger_than_threshold and not has_positive_impact:
        return "낮추세요"
    if not bigger_than_threshold and has_positive_impact:
        return "높일 필요 없습니다"
```

설명을 추천으로 변환했다면 남은 것은 적절한 형태로 출력하는 것뿐입니다. 이 작업은 get_recommendation_and_prediction_from_text에서 마지막으로 호출되는 다음 함수에 의해 수행됩니다.

```python
def get_recommendation_string_from_parsed_exps(exp_list):
    recommendations = []
    for feature_exp in exp_list:
        recommendation = "%s %s" % (
            feature_exp["feature_display_name"],
            feature_exp["recommendation"],
        )
        recommendations.append(recommendation)
    return recommendations
```

이 추천 기능을 반복하며 실험해보고 싶다면 책의 깃허브 저장소[11]에 있는 generating_recommendations.ipynb 노트북을 참고하세요. 노트북 끝에 모델의 추천을 사용해 질문을 여러 차례 다시 작성하여 점수를 높이는 예를 추가했습니다. 사용자가 질문을 수정하도록 안내하는 데 추천이 어떻게 사용되는지 보여주기 위해 여기서는 다음 예시를 실었습니다.

```
>> # 첫 번째 시도
>> get_recommendation_and_prediction_from_text(
    """
I want to learn how models are made
"""
)

점수: 0.41
문자 개수 높이세요
어휘 다양성 높이세요
형용사 빈도 높이세요
마침표 빈도 높일 필요 없습니다
물음표 빈도 높이세요
한정사 빈도 높일 필요 없습니다
쉼표 빈도 높이세요
단어 개수 낮추세요
고유명사 빈도 높일 필요 없습니다
감탄사 빈도 높일 필요 없습니다

>> # 문자 개수, 어휘 다양성, 물음표 빈도에 대한 조언을 반영합니다
>> get_recommendation_and_prediction_from_text(
    """
I'd like to learn about building machine learning products.
```

11 *https://bit.ly/mlpa-git*

```
Are there any good product focused resources?
Would you be able to recommend educational books?
"""
)

점수: 0.49
문자 개수 높이세요
어휘 다양성 높이세요
물음표 빈도 낮출 필요 없습니다
쉼표 빈도 높이세요
고유명사 빈도 높일 필요 없습니다
한정사 빈도 높일 필요 없습니다
감탄사 빈도 높일 필요 없습니다
부사 빈도 높이세요
기호 빈도 높이세요
구두점 빈도 높일 필요 없습니다

>> # 한 번 더 조언을 반영하여 질문을 수정합니다
>> get_recommendation_and_prediction_from_text(
    """
I'd like to learn more about ML, specifically how to build ML products.
When I attempt to build such products, I always face the same challenge:
how do you go beyond a model?
What are the best practices to use a model in a concrete application?
Are there any good product focused resources?
Would you be able to recommend educational books?
"""
)

점수: 0.5
문자 개수 높이세요
어휘 다양성 높이세요
물음표 빈도 낮출 필요 없습니다
마침표 빈도 높일 필요 없습니다
한정사 빈도 높일 필요 없습니다
감탄사 빈도 높일 필요 없습니다
숫자 빈도 높일 필요 없습니다
불변화사 빈도 낮출 필요 없습니다
형용사 빈도 낮출 필요 없습니다
콜론 빈도 낮추세요
```

와우, 이제 사용자에게 질문을 받고 실행 가능한 추천을 제공하는 파이프라인이 준비되었습니다! 이 파이프라인이 완벽하지는 않지만 엔드투엔드 머신러닝 제품을 만들었습니다. 이 파이프라인을 개선하고 싶다면 현재 버전을 사용해 모델이 실패하는 경우를 찾는 것이 좋습니다. 모델은 언제나 반복할 수 있지만 이 에디터의 성능을 높이는 가장 유망한 방법은 사용자에게 더 명확하게 설명할 수 있는 새로운 특성을 만드는 것입니다.

7.4 마치며

이번 장에서 훈련된 분류 모델로 추천을 생성하는 여러 가지 방법을 다루었습니다. 이런 방법을 유념하면서 머신러닝 에디터를 위한 여러 가지 모델링 방식을 비교했고 사용자가 더 나은 질문을 작성하도록 돕는 제품의 목적에 가장 잘 맞는 하나를 선택했습니다. 그다음 머신러닝 에디터를 위한 엔드투엔드 파이프라인을 만들어 추천을 생성했습니다.

이 모델은 개선할 여지가 많고 반복을 통해 향상될 수 있습니다. 3부에서 소개한 개념을 연습해보고 싶다면 직접 이런 반복을 수행해보세요. 전체적으로 3부의 각 장은 머신러닝 반복 루프의 한 단계를 나타냅니다. 머신러닝 프로젝트를 진전시키려면 모델이 배포할 준비가 되었다고 생각할 때까지 이런 단계를 반복합니다.

4부에서는 모델 배포에 따르는 위험과 이런 위험을 완화하는 방법, 모델 성능의 변화를 모니터링하고 대응하는 방법을 다루어보겠습니다.

Part IV

배포와 모니터링

Part IV

배포와 모니터링

모델을 만들고 검증이 끝났다면 사용자에게 제공하고 싶을 것입니다. 머신러닝 모델을 서비스하는 방법은 매우 많습니다. 가장 간단한 방법은 작은 API 서비스를 만드는 것이지만 모든 사용자에게 모델이 잘 실행되게 하려면 더 많은 작업이 필요합니다.

[그림 IV-1]에는 다음 몇 개의 장에서 다룰 시스템이 나타나 있습니다. 일반적으로 모델과 관련된 제품 시스템의 일부분에 해당합니다.

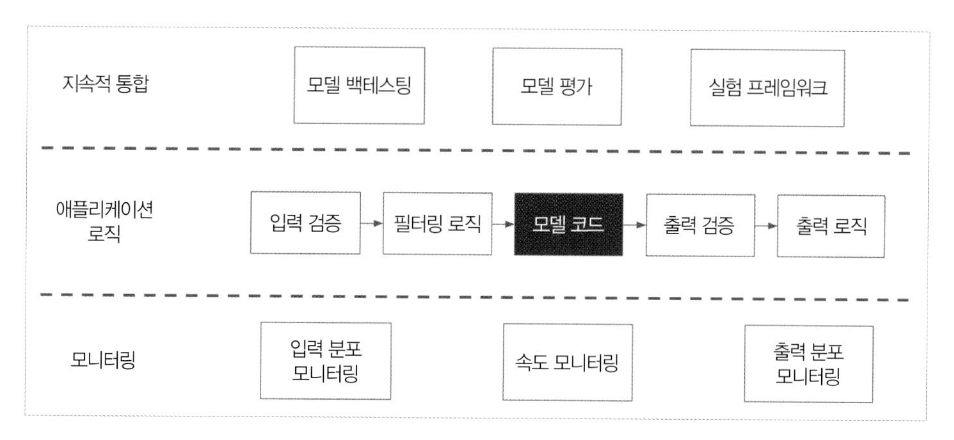

그림 IV-1 전형적인 제품 환경의 모델링 파이프라인

머신러닝 제품 파이프라인은 데이터와 모델의 실패를 감지하고 우아하게 이를 처리할 수 있어야 합니다. 이상적으로는 실패를 사전에 예측하고 업데이트된 모델을 배포하는 전략이 준비되어 있어야 합니다. 이런 것들이 어렵게 느껴지더라도 걱정하지 마세요! 4부에서 이 내용을 다루겠습니다.

8장 모델 배포 시 고려 사항

배포하기 전에 마지막 검증 과정을 수행해야 합니다. 모델을 남용하거나 부적절하게 사용하는 것을 철저히 조사하고 최선을 다해 안전장치를 예상하여 구축하는 것이 목표입니다.

9장 배포 방식 선택

모델을 배포하기 위한 여러 가지 도구와 플랫폼을 다루고 하나를 선택하는 방법을 설명합니다.

10장 모델 안전장치 만들기

모델을 지원할 수 있는 안정적인 제품 환경을 만드는 방법을 배웁니다. 모델 실패를 감지하여 처리하고, 모델 성능을 최적화하고, 반복 훈련을 시스템화하는 것을 포함합니다.

11장 모니터링과 모델 업데이트

마지막 장에서 중요한 단계인 모니터링monitoring을 다룹니다. 특히 모델을 모니터링해야 하는 이유와 모델을 모니터링하기 위한 최선의 방법을 다룹니다. 또한 배포 전략에 모니터링 설정을 결합하는 방법을 소개합니다.

CHAPTER 8

모델 배포 시 고려 사항

이전 장에서 모델 훈련과 일반화 성능을 다루었습니다. 이는 모델을 배포하기 위한 필수 단계이지만 머신러닝 제품의 성공을 보장하기에는 충분하지 않습니다.

모델을 배포하려면 사용자에게 영향을 미칠 수 있는 실패 사례를 자세히 분석해야 합니다. 다음은 데이터에서 학습하는 제품을 만들 때 고려해야 할 질문입니다.

- 사용하고 있는 데이터를 어떻게 수집했나요?
- 이 데이터셋으로부터 모델이 어떤 가정을 만드나요?
- 이 데이터셋이 유용한 모델을 만들기에 충분한 대표성을 띠고 있나요?
- 훈련한 모델이 어떻게 잘못 사용될 수 있나요?
- 예상하는 모델의 사용 범위는 무엇인가요?

데이터 윤리 분야는 이런 질문에 답을 하는 것이 목표입니다. 그리고 이 분야에서 사용되는 도구들은 계속 발전하고 있습니다. 이에 대해 자세히 알고 싶다면 이 주제에 대한 광범위한 자료를 담고 있는 마이크 루키데스Mike Loukides 등이 쓴 『Ethics and Data Science』(오라일리, 2018)[1]를 참고하세요.

이번 장에서는 데이터 수집과 사용 시 고려해야 할 사항을 살펴봅니다. 또 모든 사람에게 잘 동작하는 모델을 유지하는 데 어떤 어려움이 있는지 알아봅니다. 끝으로 모델의 예측을 사용자 피드백으로 변환하는 팁을 소개하는 크리스 할랜드와의 인터뷰로 이 장을 마무리합니다.

1 https://learning.oreilly.com/library/view/ethics-and-data/9781492043898

먼저 데이터를 살펴보고 소유권 문제를 다룬 다음, 데이터 편향을 알아보겠습니다.

8.1 데이터 고려 사항

데이터를 생성, 저장, 사용할 때 유념해야 할 팁 소개부터 시작합니다. 데이터 소유권과 데이터 저장에 관련된 책임을 먼저 다룹니다. 그다음 데이터셋에서 편향을 일으키는 원인을 살펴봅니다. 그리고 모델을 구축할 때 이런 편향을 처리하는 방법을 설명합니다. 마지막으로 이런 편향으로 인한 부정적인 결과와 이를 감소시키는 것이 왜 중요한지 예를 들어 살펴봅니다.

8.1.1 데이터 소유권

데이터 소유권은 데이터 수집과 사용에 관련된 요구 사항을 의미합니다. 데이터 소유권에 관해 고려할 중요한 요소는 다음과 같습니다.

- **데이터 수집**: 모델을 훈련하기 위해 필요한 데이터셋을 수집하고 사용할 법적 권한을 가지고 있나요?
- **데이터 사용 및 허락**: 사용자의 데이터가 필요한 이유와 사용 방법을 명확하게 설명했나요? 사용자가 이에 동의했나요?
- **데이터 저장**: 데이터를 어떻게 저장하나요? 누가 데이터에 접근할 수 있나요? 언제 데이터를 삭제하나요?

사용자로부터 데이터를 수집하면 제품의 사용자 경험을 개인화하고 맞춤형 서비스를 제공하는 데 도움이 됩니다. 이에는 도덕적, 법적 책임이 수반됩니다. 사용자가 제공한 데이터를 안전하게 보관할 도덕적 의무가 있지만 새로운 규제는 이를 법적 책임으로 점점 바꾸고 있습니다. 예를 들어 유럽 GDPR 규정은 데이터 수집과 처리에 대한 엄격한 지침을 세우고 있습니다.

대규모 데이터를 저장하는 조직에서는 데이터 유출이 발생할 경우 심각한 법적 책임이 발생합니다. 이런 유출은 조직에 대한 사용자의 신뢰를 떨어뜨리고 종종 법적 조치로 이어집니다. 따라서 수집되는 데이터의 양을 제한하면 법적 책임의 위험이 줄어듭니다.

머신러닝 에디터의 경우 사용자의 동의하에 수집되어 온라인에 저장된 공개 데이터셋을 사용합니다. 서비스 개선을 위해 사용 기록을 저장하는 등의 추가 데이터를 저장하려면 데이터 수집 정책을 명확히 정의하고 사용자에게 이를 공유해야 합니다.

데이터 수집과 저장 외에도 수집된 데이터가 성능을 떨어뜨리는지 검토하는 것이 중요합니다. 경우에 따라 적절한 데이터셋과 그렇지 않은 데이터셋이 있습니다. 그 이유에 대해 알아보죠.

8.1.2 데이터 편향

데이터셋은 특정한 데이터 수집 결정으로 만들어진 결과입니다. 이런 결정은 편향된 데이터셋을 만들며, 머신러닝 모델도 데이터셋에서 학습하기 때문에 이런 편향을 재현합니다.

예를 들어 성별이 포함된 정보를 기반으로 어떤 사람이 CEO가 될 가능성을 판단하기 위해 과거 이력 데이터에서 모델을 훈련하여 지도력을 예측한다고 생각해보죠. 퓨 리서치 센터Pew Research Center가 만든 「The Data on Women Leaders」[2] 데이터에 따르면 역사적으로 대부분의 포춘 500Fortune 500 기업의 CEO는 남자였습니다. 이 데이터를 사용해 모델을 훈련하면 남성이 높은 지도력이 나오도록 학습될 것입니다. 이 데이터셋에서 남성과 CEO는 사회적인 원인 때문에 상호 연관되어 있습니다. 따라서 여성을 CEO로 고려할 기회가 줄어듭니다. 이런 데이터에서 그냥 모델을 훈련하고 예측을 만들면 과거의 편향을 강화하는 셈이 됩니다.

데이터를 진짜 정답으로 생각하는 경향이 있습니다. 하지만 실제로 대부분의 데이터셋은 큰 맥락을 무시하고 근사적으로 측정한 값의 모음일 뿐입니다. 모든 데이터셋은 편향되어 있다는 가정에서 출발해 이 편향이 모델에 얼마나 영향을 미칠지 추정해야 합니다. 그다음 대표성을 높이도록 데이터셋을 향상시킨 후 모델을 조정하여 기존 편향을 전파하지 못하도록 억제할 수 있습니다.

다음은 데이터셋에서 흔히 발생하는 오류와 편향의 몇 가지 원인입니다.

- **측정 오류 또는 오염된 데이터**: 데이터 포인트 생성 방법 때문에 불확실성이 동반됩니다. 대부분의 모델은 이런 불확실성을 무시하기 때문에 측정 오류가 전파될 수 있습니다.
- **표현**: 대부분의 데이터셋은 모집단population을 완전하게 대표하지 못합니다. 초기에 얼굴 인식 데이터셋에는 백인 남성 이미지가 대부분이었고 이로 인해 모델이 백인 남성에 대해서는 잘 동작했지만 다른 경우에는 실패했었습니다.

2 https://oreil.ly/vTLkH

- **접근성**: 일부 데이터셋은 다른 데이터셋에 비해 구하기 어려울 수 있습니다. 예를 들어 영어 텍스트는 다른 언어에 비해 온라인에서 수집하기 쉽습니다. 접근성이 좋기 때문에 최상의 언어 모델 대부분이 영어 데이터에서만 훈련됩니다. 결과적으로 영어 사용자는 영어를 사용하지 않는 사람보다 더 좋은 머신러닝으로 만든 서비스를 받게 될 것입니다. 영어 제품을 사용하는 사용자가 많아 다른 언어 제품에 비해 모델을 개선하는 데 도움이 더 많이 되기 때문에 이 차이가 스스로 강화되기도 합니다.

모델의 성능을 평가할 때 테스트 세트를 사용합니다. 따라서 테스트 세트는 가능한 한 정확하고 대표성을 띠도록 특별한 주의를 기울여야 합니다.

테스트 세트

표현은 모든 머신러닝 문제와 관련되어 있습니다. 5.1.3절 '데이터셋 분할'에서 모델 성능을 평가하기 위해 여러 세트로 데이터를 분할하는 이유를 설명했습니다. 분할할 때 포괄적이고 현실적이며 대표성을 가지도록 테스트 세트를 만들어야 합니다. 제품에 모델이 투여되었을 때 테스트 세트 성능이 제품의 성능을 대신하기 때문입니다.

테스트 세트를 설계할 때는 모델을 사용하는 모든 사용자를 고려해야 합니다. 모든 사용자가 긍정적인 경험을 가질 기회를 높이려면 테스트 세트에 모든 사용자의 유형을 대표하는 샘플을 포함시켜야 합니다.

제품의 목표가 반영되도록 테스트 세트를 설계하세요. 진단 모델을 만들 때 모든 성별에 대해 잘 동작하기를 원할 것입니다. 이를 평가하기 위해 테스트 세트에 모든 성별을 대표하는 샘플을 포함해야 합니다. 다양한 관점에서 샘플을 수집하는 것이 도움이 될 수 있습니다. 가능하다면 모델을 배포하기 전에 다양한 사람들에게 모델을 사용하고 검사해 피드백을 제공할 수 있는 기회를 제공하세요.

편향에 대해 마지막으로 언급할 것이 있습니다. 모델은 종종 지나간 세상의 상태를 나타내는 과거 데이터에서 훈련됩니다. 이 때문에 편향은 해당 사항이 없는 집단에 영향을 미치는 경우가 많습니다. 따라서 편향을 줄이면 정말로 필요한 사람들을 위해 시스템을 공정하게 만들 수 있습니다.

8.1.3 시스템 편향

시스템 편향은 일부 집단을 부당하게 차별하도록 만드는 제도적, 구조적 정책을 말합니다. 이런 차별 때문에 일부 집단이 과거 데이터셋에 너무 많이 또는 너무 적게 등장합니다. 예를 들어 범인 검거 데이터셋에 특정 집단이 역사적으로 과도하게 등장하도록 사회적 요인이 기여했다면, 이런 데이터에서 훈련한 머신러닝 모델은 이런 편향을 현재 시대의 예측에 반영할 것입니다.

이는 재앙에 가까운 결과를 만들 수 있고 일부 집단을 소외시킬 수도 있습니다. 구체적인 예로는 범죄를 예측하는 머신러닝의 편향에 대해 줄리아 앵귄Julia Angwin 등이 쓴 ProPublica의 「Machine Bias」[3] 리포트를 참고하세요.

데이터셋에 있는 편향을 제거하거나 제한하는 일은 어렵습니다. 인종이나 성별 같은 어떤 특성에 대해 모델이 편향되지 않도록 만들기 위해 경우에 따라 모델이 예측에 사용하는 특성 목록에서 문제의 특성을 제거합니다.

하지만 실전에서 단순히 특성을 삭제하는 걸로는 모델이 편향되는 것을 막지 못합니다. 대부분 데이터셋은 문제의 특성과 상관관계를 가진 다른 특성을 많이 포함하기 때문입니다. 예를 들어 미국에서 우편번호와 소득은 인종과 매우 관련이 높습니다. 하나의 특성만 제거하면 모델의 편향은 더욱 감지하기 어려울 수 있습니다.

대신 공정성을 위해 강제하려는 제약을 명시합니다. 예를 들어 M. B. 자파M. B. Zafar 등이 쓴 「Fairness Constraints: Mechanisms for Fair Classification」[4] 논문에 소개된 방식을 사용할 수 있습니다. 이 논문에서 모델의 공정성은 p% 규칙을 사용해 측정합니다. p% 규칙은 '양성을 출력하며 민감한 특성값을 갖는 샘플과, 동일하게 양성을 출력하지만 민감한 특성값을 갖지 않는 샘플 사이의 비율은 p:100보다 작아야 합니다'로 정의됩니다. 이런 규칙을 사용하면 편향을 정량화할 수 있기 때문에 이를 잘 해결할 수 있습니다. 하지만 모델이 편향되지 않기 원하는 특성을 계속 확인해야 합니다.

데이터셋에 있는 위험, 편향, 오류를 평가하는 것 외에도 머신러닝은 모델을 평가해야 합니다.

3 https://oreil.ly/6UE3z

4 https://oreil.ly/JWlIi

8.2 모델링 고려 사항

모델이 원치 않은 방향으로 편향되는 위험을 어떻게 최소화할 수 있을까요?

모델이 사용자에게 부정적인 영향을 미칠 수 있는 방법은 여러 가지입니다. 먼저 피드백 루프feedback loop 문제를 다루어보고, 모집단의 작은 부분집합에서 모델이 실패할 위험을 살펴보겠습니다. 그다음 사용자를 위해 머신러닝 예측을 적절하게 표현하는 것의 중요성을 설명하고 부정한 사용자들이 모델을 남용할 위험성에 대해 다루면서 이 절을 마치겠습니다.

8.2.1 피드백 루프

대부분의 머신러닝 기반 시스템에서 사용자가 모델의 추천을 선택하면 향후에 모델이 동일한 추천을 만들 가능성이 높아집니다. 이 현상을 그대로 두면 모델은 스스로 강화되는 피드백 루프에 빠지게 됩니다.

예를 들어 사용자에게 영상을 추천하기 위해 훈련한 모델의 첫 번째 버전이 강아지보다 고양이 영상을 추천할 가능성이 조금 더 높다고 가정해보죠. 사용자는 평균적으로 강아지 영상보다 고양이 영상을 많이 볼 것입니다. 이전의 추천과 클릭 데이터셋으로 두 번째 버전의 모델을 훈련하면 첫 번째 버전의 모델이 가진 편향을 데이터셋에 주입하게 됩니다. 그리고 두 번째 버전은 고양이 영상을 훨씬 더 많이 추천하게 됩니다.

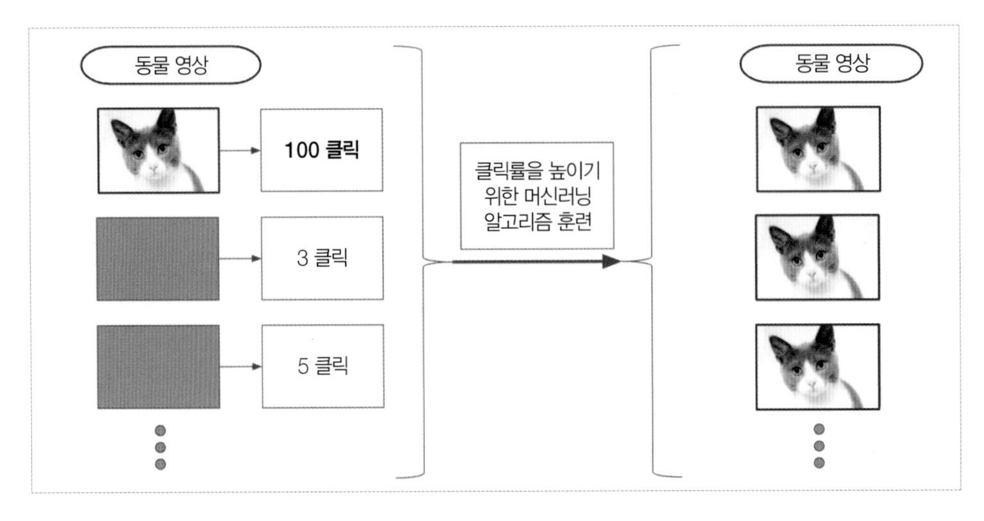

그림 8-1 피드백 루프의 예

콘텐츠 추천 모델은 하루에 여러 번 업데이트되기 때문에 순식간에 최근 버전의 모델은 고양이 영상만 추천하게 됩니다. [그림 8-1]에서 이 예시를 볼 수 있습니다. 초기에 고양이 영상이 인기가 높기 때문에 모델은 점진적으로 더 많은 고양이 영상을 추천하도록 학습됩니다. 그러다 마침내 오른쪽처럼 완전히 고양이 영상만 추천하게 됩니다.

고양이 영상으로 인터넷이 뒤덮이는 것이 재앙은 아니지만 이런 메커니즘이 어떻게 부정적인 편향을 빠르게 강화시키고 순진한 사용자에게 부적절하거나 위험한 콘텐츠를 추천하는지 생각해 볼 수 있습니다. 실제로 사용자의 클릭률을 최대화하려는 모델은 낚시성 콘텐츠를 추천하도록 학습될 것입니다. 이런 콘텐츠는 매우 클릭하고 싶게 보이지만 실제 내용은 별 볼 일 없습니다.

피드백 루프는 활동적인 소수의 사용자가 선호하는 편향을 만드는 경향도 있습니다. 동영상 플랫폼이 각 영상의 클릭 수를 사용해 추천 알고리즘을 훈련한다면 대부분의 클릭을 만드는 가장 활동적인 사용자에게 추천이 과대적합될 위험이 있습니다. 이 플랫폼을 사용하는 다른 사용자는 개인적인 취향과 관계없이 동일한 영상을 추천받게 될 것입니다.

피드백 루프의 부정적인 영향을 제한하려면 이런 루프를 만들기 어려운 레이블을 선택하세요. 클릭은 사용자가 영상을 열었는지만 측정하고 영상이 마음에 드는지는 확인할 수 없습니다. 클릭을 최적화 목표로 사용하면 관련성은 무시한 채, 눈길을 끄는 콘텐츠만 더 많이 추천합니다. 하지만 대상 지표를 사용자의 만족과 관련이 높은 시청 시간으로 바꾸면 이런 피드백 루프를 감소하는 데 도움이 됩니다.

그럼에도 모든 종류의 참여를 최적화하는 추천 알고리즘은 항상 피드백 루프를 악화시킬 위험을 동반합니다. 이런 최적화의 목적은 실제로 최대치가 없는 지표를 최대화하기 때문입니다. 예를 들어 알고리즘이 매력적인 콘텐츠를 추천하기 위해 시청 시간을 최적화하더라도 이 지표가 최대가 되는 세상은 모든 사용자가 하루 종일 영상을 시청하는 세상입니다. 이런 지표를 사용하면 플랫폼 사용량은 증가하겠지만 최적화할 가치가 있는 목표인지 의문을 가지게 됩니다.

피드백 루프를 만드는 위험 외에도 모델이 좋은 검증 점수를 얻었음에도 제품에 투여되었을 때 기대보다 성능이 나쁠 수도 있습니다.

8.2.2 포괄적인 모델 성능

5.2절 '모델 평가: 정확도를 넘어서'에서 분할된 데이터 세트에서 성능을 평가하는 다양한 평가 지표를 소개했습니다. 이러한 형태의 분석은 모델이 여러 종류의 사용자에게 동일하게 잘 동작하는지 확인하는 데 도움이 됩니다.

기존 모델의 새 버전을 훈련한 다음, 배포 여부를 결정할 때 특히 중요합니다. 요약된 성능 지표만 비교한다면 일부 데이터에서 크게 성능이 감소하는 것을 감지하지 못할 수 있습니다.

이런 성능 저하를 감지하지 못하면 심각한 제품 결함으로 이어집니다. 2015년에는 자동 사진 태깅 시스템이 아프리카계 미국인 사진을 고릴라로 분류했습니다.[5] 이는 참담한 실패였고 대표적인 입력에서 모델을 검증하지 않은 결과입니다.

이런 종류의 이슈는 기존 모델을 업데이트할 때 일어날 수 있습니다. 예를 들어 얼굴 인식 모델을 업데이트한다고 가정해보죠. 이전 모델이 정확도 90%를 달성했고 새로운 모델은 92% 정확도를 달성했습니다. 새로운 모델을 배포하기 전에 여러 종류의 사용자를 대상으로 성능을 비교해봐야 합니다. 전체적으로는 조금 성능이 향상되었지만 40세 이상의 여성 사진에서는 새로운 모델의 성능이 매우 나쁠 수 있다는 걸 인지했다면, 모델 배포를 멈춰야 합니다. 훈련 데이터에 대표성을 띤 샘플을 더 추가하고 모든 범위에서 잘 동작할 수 있도록 모델을 다시 훈련해야 합니다.

이런 벤치마크를 생략하면 대상 고객의 상당 부분에서 모델이 작동하지 않을 수 있습니다. 가능한 모든 종류의 입력을 처리할 수 있는 모델은 없습니다. 하지만 예상되는 입력에서 모두 잘 동작하는지 검증하는 것이 중요합니다.

8.2.3 모델에 대한 정보

사용자는 제공되는 정보가 머신러닝 모델의 예측에서 만들어진다는 것을 항상 인지하지는 못합니다. 가능하면 사용자에게 예측 상황을 공유해야 하며 이를 통해 사용자가 이 정보를 어떻게 활용할지 결정을 내리는 데 도움을 주어야 합니다. 이렇게 하기 위해 모델이 어떻게 훈련되었는지 설명하는 것부터 시작할 수 있습니다.

5 2015년 BBC 뉴스 참고(https://oreil.ly/nVkZv)

아직 업계 표준의 '모델 면책조항'은 없지만 이 분야는 활발하게 연구되고 있으며 투명한 모델 보고를 위한 문서 시스템인 모델 카드Model Card 같은 유망한 포맷도 등장하고 있습니다(마거릿 미첼Margaret Mitchell 등의 「Model Cards for Model Reporting」[6] 논문 참조).[7] 모델 외에도 훈련 방법, 테스트한 데이터, 예상 사용 방법 등에 대한 메타데이터도 제공하도록 제안하고 있습니다.

머신러닝 에디터 예에서는 특정 질문 데이터셋에 기반한 피드백을 제공합니다. 이 모델을 제품으로 배포한다면 모델이 잘 동작하리라 기대되는 입력 종류에 대한 면책조항을 포함해야 합니다. 이런 면책조항은 다음과 같이 간단하게 쓸 수 있습니다. '이 제품은 질문을 잘 작성하는 방법을 추천합니다. `writing.stackexchange.com`에 있는 질문으로 훈련되었기 때문에 이 커뮤니티의 특정 선호도를 반영할 수 있습니다.'

선의의 사용자에게 정보를 제공하는 일은 중요합니다. 이제 우호적이지 않은 사용자가 일으킬 수 있는 문제에 대해 알아보죠.

8.2.4 적대 공격

일부 머신러닝 프로젝트는 적대 공격에 의해 모델이 실패할 위험을 생각해야 합니다. 사기꾼이 의심스러운 신용카드 거래를 감지하는 모델을 속이려 할 수 있습니다. 또는 공격자가 훈련된 모델을 분석하여 사용자 정보와 같이 접근해서는 안 되는 훈련 데이터에 관한 정보를 얻으려 할 수 있습니다.

모델 속이기

많은 머신러닝 모델이 사기꾼으로부터 계정이나 거래를 보호하기 위해 배포됩니다. 반대로 사기꾼은 자신들을 합법적인 사용자로 믿도록 모델을 속입니다.

예를 들어 온라인 플랫폼에서 사기성 로그인을 막으려면 사용자의 국적 등의 특성을 고려할 수 있습니다(대규모 공격 대부분이 동일 지역의 서버를 사용합니다). 이런 특성으로 모델을 훈련

---

6 *https://arxiv.org/abs/1810.03993*

7 옮긴이_ 구글 클라우드의 모델 카드의 예(*https://bit.ly/3gy9n7s*)를 참조하세요. 모델 카드를 자동으로 생성해주는 모델 카드 툴킷(model card toolkit) 라이브러리도 있습니다(*https://bit.ly/3pTewew*).

하면 사기꾼이 거주하는 국가의 일반 사용자에 대한 편향을 만들 가능성이 있습니다. 또한 이런 특성에만 의존하면 사기꾼이 자신의 위치를 속여 시스템을 무력화하기 쉽습니다.

적대 공격을 방어하기 위해 정기적으로 모델을 업데이트하는 것이 중요합니다. 공격자가 기존의 방어 패턴을 학습하고 이를 무력화하기 위해 행동을 바꾸기 때문에 새로운 행동을 부정행위로 분류할 수 있도록 모델을 업데이트해야 합니다. 여기에는 행동 패턴 변화를 감지할 수 있는 모니터링 시스템이 필요합니다. 11장에서 이에 대해 자세히 설명하겠습니다. 많은 경우 공격자를 방어하려면 공격자의 행동을 잘 감지할 수 있는 새로운 특성을 생성해야 합니다. 특성 생성에 대해서는 4.4절 '데이터를 활용한 특성 생성과 모델링'을 참고하세요.

모델을 공격하는 가장 흔한 형태는 잘못된 예측을 하도록 모델을 속이는 것입니다. 하지만 다른 종류의 공격도 있습니다. 일부 공격은 훈련된 모델을 사용해 학습에 사용한 데이터를 알아내는 것이 목적입니다.

모델의 악용

단순히 모델을 속이는 것을 넘어서 공격자가 모델을 사용해 개인 정보를 얻을 수 있습니다. 모델은 학습된 데이터를 반영하기 때문에 모델의 예측으로 원본 데이터셋에 있는 패턴을 추측할 수 있습니다. 두 개의 샘플을 가진 데이터셋에서 훈련된 분류 모델의 예로 이 아이디어를 설명해보죠. 각 샘플은 다른 클래스에 할당되어 있고 두 샘플은 하나의 특성값으로 구분됩니다. 공격자가 이 데이터셋으로 훈련된 모델에 접근하여 임의의 입력에 대한 예측을 관찰할 수 있다면 모델이 데이터셋에서 사용한 특성이 하나뿐이라는 것을 추론할 수 있습니다. 마찬가지로 공격자는 훈련 데이터에 있는 특성 분포를 추론할 수 있습니다. 이 분포에는 종종 민감하거나 개인적인 정보가 반영되어 있습니다.

부정 로그인을 감지하는 예시에서 로그인할 때 우편번호가 필수 항목이라고 가정해보죠. 공격자는 여러 계정으로 로그인을 시도하면서 어떤 우편번호가 로그인에 성공하는지 테스트할 수 있습니다. 이를 통해 훈련 세트에 있는 우편번호의 분포를 추정할 수 있고 따라서 이 웹사이트 고객의 지역 분포를 가늠할 수 있습니다.

이런 공격의 효과를 제한하는 가장 간단한 방법은 한 사용자가 일으킬 수 있는 요청 횟수를 제한해 특성값을 탐색할 수 있는 기회를 얻지 못하도록 제한하는 것입니다. 다만 유능한 공격자라면 여러 계정을 만들어 이런 제한을 회피할 수 있기 때문에 이 방법도 완전한 해결책은 아닙니다.

이번 절에서 언급한 적대 공격을 위해 관심을 기울여야 할 대상이 비도덕적인 사용자만이 아닙니다. 사용자 커뮤니티에 작업 결과를 공유할 때는 위험한 애플리케이션에 사용될 수 있는지 자문해봐야 합니다.

8.2.5 이중 사용

이중 사용dual-use은 하나의 목적으로 개발된 기술이 다른 목적으로 사용되는 것을 말합니다. 비슷한 종류의 데이터셋에서 잘 동작하는 머신러닝의 능력(그림 2-3) 때문에 머신러닝 모델은 종종 이중 사용 문제에 직면합니다.

자신의 목소리를 친구 목소리로 바꾸는 모델을 만든다면 동의를 구하지 않고 다른 사람을 사칭하는 데 사용될 수 있지 않을까요? 이런 모델을 만든다면 사용자가 모델의 올바른 사용법을 이해할 수 있도록 적절한 지침과 자료를 어떻게 제공할 수 있을까요?

마찬가지로 얼굴을 정확하게 분류하는 모든 모델은 감시를 위해 이중 사용될 수 있습니다. 이런 모델은 원래 스마트 초인종을 위해 개발되었지만 도시 전체에 퍼져 있는 감시용 카메라를 통해 개인을 추적하는 데 사용될 수 있습니다. 어떤 데이터셋을 사용해 만든 모델이 비슷한 다른 데이터셋에서 다시 훈련된다면 위험을 초래할 수 있습니다.

현재 이중 사용 문제에 대한 명확한 모범 사례는 없습니다. 자신의 모델이 비윤리적으로 사용될 수 있다면 그 목적으로 재현하기 어렵게 만들거나 커뮤니티에 신중한 의견을 구하는 것이 좋습니다. 최근에 OpenAI는 온라인에서 잘못된 정보를 쉽게 퍼뜨릴 수 있다는 우려 때문에 가장 강력한 언어 모델을 공개하지 않기로 결정했습니다(OpenAI 블로그의 「Better Language Models and Their Implications」[8]을 참고하세요). 이는 비교적 새로운 결정이었지만 이런 우려가 앞으로 더 많이 제기되어도 놀라운 일은 아닙니다.[9]

이 장을 마무리하면서 Textio의 엔지니어링 이사인 크리스 할랜드Chris Harland와의 인터뷰를 다음 절에 실었습니다. 크리스는 사용자에게 모델을 배포하고 이를 유용하게 활용할 수 있도록 만드는 데 많은 경험을 가지고 있습니다.

---

8 *https://oreil.ly/W1Y6f*

9 옮긴이_ 현재는 GPT-2의 모든 모델이 공개되어 있습니다. OpenAI는 2020년에 더 크고 강력한 GPT-3 모델을 만들었으나 코드와 모델은 공개되지 않았고 마이크로소프트와 독점 라이선스 계약을 맺었습니다.

8.3 크리스 할랜드: 배포 실험

물리학 박사인 크리스는 금융 소프트웨어를 위해 영수증에서 구조적인 정보를 추출하는 컴퓨터 비전을 포함해 다양한 머신러닝 작업을 다루어보았습니다. 마이크로소프트 검색 팀에서 일하면서 머신러닝 엔지니어링의 가치를 알게 되었고, 그 후 더 설득력 있는 글을 쓰도록 돕는 제품을 만드는 Textio에 합류했습니다.[10] 머신러닝 기반 제품을 배포한 경험과 정확도 지표를 넘어서 결과를 검증하는 방법에 대해 크리스와 이야기를 나눠봤습니다.

Q **Textio는 머신러닝을 사용해 직접 사용자를 가이드합니다. 이는 다른 머신러닝 작업과 어떻게 다른가요?**

A 금을 구매할 시기나 트위터에서 팔로우할 사람 같이 예측에만 초점을 맞추면 어느 정도 변동을 감내할 수 있습니다. 하지만 글쓰기를 안내할 때는 이와 다릅니다. 추천에 따라 사람들이 많은 텍스트를 작성하기 때문입니다.

만약 모델이 단어를 200개 이상 쓰라고 추천한다면 사용자가 이를 따를 수 있도록 일관성을 유지해야 합니다. 사용자가 150개 단어를 썼을 때 모델이 마음을 바꾸거나 낮은 단어 개수를 추천할 수 없습니다.

또한 가이드가 명확해야 합니다. '불용어를 절반으로 줄이세요'는 모호한 지침이지만 '이 세 문장의 길이를 줄이세요'는 훨씬 사용자가 행동에 옮기기 좋습니다. 이렇게 사람이 이해할 수 있는 특성을 사용하면서 성능을 유지하는 건 매우 어렵습니다.

기본적으로 머신러닝 글쓰기 보조 애플리케이션은 사용자가 모델을 따라서 초기 지점에서 더 나은 지점으로 특성 공간을 이동하도록 안내합니다. 이따금 사용자 경험을 망치게 되는 더 나쁜 위치를 지날 수 있습니다. 이런 제약 사항을 유념하며 제품을 만들어야 합니다.

Q **이런 가이드를 만드는 좋은 방법은 무엇인가요?**

A 가이드 문제에서는 정밀도가 재현율보다 훨씬 흥미롭습니다. 한 사람에게 조언을 한다고 생각하면 재현율은 관련 없는 영역 일부가 포함되더라도 관련성 있는 전체에 대해 조언할 수 있는 능력입니다. 반면 정밀도를 높이려면 다른 것보다 가능성이 높은 몇 개를 추천해야 합니다.

10 옮긴이_ 지금은 Remitly의 머신러닝과 데이터 엔지니어링 이사입니다.

잘못된 추천에 대한 대가는 매우 높습니다. 따라서 정밀도가 더 유용합니다. 모델이 이전에 제시한 추천에서 사용자가 학습하고, 향후 입력에 이를 적용하기 때문에 이런 추천의 정밀도는 더욱 중요합니다.

또한 여러 가지 요인을 분석하기 위해 사용자가 실제로 추천을 사용했는지 측정합니다. 그렇지 않다면 그 이유를 이해해야 합니다. 한 가지 실제 예로는 활용도가 낮은 '능동태 대비 수동태 비율' 특성입니다. 이는 추천이 충분하게 실행 가능하게 제시되지 않기 때문이라는 사실을 알았습니다. 따라서 추천이 바꾸려는 단어 자체를 강조하는 방식으로 이를 개선했습니다.

Q 사용자를 가이드하는 새로운 방법이나 새로운 특성을 어떻게 찾나요?

A 하향식과 상향식 모두 가능합니다.

하향식으로 가설을 조사하는 방법은 도메인 지식을 활용하며 기본적으로 사전 경험으로 얻은 특성으로 구성됩니다. 예를 들면 제품 팀이나 영업 팀에서 이런 가설이 시작될 수 있습니다. 하향식 가설은 '참여를 독려하는 구직 이메일에 무언가 미스터리한 측면이 있습니다'와 같습니다. 하향식에서는 특성을 추출하기 위한 실용적인 방법을 찾는 것이 어렵습니다. 특성을 추출해야 그다음에 이 특성이 예측에 유용한지 검증할 수 있습니다.

상향식은 예측을 이해하기 위해 분류 파이프라인을 조사하는 것이 목표입니다. 앙상블 모델에 주입하여 좋은 텍스트와 나쁜 텍스트를 분류하는 단어 벡터, 토큰, 품사와 같은 텍스트의 일반적인 표현을 가지고 있다면 어떤 특성이 해당 분류에 가장 좋은 성능을 낼까요? 도메인 전문가는 종종 모델의 예측으로부터 이런 패턴을 식별하는 뛰어난 능력을 가졌습니다. 이 경우에는 이런 특성을 사람이 이해할 수 있도록 만드는 방법을 찾는 것이 어렵습니다.

Q 모델이 충분히 좋은지 어떻게 결정하나요?

A 관련 있는 작은 텍스트 데이터셋을 과소평가해서는 안 됩니다. 현재 도메인에 있는 천 개의 문서만 사용해도 충분한 경우가 많습니다. 작은 데이터셋을 레이블링할 수 있는 능력은 가치가 있습니다. 그런 다음에 샘플 이외의 데이터에서 모델을 테스트할 수 있습니다.

간단하게 실험을 실행할 수 있어야 합니다. 제품 변경에 대한 아이디어의 대부분은 무효로 끝나기 때문에 새로운 기능에 대해 덜 걱정하도록 만들어야 합니다.

마지막으로 나쁜 모델을 만드는 건 괜찮으며 처음 시작할 때 누구나 겪게 되는 일입니다. 나쁜 모델을 고치면 제품을 더 안정되게 만들고 빠르게 발전하는 데 도움이 됩니다.

Q 모델이 제품에 투입된 후 잘 수행되는지 어떻게 파악하나요?

A 제품에 들어간 다음에는 모델의 예측을 사용자에게 명확하게 노출하고 사용자가 이를 덮어 쓸 수 있게 만듭니다. 특성값, 예측, 재정의된 값을 기록하여 이를 모니터링하고 추후 분석합니다. 모델이 점수를 만드는 경우에는 이 점수를 추천의 사용도와 비교하는 방법을 찾으면 추가적인 신호가 될 수 있습니다. 예를 들어 이메일을 열어보았는지 예측할 경우, 사용자가 진짜 이메일을 열었는지 알 수 있다면 모델을 향상하는 데 도움이 되기 때문에 매우 유용합니다.

궁극적인 성공 지표는 고객의 성공입니다. 고객의 성공은 가장 늦게 평가되며 다른 많은 요소의 영향을 받습니다.

8.4 마치며

데이터 저장과 사용에 관한 고려 사항으로 시작했습니다. 그다음 데이터셋에 편향을 일으키는 원인과 이를 찾아 감소하는 방법을 다루었습니다. 이어서 모델이 실전에서 겪는 어려움과 모델을 사용자에게 노출했을 때 위험을 줄이기 위한 방법을 살펴보았습니다. 마지막으로 오류에 대해 안정적인 시스템을 설계하는 방법을 알아보았습니다.

이들은 복잡한 문제이며 머신러닝 분야는 모든 형태의 남용을 해결하기 위해 아직 해야 할 일이 많습니다. 첫 번째 단계는 모든 기술자들이 이런 문제를 인식하고 프로젝트를 수행할 때 염두에 두는 것입니다.

이제 모델을 배포할 준비가 되었습니다. 먼저 9장에서 다양한 배포 방법의 장단점을 살펴보겠습니다. 그다음 10장에서 모델 배포에 관련된 위험을 줄이는 방법을 다루겠습니다.

CHAPTER 9

배포 방식 선택

제품 아이디어를 머신러닝으로 구현하는 단계와 배포 준비가 될 때까지 애플리케이션을 반복하는 방법을 지금까지 살펴보았습니다.

이번 장에서는 여러 가지 배포 방식과 각 방식의 장단점을 다룹니다. 요구 사항마다 적합한 배포 방식이 다릅니다. 배포 방식을 선택할 때 속도, 하드웨어, 네트워크 요구 사항, 개인 정보 보호, 비용, 복잡도 같은 여러 가지 요인을 고려합니다.

모델 배포의 목적은 사용자에게 제공하기 위해서입니다. 이 목적을 달성하기 위한 일반적인 방법과 모델 배포 방식을 결정하는 팁을 다루겠습니다.

가장 간단하게 모델을 배포하는 방법인 웹 서버web server를 구동하여 예측을 만드는 방법부터 알아보겠습니다.

9.1 서버 측 배포

서버 측 배포server-side deployment는 클라이언트client로부터 요청을 받아 추론 파이프라인을 실행하여 결과를 반환하는 웹 서버로 구성됩니다. 이 솔루션은 모델을 애플리케이션에 있는 하나의 엔드포인트endpoint로 다루기 때문에 웹 개발 패러다임에 적합합니다. 사용자가 이 엔드포인트로 요청을 보내고 결과를 기대합니다.

서버 측 모델 작업에는 스트리밍streaming과 배치batch 두 가지 종류가 있습니다. 스트리밍 방식은 요청을 받자마자 즉시 처리합니다. 배치 방식은 덜 빈번하게 실행하며 한 번에 많은 개수의 요청을 처리합니다. 스트리밍 방식부터 살펴보죠.

9.1.1 스트리밍 애플리케이션 또는 API

스트리밍 방식은 모델을 사용자가 요청을 보낼 수 있는 엔드포인트로 간주합니다. 이런 점에서 사용자는 모델의 예측에 의존하는 애플리케이션이나 내부 서비스의 최종 사용자일 수 있습니다. 예를 들어 예상되는 사용자 수에 맞게 서버 개수를 조정하는 내부 서비스에서 웹사이트 트래픽을 예측하는 모델을 사용할 수 있습니다.

스트리밍 애플리케이션의 요청은 2.4.1절 '간단한 파이프라인으로 시작하기'에서 다루었던 추론 파이프라인과 비슷한 단계를 거칩니다. 기억을 되살리기 위해 이 단계를 다시 정리하면 다음과 같습니다.

1 요청을 검사합니다. 전달된 매개변숫값을 검사하고 사용자가 이 모델을 실행할 권한이 있는지 확인합니다.
2 추가로 필요한 데이터를 수집합니다. 다른 데이터 소스에 필요한 추가 데이터를 요청합니다. 예를 들면 사용자 관련 정보 등입니다.
3 데이터를 전처리합니다.
4 모델을 실행합니다.
5 결과를 후처리합니다. 결과가 허용 가능한 범위 내인지 확인합니다. 모델의 신뢰도와 같이 사용자가 결과를 이해할 수 있도록 설명을 추가합니다.
6 결과를 반환합니다.

[그림 9-1]에 이 단계가 나타나 있습니다.

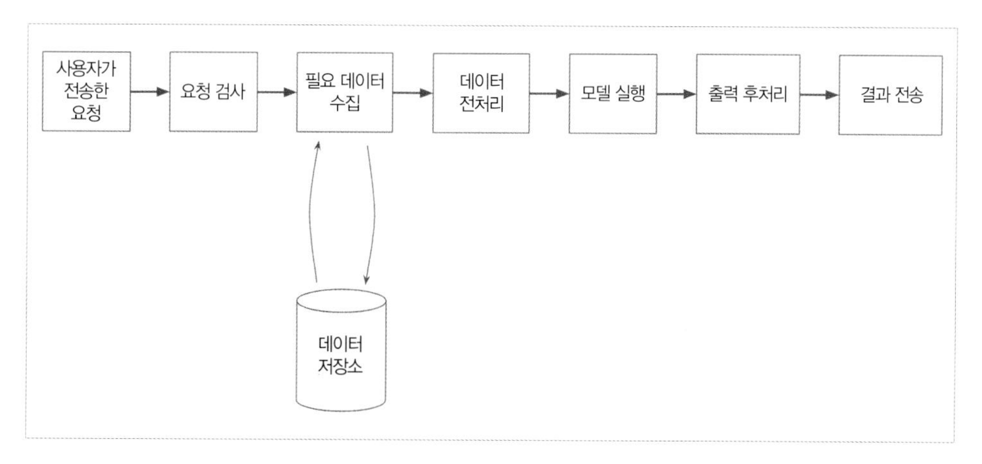

그림 9-1 스트리밍 API 워크플로

엔드포인트 방식은 빨리 구현할 수 있지만 사용자가 개별적인 추론 요청을 보내기 때문에 동시 사용자 수에 맞춰 선형적으로 인프라를 늘려야 합니다. 서버가 처리할 수 있는 용량 이상으로 트래픽이 증가하면 지연되거나 심지어 실패하게 될 것입니다. 이런 파이프라인을 트래픽 패턴에 적용하려면 새로운 서버를 쉽게 시작하고 종료할 수 있어야 합니다. 따라서 일정 수준의 자동화가 필요합니다.

하지만 머신러닝 에디터와 같이 동시에 몇 명의 사용자만 방문하는 간단한 데모는 일반적으로 스트리밍 방식이 좋은 선택입니다. 머신러닝 에디터를 배포하기 위해 경량 파이썬 웹 애플리케이션 프레임워크인 플라스크Flask[1]를 사용합니다. 플라스크 코드 몇 줄로 모델을 위한 API를 쉽게 구성할 수 있습니다.

책의 깃허브 저장소[2]에 프로토타입용 배포 코드를 찾을 수 있습니다. 여기에서는 고수준 개요를 소개합니다. 플라스크 애플리케이션은 두 부분으로 구성됩니다. 요청을 받아 모델로 보내 플라스크로 처리하는 API와 사용자가 텍스트를 입력하고 결과를 출력하기 위해 HTML로 만들어진 간단한 웹사이트입니다. 이 API 정의에는 많은 코드가 필요하지 않습니다. 다음 코드에서 머신러닝 에디터 버전 3을 서비스하는 두 함수를 확인할 수 있습니다.

1 *https://oreil.ly/cKLMn*

2 *http://bit.ly/mlpa-git*

```python
from flask import Flask, render_template, request

@app.route("/v3", methods=["POST", "GET"])
def v3():
    return handle_text_request(request, "v3.html")

def handle_text_request(request, template_name):
    if request.method == "POST":
        question = request.form.get("question")
        suggestions = get_recommendations_from_input(question)
        payload = {"input": question, "suggestions": suggestions}
        return render_template("results.html", ml_result=payload)
    else:
        return render_template(template_name)
```

v3 함수는 사용자가 /v3 페이지에 접근할 때 보여질 HTML을 결정하는 라우트route를 정의합니다. 이 함수는 출력 내용을 결정하기 위해 handle_text_request 함수를 사용합니다. 처음에 사용자가 페이지에 접근할 때, 요청 메서드request method는 GET입니다. 따라서 이 함수는 HTML 템플릿 하나를 출력합니다. [그림 9-2]는 HTML 페이지 화면입니다. 사용자가 [추천 요청] 버튼을 클릭하면 요청 메서드는 POST이고 따라서 handle_text_request는 질문을 받아 모델에 전달하고 모델의 출력을 반환합니다.

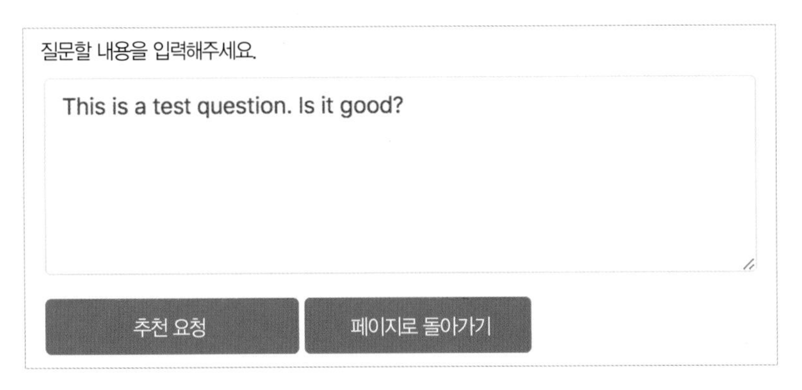

그림 9-2 모델을 사용하기 위한 간단한 웹 페이지

스트리밍 애플리케이션은 속도에 대한 요구 사항이 높을 때 필요합니다. 모델에서 필요한 정보가 예측 시점에서 제공되고 모델의 예측이 즉시 필요하다면, 스트리밍 방식이 적합합니다. 예

를 들어 승차 공유 앱에서 특정 경로에 대한 가격을 예측하는 모델은 사용자의 위치와 현재 가능한 드라이버에 대한 정보가 필요합니다. 이런 정보는 요청하는 그 순간에만 얻을 수 있습니다. 또한 사용자가 서비스를 사용할지 결정하기 위해서는 결과를 바로 확인해야 하기 때문에 이런 모델은 즉시 예측을 출력해야 합니다.

예측을 계산하는 데 필요한 정보를 미리 얻을 수 있는 경우도 있습니다. 이런 경우에는 요청이 도착하는 대로 처리하는 것이 아니라 한 번에 많은 양의 요청을 처리할 수 있습니다. 이를 **배치 예측**batch prediction이라고 하며 다음 절에서 살펴보겠습니다.

9.1.2 배치 예측

배치 방법은 추론 파이프라인을 여러 샘플에서 동시에 실행할 수 있는 하나의 잡job으로 간주합니다. 배치 잡은 많은 샘플에서 모델을 실행하고 필요할 때 사용할 수 있도록 결과를 저장합니다. 배치 잡은 모델의 예측이 필요하기 전에 모델에 필요한 특성을 얻을 수 있을 때 적합합니다.

예를 들어 팀의 영업 사원에게 높은 매출이 예상되는 회사 목록을 제공하는 모델을 만든다고 가정해보죠. 이는 **리드 스코어링**lead scoring이라고 불리는 일반적인 머신러닝 문제입니다. 이런 모델을 훈련하기 위해 과거의 이메일 대화 내용과 시장 트렌드 같은 특성을 사용할 수 있습니다. 이런 특성은 영업 사원이 어떤 회사에 연락할지 결정하기 전에 (즉 예측이 필요하기 전에) 얻을 수 있습니다. 이는 나이틀리 배치 잡nightly batch job으로 잠재 고객 목록을 계산하고 그 결과를 다음날 아침에 영업 사원들이 확인하도록 준비할 수 있다는 의미입니다.

마찬가지로 아침에 읽을 중요한 메시지 알림의 우선순위를 정하는 머신러닝 앱은 속도에 대한 요구 사항이 높지 않습니다. 이런 앱의 적절한 워크플로는 아침에 읽지 않은 모든 이메일을 하나의 배치로 처리하고 사용자의 요청에 대비하여 우선순위를 매긴 목록을 저장하는 것입니다.

배치 방법은 스트리밍 방식과 동일한 횟수만큼 추론을 실행합니다. 하지만 자원을 훨씬 효율적으로 사용합니다. 사전에 지정된 시간에 예측이 수행되고 배치 작업을 시작할 때 예측 개수를 알 수 있기 때문에 자원을 할당하고 병렬화하기 쉽습니다. 또한 배치 작업은 미리 계산된 결과를 저장하고 추론 시에는 저장한 내용을 추출하기만 하므로 추론 속도가 매우 빠릅니다. 이는 캐싱의 장점과 유사합니다.

[그림 9-3]은 이 워크플로의 두 측면을 보여줍니다. 배치 시간에는 모든 데이터 포인트에 대한 예측을 계산하여 결과를 저장합니다. 추론할 때는 미리 계산된 결과를 추출합니다.

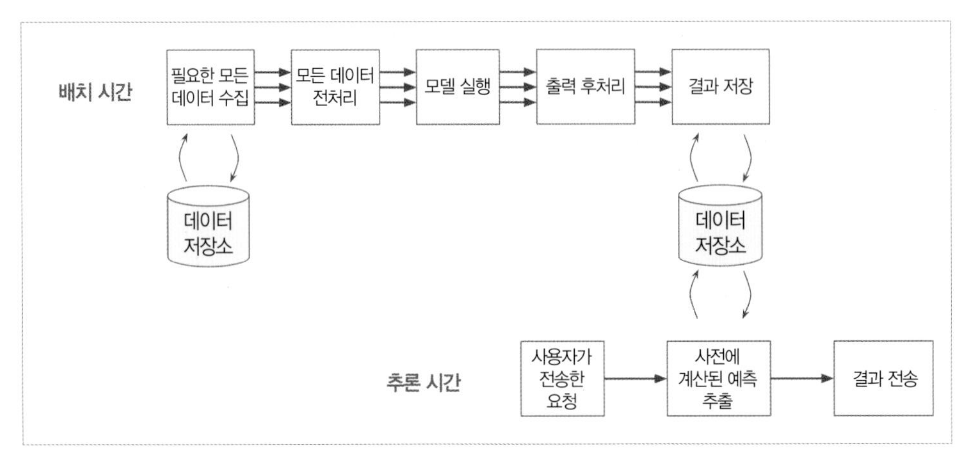

그림 9-3 배치 워크플로의 예

하이브리드 방식을 사용하는 것도 가능합니다. 가능한 많은 샘플을 미리 계산합니다. 그다음 추론 시에 사전에 계산된 결과를 추출합니다. 만약 사전에 계산한 결과가 없거나 오래되었다면 즉시 계산을 수행합니다. 이런 방식은 계산할 수 있는 모든 것을 미리 수행하기 때문에 가능한 한 신속하게 결과를 제공합니다. 하지만 배치 파이프라인과 스트리밍 파이프라인을 모두 유지하려면 비용이 들고 시스템의 복잡도도 크게 증가합니다.

서버에 애플리케이션을 배포하는 두 가지 방법인 스트리밍과 배치를 살펴봤습니다. 두 방식 모두 고객을 위한 추론을 실행하려면 호스팅 서버가 필요합니다. 호스팅 서버는 제품의 인기가 높아지면 비용이 빠르게 증가할 수 있습니다. 또한 이런 서버는 애플리케이션의 단일 장애점이 됩니다. 예측 요청이 갑자기 증가하면 서버가 모든 요청을 수용할 수 없을 것입니다.

아니면 요청을 클라이언트 장치에서 직접 처리할 수 있습니다. 사용자 장치에서 모델을 실행하면 추론 비용이 감소하고 애플리케이션의 인기도와 상관없이 일정한 수준의 서비스를 유지할 수 있습니다. 이를 **클라이언트 측 배포**client-side deployment라고 합니다.

9.2 클라이언트 측 배포

클라이언트 측에 모델을 배포하는 목적은 모델을 실행하는 서버 없이 모든 계산을 클라이언트에서 실행하기 위해서입니다. 컴퓨터, 태블릿, 스마트폰은 물론 스마트 스피커나 스마트 초인종처럼 네트워크에 연결된 장치는 모델을 실행할 수 있는 충분한 컴퓨팅 성능을 가집니다.

이 절은 추론을 위해 **훈련된 모델**을 장치에 배포하는 것에 대해서만 다룹니다. 이전과 동일한 방식으로 모델을 훈련하고 추론을 위해 장치에 전송합니다. 이 모델은 앱에 포함되어 장치에서 사용되거나 웹 브라우저에서 로딩될 수 있습니다. [그림 9-4]는 애플리케이션에 모델을 패키징하는 워크플로의 예입니다.

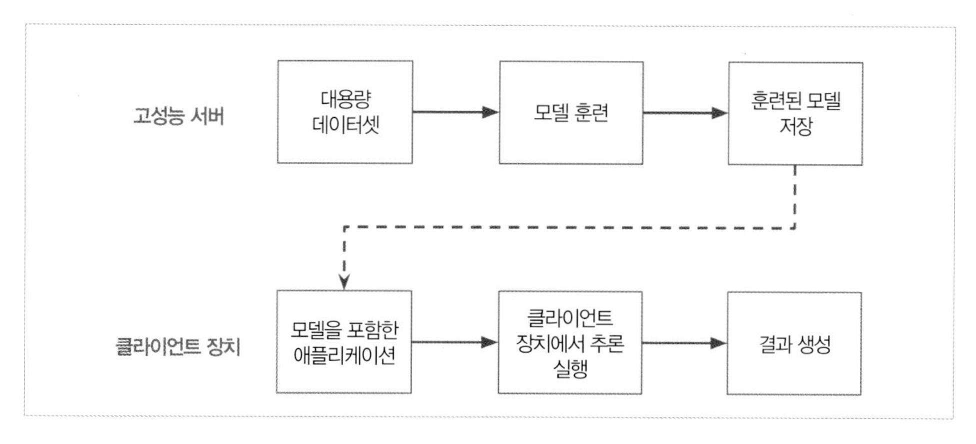

그림 9-4 장치에서 추론을 실행하는 모델(여전히 서버에서 훈련할 수 있습니다)

주머니에 들어갈 만큼 작은 장치는 강력한 성능을 가진 서버보다 훨씬 컴퓨팅 성능이 떨어집니다. 따라서 이 방법은 사용할 수 있는 모델의 복잡도를 제한합니다. 그렇지만 장치에서 모델을 실행하면 여러 가지 장점이 있습니다.

먼저 모든 사용자에 대한 추론을 실행하기 위해 인프라를 구축할 필요가 없습니다. 또한 장치에서 모델을 실행하면 장치와 서버 사이에 전송할 데이터 양이 줄어듭니다. 네트워크 지연을 줄이고 심지어 네트워크에 접속하지 않고도 실행할 수 있습니다.

마지막으로 추론에 필요한 데이터가 민감한 정보를 담고 있을 때, 장치에서 모델을 실행하게 되면 이 데이터를 원격 서버로 전송할 필요가 없습니다. 민감한 데이터를 서버로 전송하지 않으면 권한이 없는 제3자가 이 데이터에 접근할 위험이 줄어듭니다(왜 제3자의 접근이 심각한 위험인지는 8.1절 '데이터 고려 사항'을 참고하세요).

[그림 9-5]는 서버 측 모델과 클라이언트 측 모델에서 사용자에게 예측을 제공하는 워크플로를 비교한 그림입니다. 위 그림에서 서버 측 워크플로의 가장 긴 시간 지연은 종종 서버로 데이터를 전송하는 부분에서 발생한다는 걸 확인할 수 있습니다. 아래 클라이언트 측 모델에서는 시간 지연 없이 실행되지만 하드웨어의 성능 제약으로 서버보다 느리게 샘플을 처리합니다.

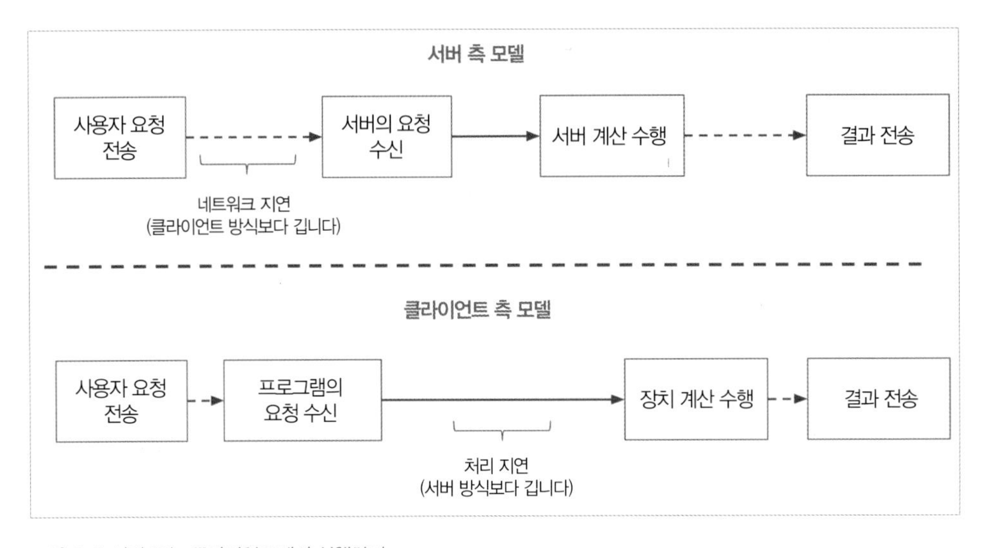

그림 9-5 서버 또는 클라이언트에서 실행하기

서버 측 배포와 비슷하게 클라이언트 측 배포에도 여러 가지 방법이 있습니다. 다음 절에서 모델을 직접 배포하거나 브라우저를 통해 실행하는 두 가지 방법을 다룹니다. 이런 방법들은 앱 스토어app store와 웹 브라우저를 가진 스마트폰과 태블릿에 적합하며, 여기서 다루지 않는 마이크로 컨트롤러 같은 다른 네트워크 장치에는 맞지 않습니다.

9.2.1 온 디바이스

태블릿이나 핸드폰에 있는 프로세서는 일반적으로 머신러닝 모델을 실행하는 데 최적화되어 있지 않아 추론 파이프라인을 느리게 실행합니다. 배터리를 너무 많이 소모하지 않고 클라이언트 측 모델을 빠르게 실행하려면 모델이 가능한 한 작아야 합니다.

모델 크기를 줄이려면 간단한 모델을 사용하거나, 모델의 파라미터 개수나 계산 정밀도를 줄여야 합니다. 예를 들어 신경망에서는 종종 가중치를 가지치기 하거나(0에 가까운 가중치를 삭제합니다) 압축합니다(가중치의 부동소수점 정밀도를 낮춥니다). 모델이 사용하는 특성 개수를 줄여 효율성을 더 높일 수도 있습니다. 최근에 텐서플로 라이트TensorFlow Lite[3] 같은 라이브러리는 모델의 크기를 줄여 모바일 장치에 쉽게 배포하도록 돕는 도구를 제공합니다.

이런 요구 사항 때문에 대부분의 모델은 모바일 장치에 이식될 때 약간의 성능 손실이 발생합니다. 스마트폰 같은 장치에서 실행하기에 너무 복잡한 최첨단 모델에 의존하는 경우처럼 모델의 성능 저하를 용인할 수 없는 제품은 서버에 배포되어야 합니다. 일반적으로 장치에서 추론을 실행하는 시간이 데이터를 처리하는 서버로 전송하는 데 걸리는 시간보다 길면 클라우드cloud에서 모델을 실행하는 것을 고려해야 합니다.

빠른 입력을 위해 추천을 제공하는 스마트 키보드 같은 애플리케이션에서는 인터넷 연결 없이 실행할 수 있는 로컬 모델의 가치가 정확도 손실보다 큽니다. 마찬가지로 등산객이 찍은 식물 사진의 종류를 알려주는 스마트폰 애플리케이션은 등산하는 도중에 사용되기 때문에 오프라인으로 동작해야 합니다. 이런 애플리케이션은 예측 정확도가 희생되더라도 장치에 배포할 수 있는 모델이 필요합니다.

로컬에서 동작하는 머신러닝 모델을 사용하는 제품의 또 다른 예로는 번역 앱이 있습니다. 이런 앱은 네트워크에 접속할 수 없는 해외에서 사용되는 경우가 많습니다. 서버에서 실행하는 복잡한 모델만큼 정확하지 않더라도 로컬에서 실행할 수 있는 번역 모델을 갖추는 것이 필수적입니다.

네트워크 문제 외에도 클라우드에서 실행하는 모델은 개인 정보 위험에 노출되어 있습니다. 사용자 데이터를 클라우드로 보내고 일시적이더라도 이를 저장하면, 공격자가 이를 노릴 가능성이 높아집니다. 사진에 필터를 적용하는 애플리케이션이 있다고 가정해보죠. 많은 사용자는 필터 처리를 위해 사진이 서버로 전송되어 무기한 저장된다는 것을 좋아하지 않을 수 있습니다. 사용자의 사진이 장치를 떠나지 않는다고 보장한다면 점점 개인 정보에 대한 우려가 늘고 있는 세상에서 중요한 차별점이 됩니다. 8.1절 '데이터 고려 사항'에서 보았듯이 민감한 데이터를 위

3 https://oreil.ly/GKYDs

험에 빠뜨리지 않는 가장 좋은 방법은 절대 장치를 떠나지 않게 하거나 서버에 저장하지 않는 것입니다.

반면에 모델을 압축하고 단순화하는 것은 시간이 많이 걸리는 작업입니다. 온 디바이스on-device 배포는 속도, 인프라, 개인 정보에 대한 이득이 커서 엔지니어링 작업에 노력을 투자할 만큼 충분한 가치가 있습니다. 머신러닝 에디터의 경우 웹 기반의 스트리밍 API로 국한하겠습니다.

마지막으로 특별히 어떤 종류의 장치에서 실행하기 위해 모델을 최적화하는 과정에 시간이 많이 소요될 수 있습니다. 최적화 과정이 장치마다 다를 수 있기 때문입니다. 필요한 엔지니어링 작업을 줄이기 위해 장치간의 공통 요소를 활용하는 것을 포함해 모델을 로컬에서 실행하기 위한 방법이 많이 있습니다. 이 분야에서 흥미로운 한 영역은 브라우저에서 머신러닝 모델을 구동하는 것입니다.

9.2.2 브라우저

대부분의 스마트 장치는 브라우저를 가집니다. 이런 브라우저는 종종 빠른 그래픽 계산을 지원하기 위해 최적화되어 있습니다. 이로 인해 브라우저를 사용해 머신러닝 작업을 수행하는 라이브러리에 대한 관심이 높아지고 있습니다.

이런 프레임워크 중에 가장 인기가 높은 것은 TensorFlow.js[4]입니다. 대부분의 미분가능한 모델을 브라우저에서 자바스크립트로 훈련하거나 추론을 실행할 수 있습니다. 심지어 파이썬 같은 다른 언어로 훈련한 모델도 사용 가능합니다.

사용자는 추가적인 애플리케이션을 설치하지 않고 브라우저를 통해 모델과 상호작용할 수 있습니다. 또한 모델이 자바스크립트를 사용해 브라우저에서 구동되기 때문에 사용자 장치에서 계산이 수행됩니다. 서버 인프라는 모델의 가중치가 포함된 웹 페이지만 사용자에게 제공하면 됩니다. 마지막으로 TensorFlow.js는 WebGL을 지원하므로 클라이언트 장치에 있는 GPU를 사용해 더 빠른 계산을 수행할 수 있습니다.

자바스크립트 프레임워크를 사용하면 이전 방법처럼 장치에 특화된 많은 작업이 필요하지 않아 클라이언트 측 모델 배포가 쉽습니다. 하지만 이 방법은 대역폭 비용을 늘리는 단점이 있습

4 https://www.tensorflow.org/js

니다. 애플리케이션 설치 방식은 모델을 한 번만 다운로드하지만 이 방식은 클라이언트가 웹 페이지를 열 때마다 모델을 다운로드하기 때문입니다.

사용하는 모델이 몇 메가바이트 혹은 그보다 작거나, 빠르게 다운로드할 수 있다면 자바스크립트를 사용해 클라이언트에서 모델을 실행하는 것이 서버 비용을 줄이는 좋은 방법이 될 수 있습니다. 머신러닝 에디터에서 서버 비용이 이슈가 된다면 TensorFlow.js 같은 프레임워크를 사용해 모델을 배포하는 것이 첫 번째 대안이 될 것입니다.

지금까지 훈련된 모델의 배포를 위해서만 클라이언트를 생각했습니다. 하지만 클라이언트에서 모델을 훈련할 수도 있습니다. 다음 절에서 이런 기능이 언제 유용할 수 있는지 알아보겠습니다.

9.3 연합 학습: 하이브리드 방법

이미 (이상적으로는 이전 장에서 소개한 가이드라인에 따라) 훈련된 모델을 배포하는 여러 가지 방법을 다루었고 이제 배포 방법을 선택하려고 합니다. 모든 사용자에게 하나의 고유한 모델을 제공하는 여러 가지 솔루션을 알아보았습니다. 하지만 사용자마다 다른 모델을 원한다면 어떨까요?

[그림 9-6]은 모든 사용자를 위해 일반적으로 하나의 훈련된 모델을 제공하는 시스템(위)과 사용자마다 조금씩 다른 버전의 모델을 제공하는 시스템(아래)의 차이를 보여줍니다.

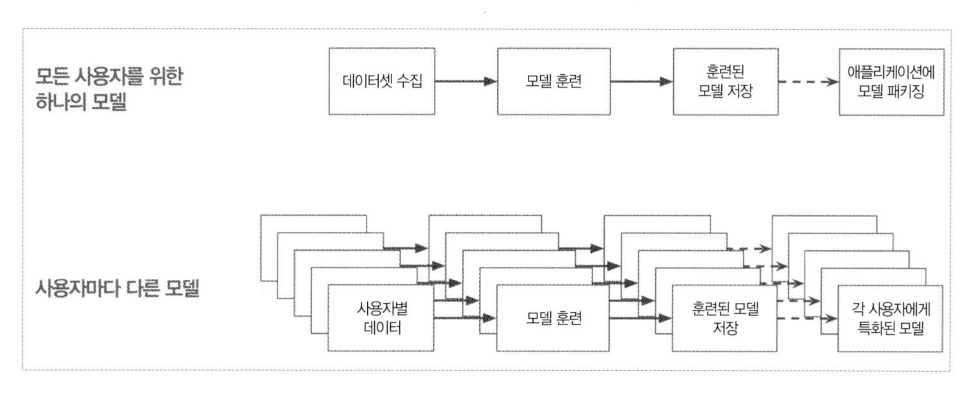

그림 9-6 하나의 큰 모델과 많은 개별 모델

콘텐츠 추천, 글쓰기 제안, 건강 관리 추천과 같은 많은 애플리케이션에서 모델의 가장 중요한 정보의 원천은 사용자에 관한 데이터입니다. 이런 사실을 바탕으로 모델에 필요한 사용자별 특성을 생성하거나 각 사용자에게 개별 모델을 제공할 수 있습니다. 이런 모델은 동일한 구조를 갖지만 사용자의 데이터를 반영한 각 모델의 파라미터 값은 다릅니다.

이 아이디어가 OpenMined[5]와 같은 프로젝트로 최근 크게 주목을 받고 있는 딥러닝 분야인 **연합 학습**federated learning의 핵심입니다. 연합 학습에서 각 클라이언트는 각자의 모델을 가집니다. 각각의 모델은 사용자의 데이터에서 학습되고 요약 수집된 (그리고 아마도 익명화된) 업데이트를 서버로 보냅니다. 서버는 모든 업데이트를 사용해 모델을 향상시키고 새로운 모델의 업데이트를 개별 클라이언트에 다시 전달합니다.

각 사용자는 각자의 요구에 맞는 개인화된 모델을 받습니다. 하지만 여전히 다른 사용자로부터 집계된 정보에서 도움을 받습니다. 연합 학습에서는 사용자 데이터를 서버로 전송하지 않고 집계된 모델 업데이트만 받기 때문에 개인 정보 보호를 향상시킵니다. 이는 사용자 데이터를 수집하고 서버에 저장하는 전통적인 방식으로 모델을 훈련하는 것과 대조됩니다.

연합 학습은 흥미로운 머신러닝 발전의 한 방향이지만 추가적인 복잡성이 발생합니다. 개별 모델이 잘 동작하면서 서버로 전송된 데이터를 적절하게 익명화시키는 것은 단일 모델을 훈련하는 것보다 더 복잡합니다.

연합 학습 모델을 배포할 자원을 가진 팀은 실제 애플리케이션에 이미 연합 학습을 사용하고 있습니다. 예를 들어 앤드루 하드Andrew Hard 등의 「Federated Learning for Mobile Keyboard Prediction」[6]에서 소개한 것처럼 구글의 GBoard는 연합 학습을 사용하여 스마트폰 사용자에게 다음 단어의 예측을 제공합니다. 사용자마다 글쓰기 패턴이 다양하기 때문에 모든 사용자에게 잘 동작하는 단일 모델을 만드는 것은 어렵습니다. 사용자 수준에서 모델을 훈련하면 GBoard가 사용자별 패턴을 학습하고 더 나은 예측을 제공할 수 있습니다.

서버, 장치 또는 양쪽에 모델을 배포하는 여러 가지 방법을 다루었습니다. 애플리케이션의 요구 사항을 바탕으로 각 방식의 장단점을 고려해야 합니다. 이 책의 다른 장과 마찬가지로 간단한 방법으로 시작하여 필요성이 검증될 때만 더 복잡한 방법을 적용하는 것이 좋습니다.

5 https://www.openmined.org

6 https://arxiv.org/abs/1811.03604

9.4 마치며

머신러닝 기반 애플리케이션을 제공하는 방법은 여러 가지입니다. 스트리밍 API로 모델이 도착하는 대로 샘플을 처리할 수 있습니다. 배치 워크플로를 사용해 정기적인 스케줄에 따라 한 번에 여러 데이터 샘플을 처리할 수 있습니다. 또는 모델을 애플리케이션에 패키징하거나 웹 브라우저를 통해 제공하는 방식으로 클라이언트 측에 배포할 수도 있습니다. 이렇게 하면 추론 비용과 인프라 요구 사항을 낮출 수 있지만 배포 과정은 더 복잡해집니다.

최선의 방법은 속도, 하드웨어, 네트워크, 개인 정보 보호, 추론 비용과 같은 애플리케이션의 요구 사항에 따라 다릅니다. 머신러닝 에디터와 같이 간단한 프로토타입의 경우 엔드포인트나 간단한 배치 워크플로로 시작하여 반복할 수 있습니다.

모델 배포는 단순히 사용자에게 모델을 노출하는 것 이상입니다. 10장에서 오류를 줄이기 위한 모델의 안전장치와 효율적인 배포 과정을 위한 엔지니어링 도구를 만드는 방법, 모델이 올바르게 수행되고 있는지 검증하는 방법을 다루겠습니다.

CHAPTER 10

모델 안전장치 만들기

데이터베이스나 분산 시스템을 설계할 때, 소프트웨어 엔지니어는 일부 컴포넌트가 고장 나더라도 시스템이 계속 동작하는 기능인 장애 허용 능력에 대해 고민합니다. 소프트웨어에서 궁금한 것은 시스템의 어느 부분이 고장 날 것인지가 아니라 언제 고장 날 것인지입니다. 머신러닝에도 동일한 원리를 적용할 수 있습니다. 아무리 좋은 모델이더라도 어떤 샘플에서는 실패할 것입니다. 따라서 이런 실패를 우아하게 처리할 수 있는 시스템을 만들어야 합니다.

이 장에서 고장을 막거나 완화하는 데 도움이 되는 여러 가지 방법을 살펴봅니다. 먼저 전달된 데이터의 품질을 검증하는 방법을 알아보고 이런 검증을 사용하여 사용자에게 어떻게 결과를 출력할지 결정합니다. 그다음 많은 사용자들에게 효율적으로 서비스하기 위해 모델링 파이프라인을 견고하게 만드는 방법을 살펴봅니다. 그런 다음 사용자의 피드백을 활용해 모델의 성능을 평가하는 방법을 알아봅니다. 그리고 크리스 무디Chris Moody와 배포의 모범 사례를 살펴보는 인터뷰로 이 장을 마무리합니다.

10.1 실패를 대비하는 설계

머신러닝 파이프라인이 가장 고장 나기 쉬운 몇 가지 경우를 알아보죠. 관찰력이 있는 독자라면 이런 실패 사례가 6.2절 '데이터 흐름 디버깅: 시각화와 테스트'에서 본 디버깅 팁과 비슷하다고 느낄 것입니다. 실제로 제품 환경에서 모델을 사용자에게 노출하면 모델 디버깅에서 일어나는 문제와 비슷한 일련의 도전 과제가 뒤따라옵니다.

버그와 오류는 어디에서나 나타날 수 있지만 특히 파이프라인 입력, 모델 신뢰도, 출력 세 영역을 검증하는 것이 중요합니다. 이들을 순서대로 살펴보겠습니다.

10.1.1 입력과 출력 검사

모든 모델은 특정 성질을 가진 데이터셋에서 훈련됩니다. 이 훈련 데이터는 특정 개수의 특성을 가지고, 각 특성에는 특정 데이터 타입이 있습니다. 또한 각 특성은 모델이 정확하게 수행하기 위해 학습해야 할 특정한 분포를 따릅니다.

2.1.3절 '최신성과 분포 변화'에서 본 것처럼 실전 데이터가 모델이 훈련한 데이터와 다르다면 모델이 좋은 성능을 내는 데 어려움을 겪습니다. 이를 해결하기 위해 파이프라인에 입력되는 데이터를 확인해야 합니다.

입력 검사

일부 모델은 데이터 분포에 작은 변화가 있더라도 여전히 잘 동작할 수 있습니다. 하지만 모델이 훈련 데이터와 많이 다른 데이터를 만나거나 일부 특성이 누락되거나 데이터 타입이 다르면 잘 동작하기 어렵습니다.

이전에 보았듯이 머신러닝 모델은 (입력의 크기와 타입이 일치하는 한) 잘못된 입력이 주어져도 실행될 수 있습니다. 모델은 출력을 만들지만 이 출력은 그다지 맞지 않을 것입니다. [그림 10-1]의 예시를 살펴보죠. 파이프라인이 문장을 두 개의 토픽topic 중 하나로 분류합니다. 먼저 문장을 벡터화하고 이 벡터화된 표현에 분류 모델을 적용합니다. 파이프라인이 랜덤한 문자열을 받더라도 이를 벡터로 변환할 것이고 모델은 예측을 만들 것입니다. 이런 예측은 엉터리지만 모델의 결과를 들여다보지 않고는 알 방법이 없습니다.

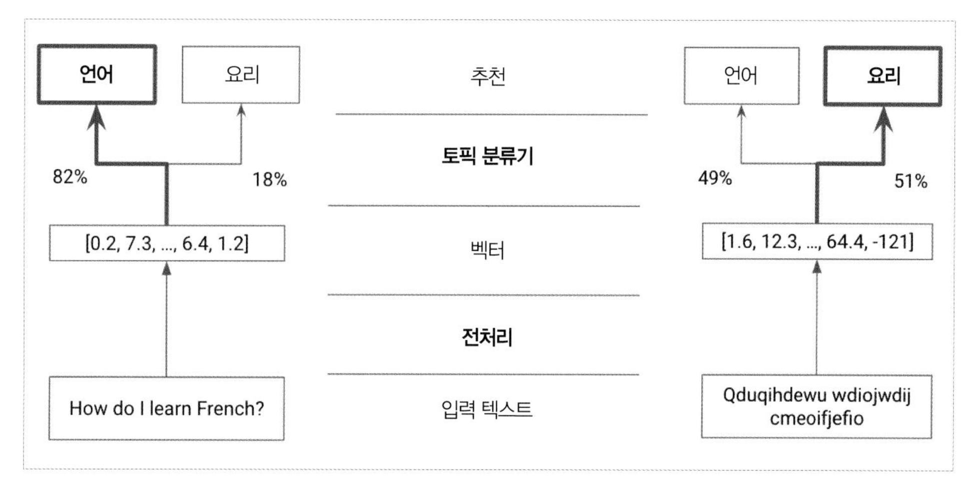

그림 10-1 랜덤한 입력에 대해서도 모델은 여전히 예측을 출력합니다.

잘못된 입력에서 모델이 실행되는 것을 막으려면 이런 입력이 모델에 전달되기 전에 감지해야 합니다.

> **검사 vs 테스트**
>
> 이 절에서는 6.2.2절 '머신러닝 코드 테스트'에서 보았던 입력 테스트와는 다른 입력 검사check에 대해 설명합니다. 미묘한 차이지만 중요합니다. 테스트는 미리 정의된 입력이 주어졌을 때 기대한 대로 코드가 동작하는지 검증합니다. 코드나 모델이 수정될 때마다 파이프라인이 여전히 제대로 동작하는지 검증하기 위해 테스트를 실행합니다. 이번 절에서 입력 검사는 그 자체가 파이프라인 일부이고 입력 품질에 기반하여 프로그램의 제어 흐름을 바꿉니다. 입력 검사를 통과하지 못하면 다른 모델을 실행하거나 전혀 모델을 실행하지 않을 수 있습니다.

이 검사는 6.2.2절 '머신러닝 코드 테스트'에 있는 테스트와 비슷한 영역을 다룹니다. 중요한 순서대로 나열하자면 다음과 같습니다.

1. 필수 특성이 모두 있는지 확인합니다.
2. 각 특성 타입을 검사합니다.
3. 특성값이 유효한지 검증합니다.

특성값의 분포가 복잡할 수 있기 때문에 특성값을 검증하는 것은 어려울 수 있습니다. 간단한 검증 방법은 합리적인 특성값의 범위를 정하고 이 범위 안에 들어오는지 확인하는 것입니다.

입력 중 하나라도 검사에 실패하면 모델은 실행되지 않아야 합니다. 상황에 따라 해야 할 작업이 다릅니다. 누락된 데이터가 핵심 정보를 표현한다면 오류의 원인을 포함한 오류를 반환해야 합니다. 아직 결과를 만들 수 있다고 예상되면 모델 호출을 경험 규칙으로 대체할 수 있습니다. 이는 모든 머신러닝 프로젝트가 경험 규칙으로 시작해야 하는 또 다른 이유입니다. 경험 규칙은 모델 실패의 차선책을 제공합니다.

[그림 10-2]에서 이런 로직의 예를 볼 수 있습니다. 여기서 입력 검사의 결과에 따라 경로가 달라집니다.

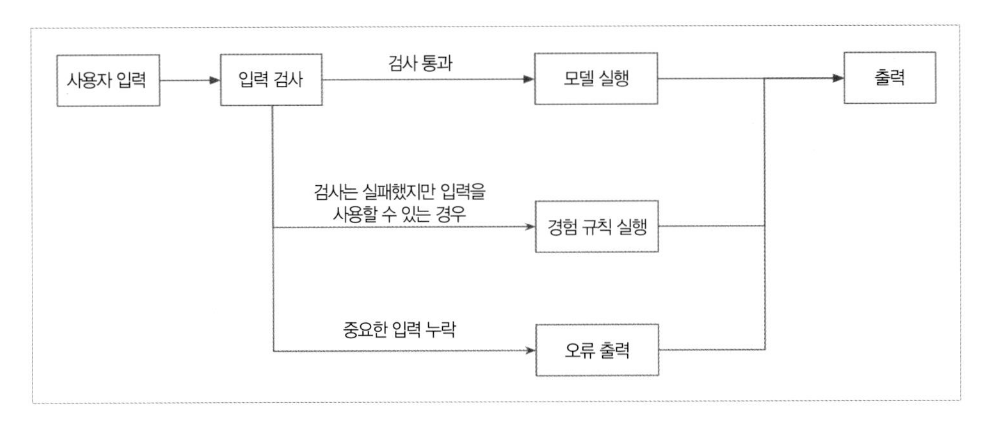

그림 10-2 입력 검사에 따른 로직 분기의 예

다음 코드는 머신러닝 에디터의 제어 흐름 예제입니다. 이 함수는 누락된 특성과 특성 타입을 검사합니다. 입력 품질에 따라 에러를 발생하거나 경험 규칙을 실행합니다. 이 함수는 머신러닝 에디터 코드가 저장된 책의 깃허브 저장소[1]에서 찾을 수 있습니다.[2]

```
def validate_and_handle_request(question_data):
    missing = find_absent_features(question_data)
    if len(missing) > 0:
        raise ValueError("누락된 특성: %s" % missing)
```

1 *https://bit.ly/mlpa-git*

2 옮긴이_ 이 함수는 *ml_editor/inference.py* 파일에 있습니다.

```
    wrong_types = check_feature_types(question_data)
    if len(wrong_types) > 0:
        # 데이터가 잘못되었지만 질문 길이가 제공되면 경험 규칙을 실행합니다.
        if "text_len" in question_data.keys():
            if isinstance(question_data["text_len"], float):
                return run_heuristic(question_data["text_len"])
        raise ValueError("잘못된 타입: %s" % wrong_types)

    return run_model(question_data)
```

모델 입력을 검사하면 실패 유형 개수를 줄이고 데이터 입력에 대한 이슈를 확인할 수 있습니다. 그다음 모델의 출력을 검증해야 합니다.

모델 출력 검사

모델이 예측을 만들고 난 후 사용자에게 이를 출력할 것인지 결정해야 합니다. 예측이 수용할 수 있는 정답의 범위 밖에 위치해 있다면 화면에 출력하지 않는 것을 고려해야 합니다.

예를 들어 사진 속에 있는 사람의 나이를 예측한다면 출력값은 0에서부터 100세보다 조금 큰 값 사이에 있어야 합니다(만약 이 책을 서기 3000년에 읽고 있다면 이 범위를 바꾸어도 좋습니다). 모델이 이 범위 밖의 값을 예측하면 이 값을 화면에 출력하지 않아야 합니다.

이런 맥락에서 보면 수용 가능한 출력을 결정하는 것은 단지 그럴듯해 보이는 출력이 아닙니다. 출력이 사용자에게 유용할 거라는 평가도 필요합니다.

머신러닝 에디터는 행동으로 옮길 수 있는 추천을 제공해야 합니다. 사용자가 쓴 글을 모두 삭제하도록 모델이 추천한다면 이는 쓸모없고 (더군다나 모욕적인) 추천입니다. 다음 코드는 모델 출력을 검증하고 필요하면 경험 규칙으로 바꾸는 예입니다.

```
def validate_and_correct_output(question_data, model_output):
    # 타입, 범위를 검증하고 이에 따라 에러를 발생시킵니다.
    try:
        # 모델 출력이 올바르지 않으면 에러를 발생시킵니다.
        verify_output_type_and_range(model_output)
    except ValueError:
        # 경험 규칙을 실행합니다. 다른 모델을 실행할 수도 있습니다.
        run_heuristic(question_data["text_len"])
```

```
    # 에러가 발생하지 않았다면 모델 출력을 반환합니다.
    return model_output
```

모델이 실패하면 앞에서 본 것처럼 경험 규칙으로 대신하거나 이전에 만든 간단한 버전의 모델을 실행할 수 있습니다. 다른 모델은 이 에러에 관련되어 있지 않을 수 있기 때문에 초기 모델을 시도하는 것은 가치가 있습니다.

[그림 10-3]의 작은 데이터셋에 이를 나타냈습니다. 왼쪽 그림은 복잡한 결정 경계를 만드는 높은 성능의 모델입니다. 오른쪽은 성능이 낮은 간단한 모델입니다. 간단한 모델은 잘못된 예측을 많이 만들지만 결정 경계의 모양이 다르기 때문에 복잡한 모델이 만든 오류와는 다릅니다. 이런 이유로 복잡한 모델이 잘못 예측한 샘플에서, 간단한 모델이 올바르게 예측할 수 있습니다. 따라서 메인 모델이 실패할 때 간단한 모델을 예비 모델로 사용하는 것이 합리적인 아이디어입니다.

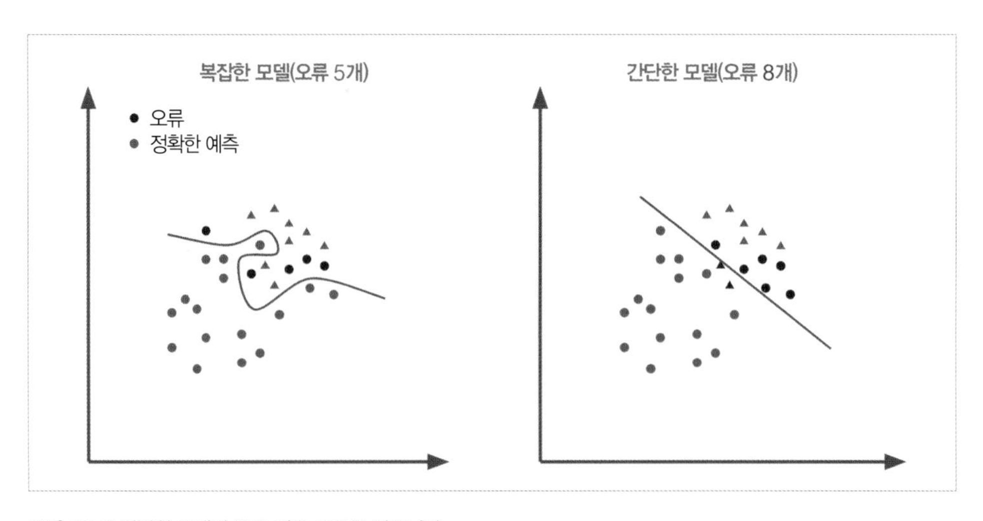

그림 10-3 간단한 모델이 종종 다른 오류를 만듭니다.

간단한 모델을 예비 모델로 사용할 때 동일한 방식으로 출력을 검증해야 합니다. 만약 검사를 통과하지 못하면 경험 규칙 기반 방식을 사용하거나 에러를 출력합니다.

모델의 출력이 합리적인 범위 안에 있는지 검증하는 것은 좋은 시작이지만, 충분하지는 않습니다. 다음 절에서 모델을 위해 만들 수 있는 추가적인 안전장치를 알아보겠습니다.

10.1.2 모델 실패 대비책

잘못된 입력과 출력을 감지하고 수정하기 위한 안전장치를 만들었습니다. 하지만 경우에 따라 모델의 입력이 올바를 수 있으며, 모델의 출력은 완전히 잘못되었지만 합리적일 수 있습니다.

사진 속 인물의 나이를 예측하는 예를 다시 생각해보죠. 모델이 예측한 나이가 사람의 나이와 비슷한지 검사하는 것이 좋은 출발점입니다. 하지만 이상적으로는 특정 인물에 대해 정확한 나이를 예측하고 싶습니다.

어떤 모델도 100% 항상 맞지는 않으며 약간의 실수는 종종 용인됩니다. 하지만 가능한 한 모델의 실수를 감지할 수 있어야 합니다. 이를 통해 해당 샘플이 너무 어렵다는 표시를 할 수 있고 사용자에게 입력을 좀 더 간단하게 제공해달라고 요청할 수 있습니다(예를 들면 밝은 조명 아래서 찍은 사진).

오류를 감지하는 방법은 크게 두 가지입니다. 간단한 방법은 모델의 신뢰도로 출력이 정확한지 여부를 추정하는 것입니다. 다른 방법은 메인 모델이 실패할 것 같은 샘플을 감지하는 또 다른 모델을 만드는 것입니다.

첫 번째 방법의 경우 분류 모델은 출력에 대한 신뢰도를 추정하는 데 사용할 수 있는 확률을 제공합니다. 확률이 잘 보정되어 있다면(5.2.4절 '보정 곡선' 참조), 모델이 불확실하게 판단하는 샘플을 감지하여 이 샘플의 결과를 사용자에게 제공할지 결정할 수 있습니다.

이따금 모델이 어떤 샘플을 높은 확률으로 판단했음에도 틀릴 수 있습니다. 이때 모델을 사용하여 가장 어려운 입력을 걸러내는 두 번째 방법이 필요합니다.

필터링 모델

모델의 신뢰도 점수는 항상 신뢰할 수 없다는 것 외에도 또 다른 큰 단점이 있습니다. 예측을 사용할지 여부와 상관없이 이 점수를 얻기 위해 전체 추론 파이프라인을 실행해야 합니다. GPU에서 실행해야 하는 복잡한 모델을 사용하는 경우 특히 낭비가 심합니다. 이상적으로는 모델을 실행하지 않고, 모델이 샘플에서 얼마나 좋은 성능을 내는지 추정하고 싶습니다.

이것이 필터링 모델filtering model 이면에 있는 아이디어입니다. 어떤 입력은 모델이 처리하기 어렵기 때문에 미리 입력을 감지하고 모델을 실행하지 않아야 합니다. 필터링 모델은 입력 테스트의 머신러닝 버전입니다. 이 모델은 모델이 주어진 샘플에 잘 동작하는지 예측하는 이진 분류기입니다. 이런 모델의 핵심 가정은 메인 모델이 처리하기 어려운 데이터 포인트 종류에 어떤 트렌드가 있다는 것입니다. 어려운 샘플의 공통점이 충분하다면 필터링 모델이 쉬운 입력과 어려운 샘플을 구분하도록 학습할 수 있습니다.

다음은 필터링 모델이 잡아낼 몇 가지 입력의 종류입니다.

- 메인 모델이 잘 수행되는 샘플과 품질이 다른 입력
- 모델 훈련에 사용되었지만 어려웠던 입력
- 메인 모델을 속이려는 적대적인 입력

[그림 10-4]는 [그림 10-2]의 로직에서 필터링 모델이 추가된 업데이트 버전입니다. 여기서 볼 수 있듯이 입력 검사가 통과될 때만 필터링 모델이 실행됩니다. '모델 실행' 상자로 갈 수 있는 입력만 필터링해야 하기 때문입니다.

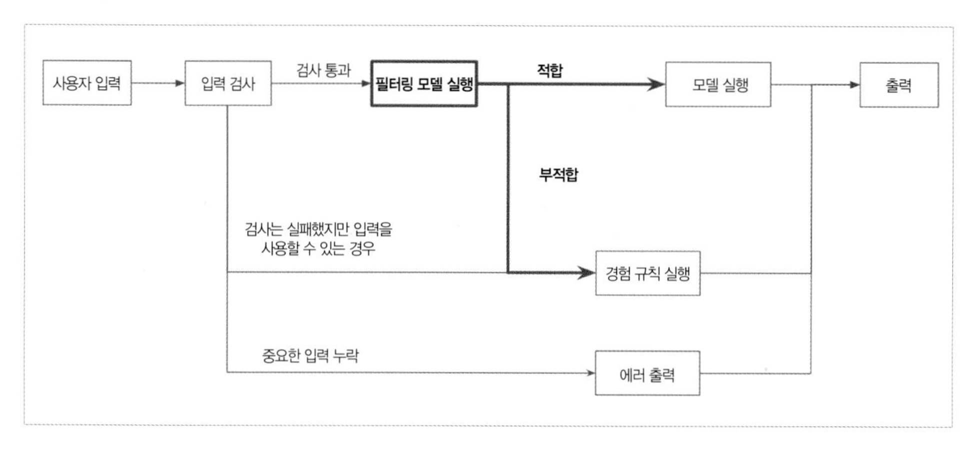

그림 10-4 입력 검사에 필터링 단계(굵은 선) 추가

필터링 모델을 훈련하기 위해 두 종류의 샘플로 이루어진 데이터셋을 만들기만 하면 됩니다. 메인 모델이 성공하는 경우와 실패하는 경우의 샘플입니다. 이는 훈련 데이터를 사용해 만들 수 있으며 추가적인 데이터 수집이 필요하지 않습니다.

[그림 10-5]에서 훈련된 모델을 사용해 필터링 모델을 위한 데이터를 준비하는 방법과 오른쪽 그림에 만들어진 데이터셋을 확인할 수 있습니다. 모델이 올바르게 예측한 샘플과 예측에 실패한 샘플 중 일부를 선택합니다. 그다음 원래 모델이 실패할 샘플을 예측하는 필터링 모델을 훈련시킬 수 있습니다.

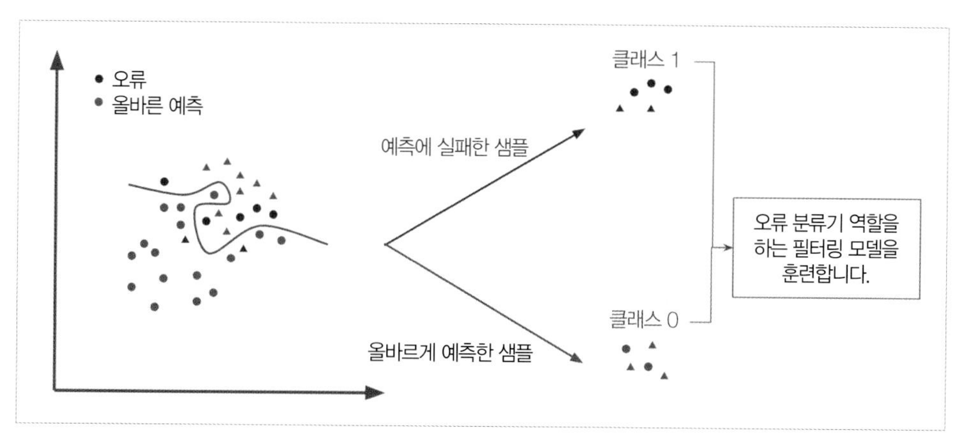

그림 10-5 필터링 모델을 위해 훈련 데이터 준비하기

훈련된 분류기가 준비되면 필터링 모델을 훈련하는 것은 비교적 간단합니다. 테스트 세트와 훈련된 분류기가 주어지면 다음 함수에서 이를 수행할 수 있습니다.

```
def get_filtering_model(classifier, features, labels):
    """
    이진 분류 데이터셋을 위한 예측 오류를 얻기
    :param classifier: 훈련된 분류기
    :param features: 입력 특성
    :param labels: 정답 레이블
    """
    predictions = classifier.predict(features)
    # 에러가 나면 레이블을 1, 올바른 예측이면 레이블을 0으로 만듭니다.
    is_error = [pred != truth for pred, truth in zip(predictions, labels)]

    filtering_model = RandomForestClassifier()
    filtering_model.fit(features, is_error)
    return filtering_model
```

이 방식은 수신된 이메일에 대해 몇 가지 짧은 답장을 추천하는 구글의 스마트 답장Smart Reply 기능을 구현할 때 사용되었습니다(A. 카난A. Kanan 등의 「Smart Reply: Automated Response Suggestion for Email」[3] 참조). 트리거링 모델triggering model을 사용해 응답을 추천하는 메인 모델을 실행할지 결정합니다. 이 경우 이메일의 단 11%만 메인 모델에 적합했기 때문에 필터링

3 https://oreil.ly/2EQvu

모델을 사용함으로써 인프라 요구 사항을 크게 줄였습니다.

필터링 모델은 일반적으로 두 가지 요건을 만족해야 합니다. 전반적인 목적이 계산 부담을 줄이는 것이므로 빨라야 하고, 어려운 샘플도 잘 제외시켜야 합니다.

어려운 샘플을 감지하는 필터링 모델이 어려운 샘플을 완벽하게 골라낼 필요는 없습니다. 추론을 실행하는 데 드는 추가 비용이 타당할 만큼만 감지하면 됩니다. 일반적으로 필터링 모델이 빠를수록 필요한 효율성은 줄어듭니다. 그 이유는 다음과 같습니다.

메인 모델의 평균 추론 시간을 i라고 해보죠. 필터링 모델을 사용하는 평균 추론 시간은 $f + i(1-b)$입니다. 여기에서 f는 필터링 모델의 실행 시간이고 b는 필터링으로 걸러지는 샘플의 평균 비율입니다.

필터링 모델을 사용해 평균 추론 시간을 줄이려면 $f + i(1-b) < i$가 되어야 합니다. 이를 정리하면 $\frac{f}{i} < b$가 됩니다. 이는 필터링되는 샘플의 비율이 필터링 모델과 메인 모델 간의 속도 비율보다 높아야 한다는 의미입니다.

예를 들어 필터링 모델이 메인 모델보다 20배 빠르다면($\frac{f}{i} = 5\%$) 어려운 샘플의 5%만 걸러내도($5\% < b$) 제품 환경에 유용합니다. 물론 필터링 모델의 정밀도가 좋은지도 확인해야 합니다. 즉 걸러낸 입력 대부분이 실제로 메인 모델에게 어려운 샘플이어야 합니다.

이를 위한 한 가지 방법은 필터링 모델이 걸러낸 몇 개의 샘플을 정기적으로 통과시켜 메인 모델이 샘플에서 어떻게 동작하는지 조사하는 것입니다. 이에 대해서는 11.2절 '모니터링 대상 선택'에서 자세히 다루겠습니다.

필터링 모델은 추론 모델과 다르고 어려운 샘플을 예측하도록 훈련되었기 때문에 메인 모델이 출력한 확률을 기반으로 하는 것보다 이런 샘플을 더 정확하게 감지할 수 있습니다. 따라서 필터링 모델을 사용하면 나쁜 결과를 만들 가능성을 줄이고 자원 사용 효율을 향상시키는 데 도움이 됩니다.

이런 이유로 기존 입력, 출력 검사에 필터링 모델을 추가하면 제품 파이프라인의 견고함이 크게 증가될 수 있습니다. 다음 절에서 머신러닝 애플리케이션을 많은 사용자에게 제공하는 방법과 복잡한 훈련 과정을 조직화하는 방법을 논의하면서 파이프라인을 견고하게 만드는 더 많은 방법을 알아보겠습니다.

10.2 성능 설계

모델을 제품으로 배포할 때 성능을 관리하는 것은 매우 어렵습니다. 특히 제품의 인기가 높아지고 새로운 버전의 모델이 정기적으로 배포되면 더 쉽지 않습니다. 먼저 모델이 대규모 추론 요청을 처리할 수 있는 방법을 설명합니다. 그다음 업데이트된 모델을 정기적으로 배포하는 작업을 쉽게 할 수 있는 방법을 다루겠습니다. 마지막으로 훈련 파이프라인의 재현성을 높여 모델 간의 성능 변화를 줄이는 방법을 알아보겠습니다.

10.2.1 여러 사용자로 확장하기

많은 소프트웨어 작업은 수평적으로 확장이 가능합니다. 서버를 추가하는 것은 요청 수가 늘어날 때 응답 시간을 유지하기 위한 좋은 전략입니다. 동일하게 머신러닝에서도 모델을 실행하기 위한 새로운 서버를 추가해 늘어난 요청을 처리할 수 있습니다.

NOTE_ 딥러닝 모델을 사용한다면 적절한 시간 안에 결과를 제공하기 위해 GPU가 필요할 수 있습니다. 이런 경우 단일 GPU 머신 이상이 필요할 만큼 많은 요청이 예상된다면 애플리케이션 로직과 모델 추론을 두 개의 다른 서버에서 실행해야 합니다.

대부분의 클라우드 제공 업체에서 GPU 인스턴스는 일반 인스턴스보다 훨씬 더 비쌉니다. 저렴한 인스턴스로 애플리케이션을 확장하고 GPU 인스턴스로 추론만 다룬다면 컴퓨팅 비용을 크게 낮출 수 있습니다. 다만 이 전략을 사용할 때, 통신 오버헤드overhead가 발생하므로 주어진 문제에 큰 문제가 되지는 않는지 확인해야 합니다.

머신러닝은 늘어난 트래픽을 처리하기 위해 자원을 많이 할당하는 것 외에도 캐싱과 같은 효율적인 방법을 사용합니다.

머신러닝의 캐싱

캐싱은 함수 호출의 결과를 저장하는 방법입니다. 미래에 동일한 매개변수로 함수를 호출한다면 저장된 결과를 추출하면 되므로 함수를 빠르게 실행할 수 있습니다. 캐싱은 엔지니어링 파이프라인의 속도를 높이는 일반적인 방법이며 머신러닝에서 매우 유용하게 사용됩니다.

추론 결과 캐싱하기

LRU[least recently used] 캐시는 간단한 캐싱 방법입니다. 가장 최근에 사용된 모델 입력과 해당 결과를 추적하여 캐시에 유지합니다. 새로운 입력에서 모델을 실행하기 전에 캐시에서 이 입력을 조회하고 해당 항목을 찾으면 캐시에서 결과를 바로 제공합니다. [그림 10-6]은 이런 워크플로의 예를 보여줍니다. 첫 번째 행은 입력이 처음 등장했을 때 캐싱 단계를 나타냅니다. 두 번째 행은 동일한 입력이 다시 나타났을 때 일어나는 추출 단계입니다.

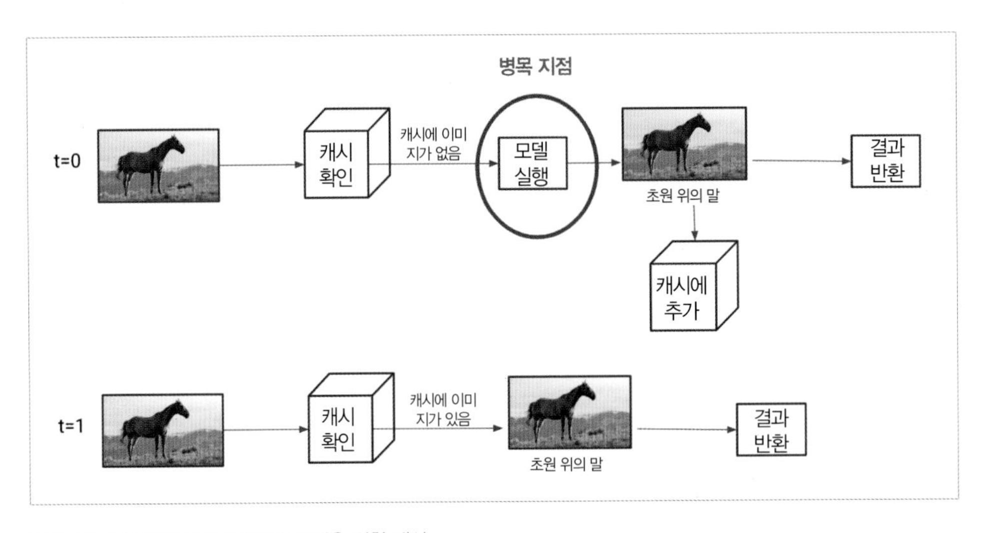

그림 10-6 이미지 캡셔닝[captioning] 모델을 위한 캐싱

이런 종류의 캐싱 전략은 사용자가 동일한 종류의 입력을 제공하는 애플리케이션에 적합합니다. 모든 입력이 고유하다면 이 방법은 잘 맞지 않습니다. 동물의 발자국 사진을 받아 어떤 동물인지 예측하는 애플리케이션이라면 동일한 사진을 두 번 받을 일은 거의 없으므로 LRU 캐시는 도움이 되지 않습니다.

캐싱을 사용할 때 부수 효과가 없는 함수만 캐싱해야 합니다. 예를 들어 `run_model` 함수가 데이터베이스에 결과를 저장하는 경우 LRU 캐시를 사용하면, 의도치 않게 두 번째 함수 호출의 결과를 데이터베이스에 저장하지 않을 것입니다.

파이썬에서 `functools` 모듈은 다음처럼 간단한 데코레이터와 함께 사용할 수 있는 기본 LRU

캐시 구현[4]을 제공합니다.

```
from functools import lru_cache

@lru_cache(maxsize=128)
def run_model(question_data):
    # 속도가 느린 모델의 추론 코드를 추가합니다.
    pass
```

특성을 추출하여 처리하고 추론을 실행하는 것이 캐시를 참조하는 것보다 느릴 때 캐싱이 가장 유용합니다. 캐싱 방법(예를 들면 메모리 vs 디스크)과 사용하는 모델의 복잡도에 따라 캐싱의 유용성은 달라집니다.

인덱스 캐싱

고유한 입력을 받는 경우 앞에서 설명한 캐싱 방법이 적절하지 않으므로 사전에 계산할 수 있는 파이프라인의 다른 구성 요소를 캐싱할 수 있습니다. 모델이 사용자 입력에만 의존하지 않는 경우 구현하기 가장 쉽습니다.

사용자가 입력한 텍스트 쿼리나 이미지에 관련된 콘텐츠를 찾는 시스템을 만든다고 가정해보죠. 사용자 쿼리는 매우 다양할 것으로 예상되므로 쿼리를 캐싱해도 성능이 크게 높아지지는 않을 것 같습니다. 하지만 검색 시스템을 만들기 때문에 카탈로그에서 가능성 있는 항목의 목록을 참조합니다. 온라인 쇼핑몰이나 문서 인덱싱 플랫폼이든 이 목록은 미리 알고 있습니다.

이는 카탈로그에 있는 항목에만 의존하는 모델링 구성 요소를 미리 계산할 수 있다는 뜻입니다. 미리 이런 계산을 할 수 있는 모델링 방식을 선택하면 추론 속도를 크게 높일 수 있습니다.

이런 이유로 검색 시스템을 만들 때 일반적인 접근 방법은 먼저 모든 인덱싱 문서를 의미 있는 벡터로 임베딩하는 것입니다(벡터화 방법에 대한 자세한 내용은 4.3.2절의 '벡터화'를 참고하세요). 임베딩 벡터를 만들고 나면 데이터베이스에 저장할 수 있습니다. 이 과정이 [그림 10-7]의 첫 번째 행에 나타나 있습니다. 사용자가 검색 쿼리를 입력하면 추론할 때 임베딩 벡터로 변환되어 데이터베이스에서 가장 비슷한 임베딩을 찾습니다. 그다음 이 임베딩에 해당하는 항목을 반환합니다. 이 과정은 [그림 10-7]의 두 번째 행에 나타나 있습니다.

4 *https://docs.python.org/3/library/functools.html*

이런 방식은 대부분의 계산을 미리 해놓기 때문에 추론의 속도를 크게 높여줍니다. 트위터Twitter[5]와 에어비앤비Airbnb[6]는 대규모 제품 파이프라인에 임베딩을 성공적으로 사용하고 있습니다.

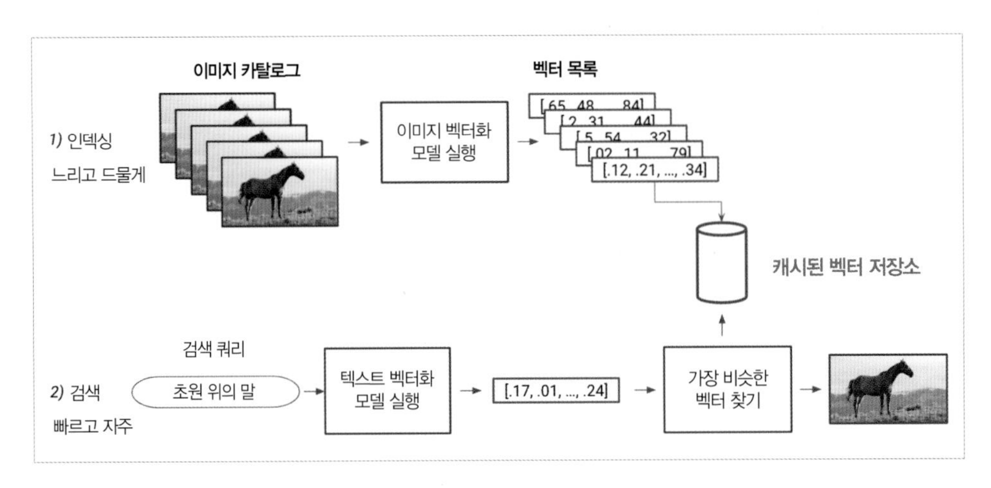

그림 10-7 캐싱된 임베딩과 검색 쿼리

캐싱이 성능을 향상시킬 수 있지만 복잡도를 추가합니다. 캐시 크기는 애플리케이션의 작업 부하에 따라 조정해야 할 또 하나의 하이퍼파라미터가 됩니다. 또한 모델이나 내부 데이터가 업데이트되면 오래된 결과를 제공하지 않도록 캐시를 삭제해야 합니다. 더 일반적으로 제품 환경에서 실행하는 모델을 새로운 버전으로 업데이트할 때 주의가 필요한 경우가 많습니다. 다음 절에서 이런 업데이트를 쉽게 만들도록 도와주는 몇 가지 방법을 살펴봅니다.

10.2.2 모델과 데이터 라이프 사이클 관리

캐시와 모델을 최신으로 유지하는 일은 어려울 수 있습니다. 많은 모델이 성능을 유지하기 위해 정기적으로 다시 훈련해야 합니다. 11장에서 모델을 재훈련해야 하는 시기에 대해 다루겠지만 여기서는 업데이트된 모델을 사용자에게 배포하는 방법을 간단히 언급하겠습니다.

훈련된 모델은 일반적으로 학습된 파라미터는 물론, 타입과 구조에 관한 정보가 포함된 이진 파일로 저장됩니다. 대부분의 제품 애플리케이션은 시작할 때 훈련된 모델을 메모리에 적재하

5 트위터 블로그(*https://oreil.ly/3R5hL*)를 참고하세요.

6 M. Haldar et al., 「Applying Deep Learning To Airbnb Search」(*https://arxiv.org/abs/1810.09591*) 논문을 참고하세요)

고 이를 호출해 결과를 제공합니다. 새로운 버전으로 모델을 교체하는 간단한 방법은 애플리케이션이 적재한 이진 파일을 바꾸는 것입니다. 이 과정이 [그림 10-8]에 나타나 있습니다. 파이프라인에서 새로운 모델로 영향을 받는 요소는 오직 굵은 선으로 그려진 상자 하나뿐입니다.

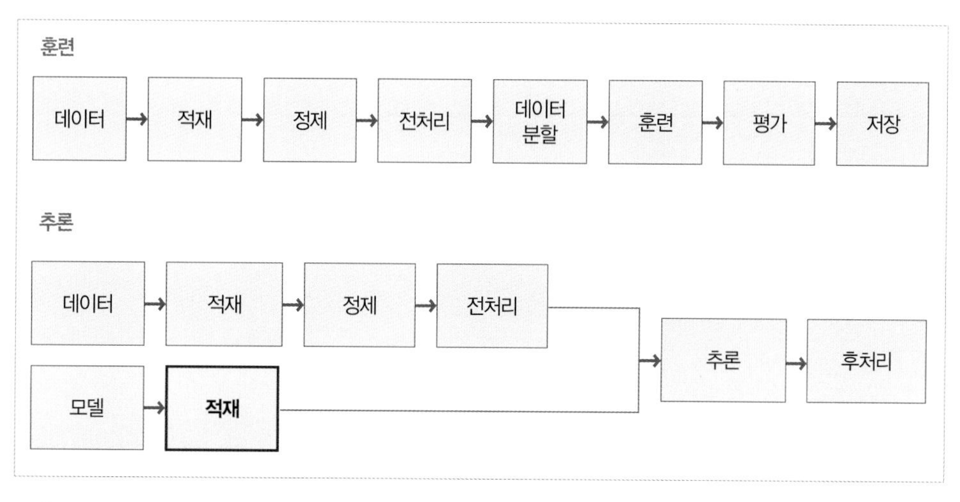

그림 10-8 간단히 교체해 업데이트 버전의 모델을 배포할 수 있습니다.

하지만 실전에서 이 과정은 훨씬 많은 작업이 필요합니다. 이상적인 머신러닝 애플리케이션은 재현 가능한 결과를 제공하고, 모델 업데이트에 대한 복원력resilience이 좋으며, 모델링과 데이터 처리가 크게 변경되어도 감당할 만큼 충분히 유연합니다. 이를 보장하려면 다음에 다루는 몇 가지 추가 작업이 필요합니다.

재현성

오류를 분석하고 재현하기 위해 어떤 제품 환경에서 어떤 모델이 실행 중인지 알아야 합니다. 이를 위해 훈련된 모델과 훈련에 사용된 데이터셋을 저장해야 하며 각 모델과 데이터셋 쌍에 고유한 식별자가 할당되어야 합니다. 모델이 제품 환경에 배포될 때마다 이 식별자를 로그에 기록해야 합니다.

머신러닝 파이프라인에 추가되는 복잡성을 표현하기 위해 [그림 10-9]의 적재와 저장 상자에 이런 요구 사항을 추가했습니다.

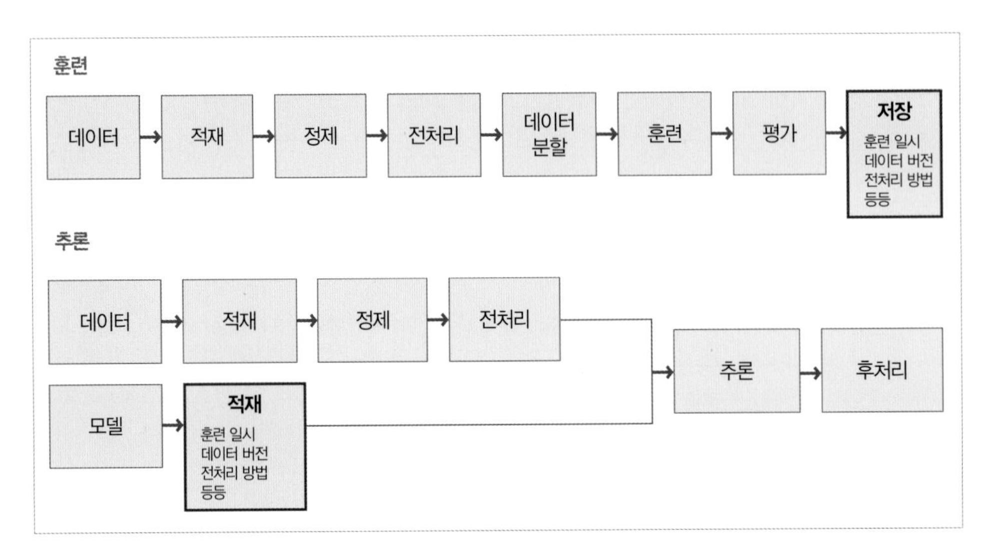

그림 10-9 모델을 저장하고 적재할 때 추가되는 중요한 메타데이터

제품 파이프라인은 기존 모델의 다른 버전을 서비스하는 것을 포함해 심각한 다운타임downtime 없이 모델을 업데이트해야 합니다.

복원력

애플리케이션이 업데이트된 새 모델을 적재하려면 사용자 서비스에 지장을 초래하지 않고 적재하는 과정을 구축해야 합니다. 업데이트된 모델을 서비스하는 새로운 서버를 시작하고 천천히 트래픽을 해당 서버로 이전시킵니다. 하지만 규모가 큰 시스템에서는 금방 더 복잡해집니다. 새 모델의 성능이 좋지 못하면 이전 모델로 롤백rollback할 수 있습니다. 이런 작업을 적절하게 수행하는 것은 어려운 일이며 전통적으로 데브옵스DevOps 영역에 속합니다. 책에서는 이 분야를 자세히 다루지는 않지만 11장에서 모니터링을 소개합니다.

제품에 대한 변경은 모델 업데이트보다 훨씬 더 복잡할 수 있습니다. 데이터 처리 모듈에 큰 변경이 있을 수 있고 배포도 가능해야 합니다.

파이프라인 유연성

앞서 보았듯이 종종 모델 성능을 향상시키는 가장 좋은 방법은 데이터 처리와 특성 생성 과정을 반복하는 것입니다. 이는 새로운 버전의 모델이 추가적인 전처리 단계나 다른 특성이 필요하다는 의미입니다.

이런 종류의 변화는 모델의 바이너리 파일 변경을 넘어서며 종종 새로운 버전의 애플리케이션과 관련이 있습니다. 이런 이유 때문에 모델의 예측을 재현할 수 있도록 예측을 만들 때 애플리케이션 버전도 로그에 기록해야 합니다.

이는 파이프라인의 복잡도를 한 단계 더 높입니다. 여기에 해당하는 전처리와 후처리를 [그림 10-10]에서 굵은 선으로 나타냈습니다. 또한 이 작업들은 재현하고 수정할 수 있어야 합니다.

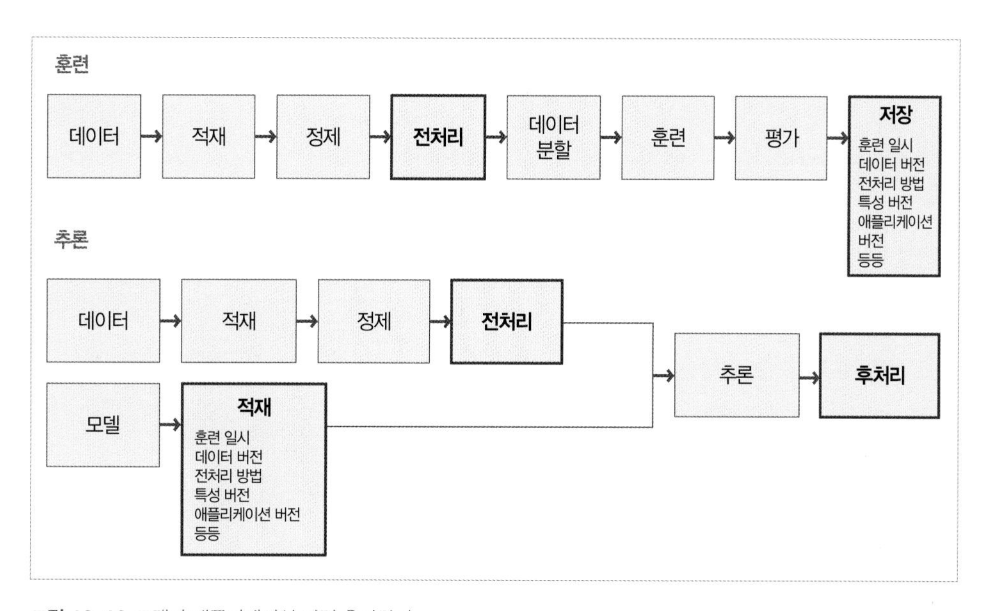

그림 10-10 모델과 애플리케이션 버전 추가하기

모델을 배포하고 업데이트하는 것은 어려운 일입니다. 추론 인프라를 구축할 때 가장 중요한 점은 제품 환경에서 실행되는 모델의 결과를 재현하는 것입니다. 이는 각 추론 호출을 실행 모델, 모델이 훈련한 데이터셋, 이 모델을 제공하는 데이터 파이프라인 버전과 연결한다는 의미입니다.

10.2.3 데이터 처리와 DAG

앞에서 설명한 대로 재현 가능한 결과를 만들기 위해서는 훈련 파이프라인도 재현 가능하고 결정적이어야 합니다. 훈련 파이프라인은 주어진 데이터셋, 전처리 단계, 모델 조합에서 실행될 때마다 동일한 모델을 만들어야 합니다.

모델 구축에는 연속적인 변환 단계가 많이 필요하므로 종종 파이프라인의 여러 지점에서 문제가 발생합니다. 파이프라인의 재현 가능성은 각 요소가 성공적으로 실행되고 올바른 순서로 실행되었다는 것을 보장합니다.

이런 작업을 쉽게 만드는 한 가지 방법은 원시 데이터에서 훈련된 모델까지의 과정을 유향 비순환 그래프directed acyclic graph(DAG)로 나타내는 것입니다. 이 그래프의 각 노드는 처리 단계를 나타내고 간선edge은 두 노드의 의존성을 나타냅니다. 이 아이디어가 데이터 흐름data flow 프로그래밍의 핵심이며, 인기 있는 머신러닝 라이브러리인 텐서플로의 바탕이 되는 프로그래밍 패러다임입니다.

DAG는 전처리 과정을 자연스러운 형태로 시각화할 수 있습니다. [그림 10-11]에서 화살표는 다른 작업에 의존하는 작업을 표현합니다. 복잡성을 나타내기 위해 그래프 구조를 사용하는 이런 표현 방식 덕택에 각 작업을 단순하게 유지할 수 있습니다.

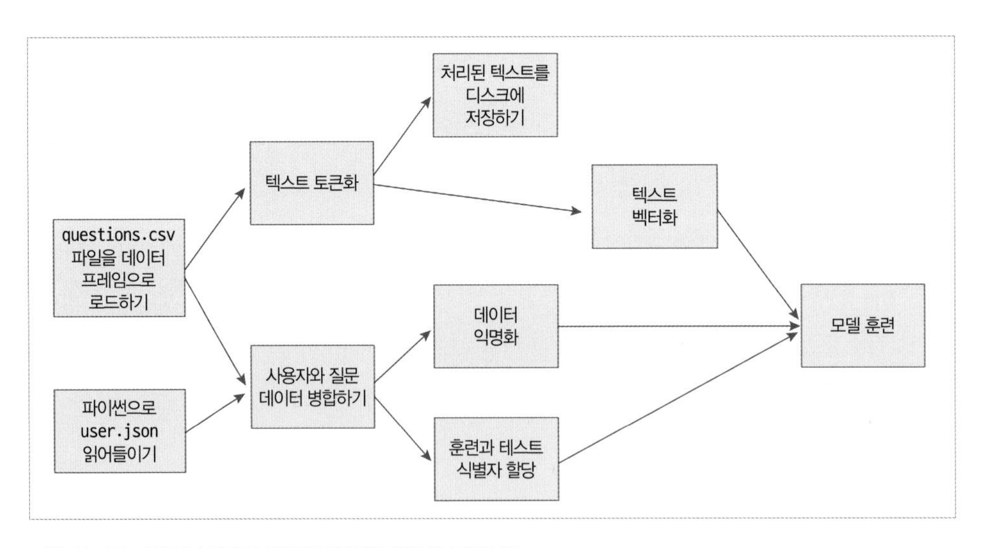

그림 10-11 머신러닝 에디터 애플리케이션을 위한 DAG의 예

DAG가 있으면 각 모델에 대해 동일한 연산 집합을 따르도록 보장할 수 있습니다. 머신러닝을 위한 DAG 정의 솔루션이 많이 있습니다. 여기에는 아파치 에어플로Apache Airflow[7]나 스포티파이 루이지Spotify Luigi[8] 같은 오픈 소스 프로젝트 등이 포함됩니다. 두 패키지는 모두 DAG를 정의하고 대시보드에서 DAG의 진행 과정과 관련된 로그를 모니터링할 수 있습니다.

처음 머신러닝 파이프라인을 구축할 때 DAG는 불필요하게 번거로울 수 있습니다. 하지만 모델이 제품 시스템의 핵심 부분이 되면 재현성 요구 사항 덕분에 DAG가 강한 설득력을 갖게 됩니다. 모델이 정기적으로 재훈련되고 배포되면 파이프라인을 시스템화하고 디버깅, 버저닝versioning하는 데 도움이 되는 모든 도구가 시간을 많이 절약해줄 것입니다.

이 장을 마무리하면서 모델이 잘 동작하는 것을 보장하는 직접적인 또 다른 방법을 소개하겠습니다. 바로 사용자에게 물어보는 것입니다.

10.3 피드백 요청

이번 장에서 사용자에게 정확한 결과를 제때 제공하는 데 도움을 줄 수 있는 시스템을 다루었습니다. 결과의 품질을 보장하기 위해 모델의 예측이 틀린지 감지하는 방법도 소개했습니다. 그런데 사용자에게 직접 물어보면 어떨까요?

명시적으로 피드백을 요청하고 암묵적인 신호를 측정하여 사용자로부터 피드백을 수집할 수 있습니다. 모델의 예측을 출력할 때 사용자가 예측을 평가하고 고칠 수 있도록 제시하여 명시적인 피드백을 요청할 수 있습니다. '이 예측이 유용한가요?'와 같은 간단한 질문이나 조금 더 똑똑한 질문을 할 수 있습니다.

예를 들어 예산 애플리케이션인 민트Mint는 계정에 대한 트랜잭션을 (여행, 음식 등의 범주로) 자동으로 분류합니다. [그림 10-12]에 나타나 있듯이 각 카테고리는 UI에 필드로 표시되며 필요에 따라 사용자가 이를 수정하거나 고칠 수 있습니다. 이런 시스템은 만족도 조사보다 덜 거슬리는 방법으로 가치 있는 피드백을 수집하여 지속적으로 모델을 향상시킬 수 있습니다.

7 https://oreil.ly/8ztqj

8 https://oreil.ly/jQFj8

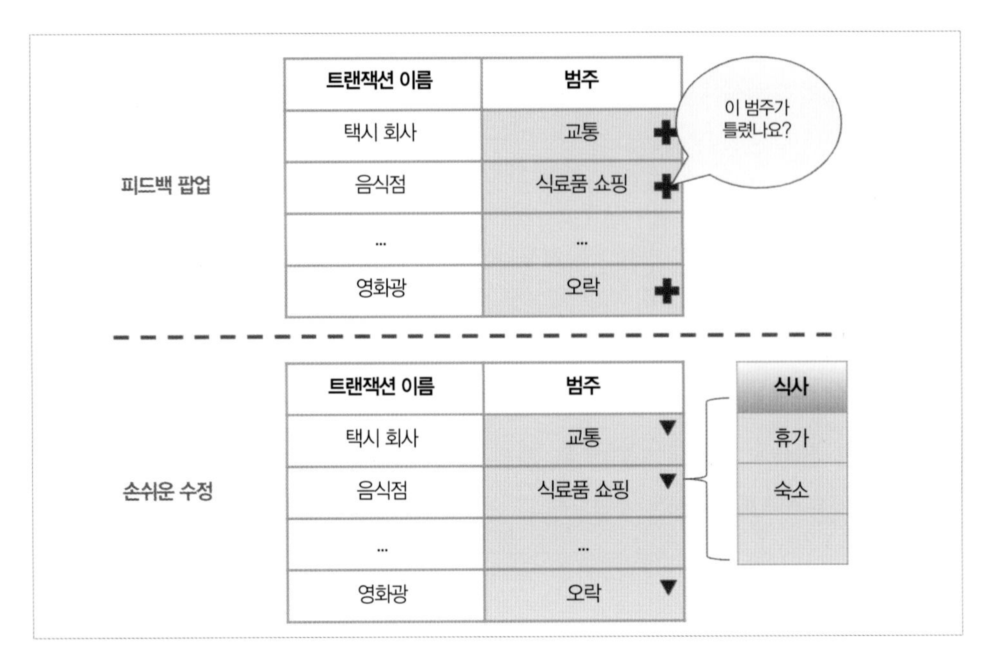

그림 10-12 사용자가 직접 오류를 수정합니다.

사용자는 모델이 만든 모든 예측에 대한 명시적인 피드백을 제공할 수 없습니다. 따라서 암묵적인 피드백을 모으는 것은 머신러닝 성능을 평가하는 데 중요한 수단입니다. 이런 피드백 수집은 모델이 유용한 결과를 제공했는지 추정하기 위해 사용자가 수행하는 행동도 수집해야 합니다.

암묵적인 신호는 유용하지만 해석하기 어렵습니다. 언제나 모델 품질과 연관된 암묵적인 신호를 찾을 수 있다는 희망을 가져서는 안됩니다. 전반적으로 고려하여 연관된 신호를 찾아야 합니다. 예를 들어 추천 시스템에서 사용자가 추천 항목을 클릭하면 이 추천이 유효하다고 합리적으로 가정할 수 있습니다. 그렇지만 모든 경우에 그렇지는 않습니다(이따금 사람들은 잘못 클릭합니다). 하지만 잘못 클릭할 경우보다 그렇지 않은 경우가 더 많다면 이는 합리적인 암묵적 신호입니다.

[그림 10-13]에 있는 것처럼 이런 정보를 수집하여 얼마나 자주 사용자가 유용한 결과를 만나는지 추정할 수 있습니다. 이런 암묵적인 신호 수집은 유용하지만 이 데이터를 수집, 저장하는 어려움과 8장에서 언급한 부정적인 피드백 루프를 만들 수 있는 위험이 추가됩니다.

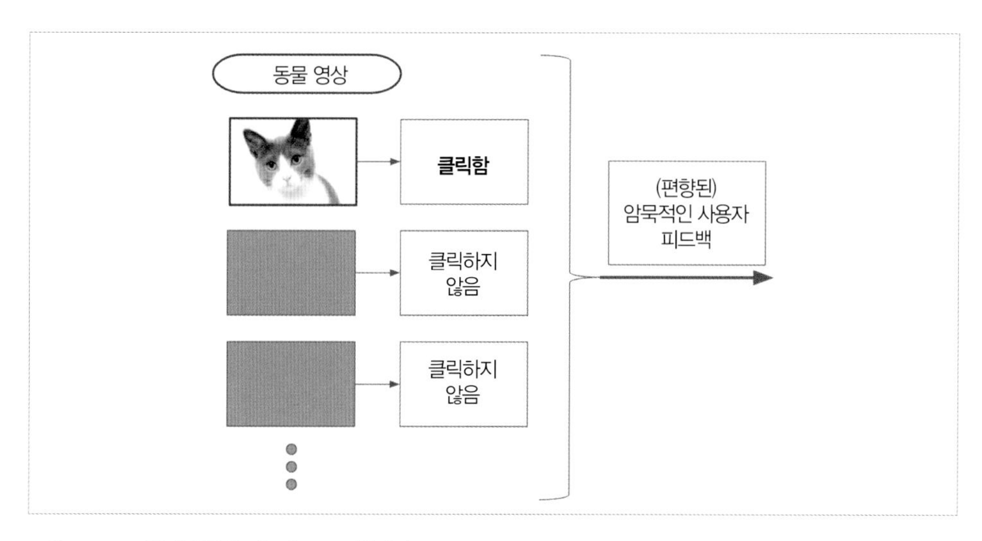

그림 10-13 사용자 행동을 피드백으로 사용하기

제품에 암묵적인 피드백 메커니즘을 구축하는 것은 추가적인 데이터를 수집하는 가치 있는 방법이 될 수 있습니다. 많은 행동을 암묵적이거나 명시적인 피드백의 혼합으로 생각할 수 있습니다.

머신러닝 에디터에 [스택 오버플로에 질문하기] 버튼을 추가한다고 가정해보죠. 사용자가 이 버튼을 클릭하게 만드는 예측 결과를 분석함으로써 질문으로 게시하기에 적합한 추천의 비율을 측정할 수 있습니다. 이 버튼을 추가하기 때문에 추천이 좋은지 사용자에게 직접 물어보지 않습니다. 하지만 사용자의 행동을 질문 품질에 대한 '유사 레이블'(유사 레이블에 대해서는 1.1.2절의 '데이터 타입'을 참고하세요)로 만들 수 있습니다.

암묵적이고 명시적인 사용자 피드백은 훈련 데이터의 좋은 소스일 뿐만 아니라 머신러닝 제품의 성능 저하를 가장 먼저 확인할 수 있는 방법입니다. 이상적으로는 사용자에게 보여지기 전에 오류를 감지해야 하지만, 이런 피드백을 모니터링하면 버그를 더 빨리 감지하고 고칠 수 있습니다. 이에 대해서는 11장에서 자세히 다루겠습니다.

모델을 배포하고 업데이트하는 전략은 팀의 크기와 머신러닝에 대한 경험에 따라 매우 다양합니다. 이번 장에 소개된 일부 솔루션은 머신러닝 에디터 같은 프로토타입에는 지나치게 복잡합니다. 반면에 머신러닝에 많은 자원을 투자하는 팀이라면 복잡한 시스템을 구축하여 배포 과정을 단순화하고 사용자에게 높은 품질을 보장할 수 있습니다. 다음 절에 스티치 픽스Stitch Fix[9]의 AI 팀을 이끌고 있는 크리스 무디Chris Moody와의 인터뷰를 실었습니다. 여기에서 머신러닝 모델 배포에 대한 그의 철학을 엿볼 수 있습니다.

10.4 크리스 무디: 데이터 과학자에게 모델 배포 권한 부여

크리스 무디는 칼텍Caltech과 UCSC에서 물리학을 전공했고 지금은 스티치 픽스의 AI 팀을 이끌고 있습니다. NLP에 관심이 많고 딥러닝, 변분법variational method, 가우시안 프로세스Gaussian process를 시도해보고 있습니다. 무디는 체이너[10] 딥러닝 라이브러리와 사이킷런의 반스-헛Barnes-Hut 버전의 t-SNE[11]에 기여했습니다. 또한 파이썬으로 (몇 안 되는!) 희소 텐서 분해sparse tensor factorization 라이브러리를 만들었습니다.[12] 자신만의 NLP 모델인 lda2vec[13]도 만들었습니다.

Q 스티치 픽스에서는 데이터 과학자가 모델 생명주기의 어느 부분을 담당하나요?

A 스티치 픽스에서는 데이터 과학자가 전체 모델링 파이프라인에 참여합니다. 이 파이프라인은 광범위합니다. 여기에는 아이디어, 프로토타이핑, 설계, 디버깅, ETL, 그리고 사이킷런, 파이토치, R 같은 언어와 프레임워크로 모델을 훈련하는 것도 포함됩니다. 또한 데이터 과학자는 지표 측정을 위한 시스템을 설정하고 모델의 '상태 확인' 시스템을 만듭니다. 마지막으로 데이터 과학자는 A/B 테스트를 실행하고 오류와 로그를 모니터링하며 관측된 내용을 바탕으로 필요하면 업데이트된 버전의 모델을 다시 배포합니다. 데이터 과학자는 이를 위해 플랫폼과 엔지니어링 팀이 만든 도구를 활용합니다.

Q 데이터 과학자의 작업을 수월하게 만들기 위해 플랫폼 팀은 어떤 일을 하나요?

A 플랫폼 팀에 있는 엔지니어의 목표는 모델링에 적합한 추상화를 제공하는 것입니다. 이는 데이터 과학자가 어떻게 작업하는지 이해해야 한다는 의미입니다. 엔지니어는 특정 프로젝트

9 https://www.stitchfix.com
10 http://chainer.org
11 https://oreil.ly/t3Q0k
12 https://oreil.ly/tS_qD
13 https://oreil.ly/t7XFr

에서 작업하는 데이터 과학자를 위해 개별 데이터 파이프라인을 만들지 않습니다. 대신 데이터 과학자가 스스로 할 수 있도록 솔루션을 구축합니다. 더 일반적으로는 데이터 과학자가 전체 워크플로를 만들 수 있는 도구를 개발합니다. 엔지니어는 플랫폼을 개선하는 데 시간을 쏟고 일회성 솔루션을 만드는 데 시간을 소모하지 않습니다.

Q 배포된 모델의 성능은 어떻게 평가하나요?

A 스티치 픽스의 가장 큰 장점 중 하나는 사람과 알고리즘이 함께 작업에 참여한다는 것입니다. 예를 들어 스티치 픽스는 스타일리스트에게 정보를 제시하는 올바른 방법을 생각하는 데 많은 시간을 씁니다. 근본적으로 한쪽에 모델을 노출하는 API가 있고 다른 한쪽에 스타일리스트나 상품 구매자가 있다면 이들 사이의 상호작용을 어떻게 설계해야 할까요?

언뜻 보면 알고리즘의 결과를 사용자에게 나타내는 프런트엔드를 만들 수 있습니다. 안타깝지만 이렇게 하면 사용자가 알고리즘과 전체 시스템을 제어하지 못한다고 느끼게 만들고 성능이 나쁘면 실망할 수 있습니다. 대신 이 상호작용을 피드백 루프로 생각할 수 있습니다. 사용자가 결과를 고치고 수정하게 만드는 거죠. 이렇게 하면 사용자가 알고리즘을 훈련하게 만드는 것이며, 사용자가 피드백을 제공할 수 있기 때문에 전체 과정에 아주 큰 영향을 끼치게 됩니다. 또한 모델의 성능을 평가할 수 있는 레이블링된 데이터를 수집할 수 있습니다.

이를 잘 수행하기 위해 데이터 과학자는 작업을 쉽게 만들고 모델을 더 낫게 만들기 위해 사용자에게 어떻게 모델을 노출할 것인지 스스로 물어봐야 합니다. 데이터 과학자가 어떤 종류의 피드백이 모델에 가장 유용한지 제일 잘 알고 있기 때문에 이 지점까지 전체 과정에 참여하는 것이 필수입니다. 전체 피드백 루프를 볼 수 있기 때문에 어떤 오류도 잡아낼 수 있습니다.

Q 어떻게 모델을 모니터링하고 디버깅하나요?

A 엔지니어링 팀이 좋은 도구를 구축하면 모니터링과 디버깅이 훨씬 쉬워집니다. 스티치 픽스는 모델링 파이프라인을 받아 도커Docker 컨테이너를 만들고, 매개변수와 반환 타입을 검사하고, 추론 파이프라인을 API로 노출하고, 인프라에 이를 배포하고, 그 위에 대시보드를 만드는 내부 도구를 구축했습니다. 이 도구를 사용하면 데이터 과학자는 배포하는 동안과 배포 후에 일어나는 어떤 오류도 직접 수정할 수 있습니다. 데이터 과학자가 모델의 문제 해결을 담당하기 때문에 이런 환경이 모델을 드물게 중단하게 만들고, 더 간단하고 견고한 모델을 장려한다

는 것을 알았습니다. 전체 파이프라인의 소유권이 부여되므로 데이터 과학자마다 모델의 복잡도보다 영향력과 신뢰도를 최적화하려고 노력합니다.

Q 새로운 버전의 모델을 어떻게 배포하나요?

A 데이터 과학자는 상세한 매개변수를 정의할 수 있는 맞춤형 A/B 테스팅 서비스를 사용해 실험을 수행합니다. 그다음 테스트 결과를 분석하고 팀에서 확실하다고 생각되면 새로운 버전의 모델을 배포합니다.

배포할 때는 카나리아 개발canary development 방법과 비슷한 시스템을 사용합니다. 처음에는 새로운 버전을 하나의 서버 인스턴스instance에만 배포하고 성능을 모니터링하면서 점진적으로 전체 인스턴스를 업데이트합니다. 데이터 과학자는 대시보드를 통해 각 버전에 속한 인스턴스 수와 배포가 진행됨에 따라 연속적인 성능 지표를 확인합니다.

10.5 마치며

이 장에서 모델의 실패를 사전에 감지하고 이를 완화하여 대응 능력을 높이는 방법을 살펴봤습니다. 이를 위해 결정적인 검증 전략과 필터링 모델을 사용합니다. 제품 모델을 최신으로 유지하는 데 따르는 몇 가지 어려움을 다루었습니다. 그다음 모델이 얼마나 잘 수행하는지 추정할 수 있는 몇 가지 방법을 설명했습니다. 마지막으로 머신러닝을 자주 그리고 대규모로 배포하는 회사의 실제 사례와 이를 위해 구축한 프로세스를 알아보았습니다.

11장에서는 모델의 성능을 관찰하며, 머신러닝 기반 애플리케이션의 상태를 진단하기 위해 다양한 지표를 활용하는 추가적인 방법을 다루겠습니다.

CHAPTER 11

모니터링과 모델 업데이트

모델이 배포되고 나면 다른 모든 소프트웨어 시스템과 마찬가지로 모델의 성능을 모니터링해야 합니다. 6.2.2절 '머신러닝 코드 테스트'에서 소개했듯이 일반적인 소프트웨어 모범 사례가 적용됩니다. 6.2.2절과 마찬가지로 머신러닝 모델을 다룰 때 추가로 고려해야 할 사항이 있습니다.

이 장에서는 머신러닝 모델을 모니터링할 때 유념해야 할 핵심 요소를 설명합니다. 조금 더 구체적으로는 다음 세 개의 질문에 대한 답을 찾아봅니다.

1 모델을 왜 모니터링해야 하나요?
2 모델을 어떻게 모니터링하나요?
3 모니터링을 통해 어떤 행동을 취해야 하나요?

먼저 머신러닝 모델을 모니터링하면 새로운 버전을 배포하거나 제품 환경에서 문제가 발생하는 시기를 판단하는 데 어떤 도움이 되는지 알아보죠.

11.1 모니터링의 역할

모니터링의 목적은 시스템의 상태를 추적하는 것입니다. 모델의 경우 성능과 예측의 품질을 모니터링한다는 의미입니다.

사용자의 습관이 바뀌어 모델이 평균 수준 이하의 결과를 만드는 경우, 좋은 모니터링 시스템은 이를 알려주고 가능한 한 빠르게 대처하도록 돕습니다. 모니터링이 도울 수 있는 몇 가지 핵심 주제를 살펴보겠습니다.

11.1.1 재훈련 시기를 알려주는 모니터링

2.1.3절 '최신성과 분포 변화'에서 보았듯이 대부분의 모델은 일정 수준의 성능을 유지하기 위해 정기적으로 업데이트해야 합니다. 모델이 더 이상 최신이 아니어서 재훈련이 필요할 때를 모니터링이 감지할 수 있습니다.

예를 들어 모델의 정확도를 추정하기 위해 사용자로부터 받은 암묵적인 피드백(가령, 추천 항목을 클릭했는지 여부)을 사용한다고 가정해보죠. 모델의 정확도를 계속 모니터링하면 지정한 임곗값보다 정확도가 낮아지자마자 새로운 모델을 훈련할 수 있습니다. 정확도가 임곗값 아래로 내려갈 때 재훈련이 일어나는 과정을 [그림 11-1]에 나타냈습니다.

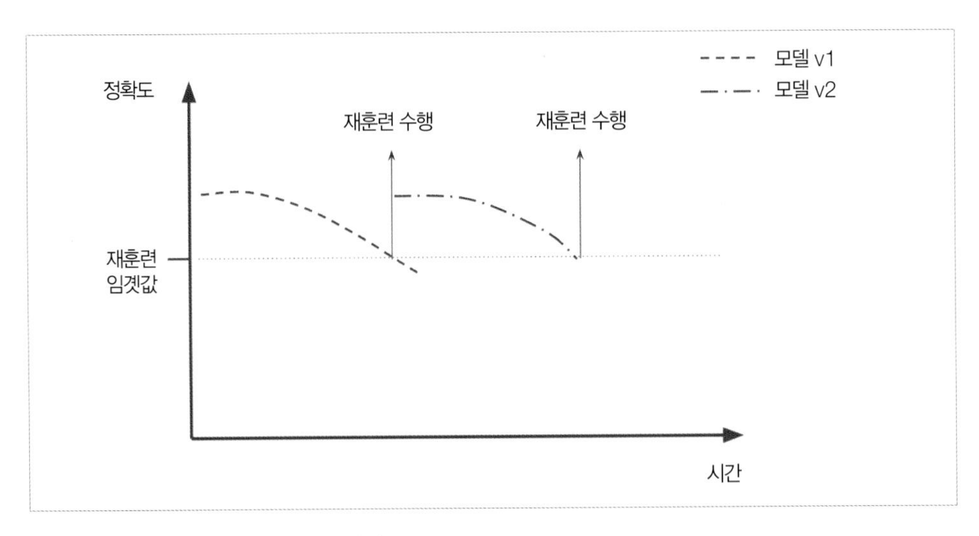

그림 11-1 재훈련 시기를 알려주는 모니터링

업데이트된 모델을 재배포하기 전에 새로운 모델이 더 나은지 검증해야 합니다. 이 방법은 11.3절 '머신러닝을 위한 CI/CD'에서 살펴봅니다. 먼저 잠재적인 남용을 감지하는 모니터링 방법을 다루어보겠습니다.

11.1.2 남용을 감지하는 모니터링

남용 방지나 부정 거래 감지 시스템 구축과 같은 경우에 일부 사용자는 모델을 무력화하기 위해 적극적으로 시도합니다. 이런 경우에 모니터링은 공격을 감지하고 공격자의 성공률을 추정하는 주요 방법이 됩니다.

모니터링 시스템은 공격 감지를 위해 이상치 탐지 기법을 사용합니다. 예를 들어 은행의 온라인 포털의 로그인 시도를 모두 기록하면 갑자기 로그인 시도 횟수가 10배 증가할 때 모니터링 시스템이 경보를 울릴 수 있습니다. 이는 공격의 신호로 볼 수 있습니다.

[그림 11-2]에 나타나 있듯이 모니터링 시스템은 수평선으로 나타난 임곗값을 기반으로 경보를 울립니다. 또는 로그인 시도의 증가 비율과 같은 지표를 사용할 수 있습니다. 공격의 복잡도에 따라 간단한 임곗값으로 잡아내는 것보다 더 미묘한 이상치를 감지하는 모델을 만드는 게 더 가치 있을 수 있습니다.

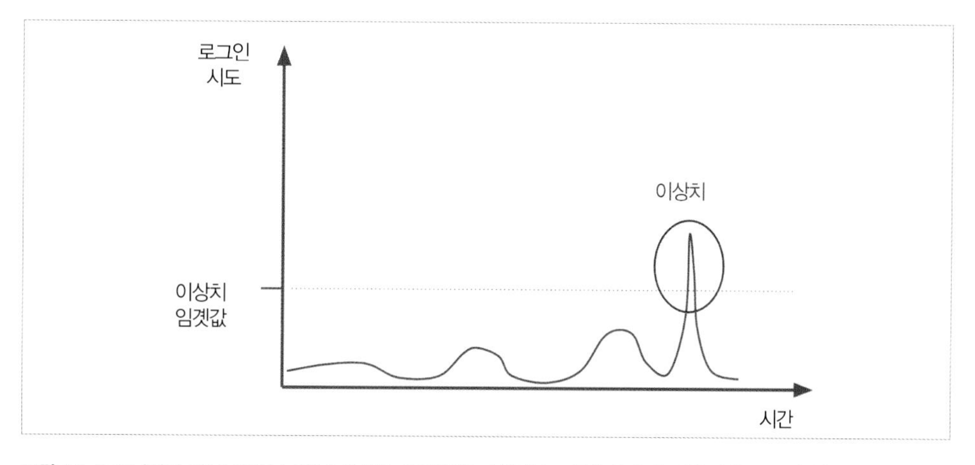

그림 11-2 모니터링 대시보드에 나타난 이상치. 추가적인 머신러닝 모델을 구축해 이를 자동으로 감지할 수 있습니다.

최신성을 모니터링하고 이상치를 감지하는 것 외에 모니터링해야 할 다른 지표는 무엇일까요?

11.2 모니터링 대상 선택

소프트웨어 애플리케이션은 일반적으로 요청을 처리하는 평균 시간, 처리하는 데 실패한 요청의 비율, 가능한 자원의 양과 같은 측정 지표를 모니터링합니다. 이런 지표는 모든 제품 시스템에서 유용하며 너무 많은 사용자에게 영향을 미치기 전에 문제를 해결하는 데 도움이 됩니다.

다음으로 모델의 성능이 감소하기 시작하는 시기를 감지하는 모니터링 지표를 알아보겠습니다.

11.2.1 성능 지표

데이터 분포가 변하기 시작하면 모델의 효력이 사라지게 됩니다. 이를 [그림 11-3]에서 볼 수 있습니다.

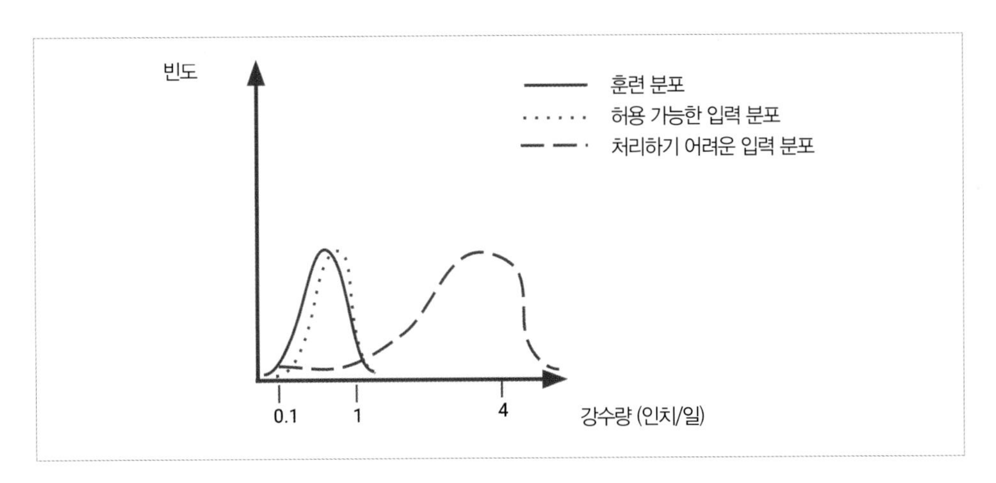

그림 11-3 특성 분포 변화의 예

분포가 이동할 때 데이터의 입력과 출력 분포가 모두 바뀔 수 있습니다. 사용자가 다음에 볼 영화를 예측하는 모델을 생각해보죠. 동일한 사용자의 과거 이력이 입력으로 주어졌을 때 영화 카탈로그에 추가된 새로운 영화에 맞춰 모델의 예측이 바뀌어야 합니다.

- **입력 분포의 변화**(특성 변화feature drift라고도 합니다)를 추적하는 것이 출력 분포를 추적하는 것보다 쉽습니다. 사용자를 만족시키는 이상적인 출력값을 알아내는 것이 어렵기 때문입니다.

- **입력 분포 모니터링**은 간단하게 주요 특성의 평균과 분산과 같은 요약 통계를 모니터링합니다. 만약 이런 통계가 훈련 데이터의 값에서 정해진 임겟값보다 멀어지면 경보를 발생시킵니다.
- **분포 이동 모니터링**은 더 어려울 수 있습니다. 가장 먼저 시도해볼 방법은 모델의 출력 분포를 모니터링하는 것입니다. 입력과 비슷하게 출력 분포의 큰 변화는 모델 성능이 감소하고 있다는 신호일 수 있습니다. 하지만 사용자가 보고 싶은 영화의 분포는 추정하기 어렵습니다.

정답 타깃을 추정하는 것이 어려운 이유 중 하나는 모델의 행동이 종종 관찰을 방해하기 때문입니다. 이런 경우의 원인을 알아보기 위해 [그림 11-4]에 있는 신용카드 부정 거래 탐지 모델을 생각해보죠. 왼쪽은 모델이 받게 될 데이터의 분포입니다. 모델이 이 데이터에서 예측을 만들기 때문에 애플리케이션 코드는 이 예측을 기반으로 행동하며 부정 거래로 예측된 모든 거래를 금지시킵니다.

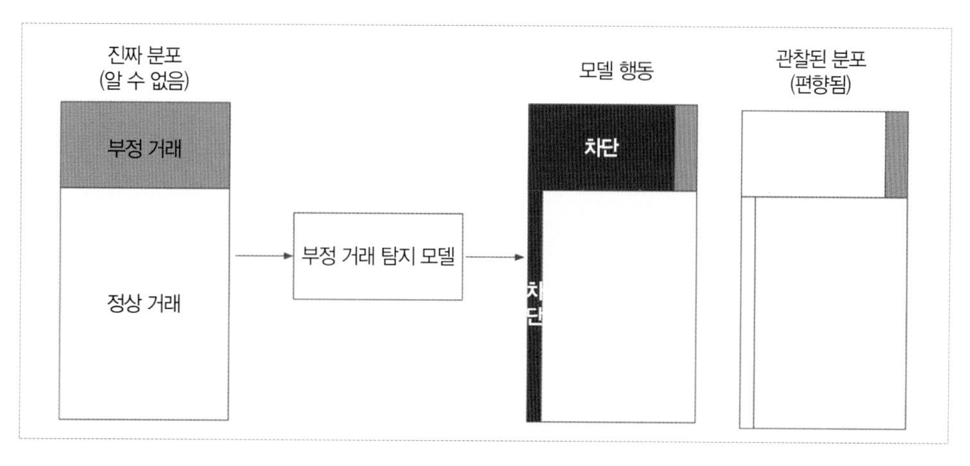

그림 11-4 모델 예측에 기반하여 행동하면 관찰된 데이터 분포를 편향시킬 수 있습니다.

거래가 차단되면 이 거래가 통과되었을 때 어떤 일이 일어났을지 관찰할 수 없습니다. 즉 차단된 거래가 실제로 부정 거래인지 아닌지 알 수 없다는 의미입니다. 통과된 거래만 관찰하고 레이블을 부여할 수 있습니다. 모델의 예측에 기반하여 행동하기 때문에 [그림 11-4]의 오른쪽처럼 차단되지 않은 거래의 왜곡된 분포만 관찰할 수 있습니다.

진짜 분포의 왜곡된 샘플만 관찰할 수 있으므로 모델의 성능을 정확하게 평가할 수 없습니다. 이것이 모델을 실행하지 않았다면 일어났을 일을 평가하는 것을 목적으로 하는 **반사실적 평가**counterfactual evaluation의 관심 사항입니다. 실전에서 이런 평가를 수행하려면 샘플의 작은 부분집합에 대해 모델 실행을 제한할 수 있습니다(리홍 리Lihong Li 등의 「Counterfactual Estimation and Optimization of Click Metrics for Search Engines」[1] 논문을 참고하세요). 랜덤한 샘플의 부분집합에서 모델을 실행하지 않으면 편향되지 않은 부정 거래 분포를 관찰할 수 있습니다. 랜덤한 데이터의 진짜 타깃과 모델 예측을 비교하면 모델의 정밀도와 재현율을 추정할 수 있습니다.

이 방법으로 평가 도구를 얻게 되지만 부정 거래의 일정 비율을 통과시켜야 하는 대가를 치러야 합니다. 이 트레이드오프는 모델 벤치마킹과 비교에 도움이 되기 때문에 이를 선호하는 경우가 많습니다. 랜덤한 예측을 출력하는 것이 허용되지 않는 의료 분야 같은 경우에는 이런 방법을 사용해서는 안됩니다.

11.3절 '머신러닝을 위한 CI/CD'에서 모델을 비교하고 배포할 모델을 결정하는 다른 전략을 다루겠습니다. 그 전에 먼저 다른 종류의 핵심 지표를 알아보죠.

11.2.2 비즈니스 지표

책 전반에 걸쳐 언급했듯이 가장 중요한 지표는 제품과 비즈니스 목표에 관련된 지표입니다. 이런 지표는 모델 성능을 판단할 수 있는 척도입니다. 다른 모든 지표가 정상이고 제품 시스템의 다른 구성 요소가 잘 동작하지만 사용자가 검색 결과를 클릭하지 않거나 추천을 사용하지 않는다면 이 제품은 그 정의로 봤을 때 실패한 것입니다.

이런 이유 때문에 비즈니스 지표는 면밀히 모니터링해야 합니다. 검색이나 추천 시스템 같은 경우 모델의 추천에 대한 클릭 비율인 CTR을 모니터링할 수 있습니다.

10.3절 '피드백 요청'에서 본 피드백 예시와 비슷하게 일부 애플리케이션은 제품의 성공을 잘 측정하기 위해 제품을 수정하여 도움을 받을 수 있습니다. 공유 버튼 추가를 소개했지만 더 상세한 수준으로 피드백을 추적할 수 있습니다. 사용자가 추천을 클릭하도록 한다면 각 추천이 사용되었는지 추적하고 이 데이터를 사용해 새로운 버전의 모델을 훈련할 수 있습니다. [그림 11-5]는 왼쪽에 추천을 요약하여 제공하는 경우와 오른쪽에 상세한 수준으로 제공하는 경우를 비교하여 보여줍니다.

---

1 https://arxiv.org/abs/1403.1891

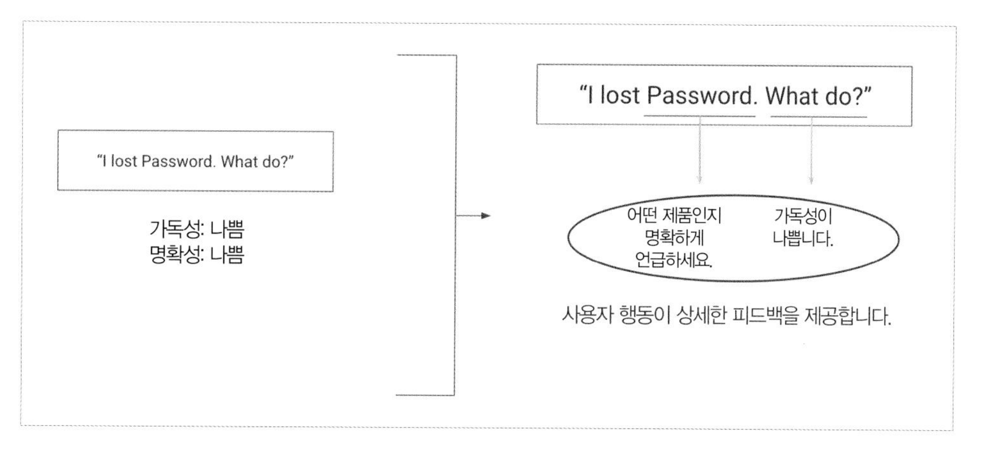

그림 11-5 단어 수준의 추천을 제공하면 사용자 피드백을 수집할 기회를 높입니다.

머신러닝 에디터 프로토타입이 앞에서 언급한 방식을 위해 충분히 자주 활용되어 대량의 데이터셋을 제공할 거라 기대하지 않기 때문에 여기서는 이를 구축하지 않겠습니다. 지속적으로 유지하는 제품을 구축한다면 이런 데이터를 모아 어떤 추천이 사용자에게 가장 유용한지 정확한 피드백을 얻을 수 있습니다.

모델을 모니터링하는 이유와 도구를 살펴봤으니 이제 모니터링으로 감지된 문제를 해결하는 방법을 다루어보죠.

11.3 머신러닝을 위한 CI/CD

CI/CD는 지속적 통합continuous integration과 지속적 배포continuous delivery를 의미합니다. 개략적으로 말하면 CI는 여러 개발자가 정기적으로 자신의 코드를 중앙 코드 저장소에 합치는 과정입니다. CD는 새로운 버전의 소프트웨어를 릴리스하는 속도를 향상시키는 데 초점을 맞춥니다. CI/CD를 적용하면 개발자와 조직이 새로운 기능을 릴리스하거나 기존의 버그를 수정해 애플리케이션을 빠르게 반복하고 개선할 수 있습니다.

머신러닝을 위한 CI/CD는 새로운 모델을 더 쉽게 배포하거나 기존의 모델을 업데이트하는 것이 목표입니다. 수정된 모델을 빠르게 릴리스하는 것은 쉽습니다. 문제는 품질을 보장하는 것입니다.

머신러닝에 관련하여 테스트 스위트test suite를 가진 것만으로 새 모델이 이전 모델보다 향상된다는 보장을 하기에 충분하지 않습니다. 새로운 모델을 훈련하고 따로 떼어놓은 데이터에서 잘 동작하는지 테스트하는 것이 바람직한 첫 번째 단계입니다. 하지만 앞서 보았듯이 궁극적으로 모델의 품질을 판단하는 실전 성능을 대체하지는 못합니다.

모델을 사용자에게 배포하기 전에 엔지니어링 팀은 종종 **섀도 모드**shadow mode로 모델을 배포합니다. 섀도 모드는 셸터Schelter 등의 「On Challenges in Machine Learning Model Management」[2] 논문에 등장합니다. 이는 새로운 모델을 기존 모델과 나란히 배포하는 과정을 나타냅니다. 추론을 실행할 때 두 모델의 예측이 모두 계산되고 저장되지만 애플리케이션은 기존 모델의 예측만 사용합니다.

새로 예측한 값을 저장하고 이를 예전 버전의 값과 (만약 얻을 수 있는 경우) 정답과 비교하면 사용자 경험을 바꾸지 않고도 제품 환경에서 새로운 모델의 성능을 추정할 수 있습니다. 이 방식을 사용하면 기존 모델보다 더 복잡할 수 있는 새로운 모델의 추론을 실행하는 데 필요한 인프라를 테스트할 수도 있습니다. 섀도 모드가 제공하지 않는 유일한 기능은 새로운 모델에 대한 사용자의 반응을 관찰하는 기능입니다. 이렇게 할 수 있는 방법은 실제로 모델을 배포하는 것뿐입니다.

모델이 테스트되고 나면 배포 대상이 됩니다. 새로운 모델을 배포하면 사용자가 성능 감소를 경험할 수 있는 위험이 있습니다. 이런 위험을 줄이려면 주의가 필요하며 현장 실험field experimentation이 주로 다루는 대상이기도 합니다.

[그림 11-6]은 여기에서 다룬 세 가지 방식을 그림으로 나타냈습니다. 테스트 세트에서 모델을 평가하는 가장 안정한 방법에서부터 제품 환경에 모델을 배포하는 가장 정보가 풍부하고 위험한 방법까지 보여줍니다. 섀도 모드가 추론 단계에서 두 개의 모델을 실행하기 위해 엔지니어링 작업을 필요로 하지만, 테스트 세트를 사용하는 것만큼 안전하게 모델을 평가할 수 있고 제품 환경에서 실행하기 때문에 많은 정보를 제공합니다.

2 https://oreil.ly/zbBjq

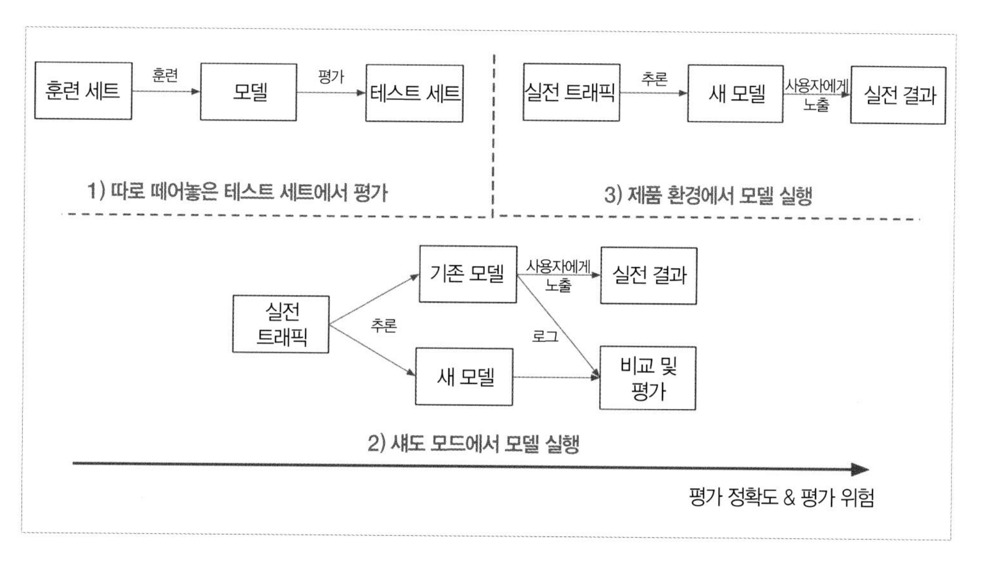

그림 11-6 가장 안전하지만 정확하지 않은 방법부터 가장 위험하지만 정확한 방법까지 모델을 평가하는 방법

제품으로 모델을 배포하는 것은 위험한 과정이기 때문에 엔지니어링 팀은 새로운 결과가 일부 사용자에게만 노출되는 방식으로 변화가 점진적으로 적용되는 방법을 개발했습니다. 다음 절에서 이에 대해 다루어보겠습니다.

11.3.1 A/B 테스트와 실험

머신러닝에서 실험의 목적은 최상의 모델을 사용할 가능성을 최대화하는 것입니다. 반면 최적이 아닌 모델을 시도하는 비용은 최소화해야 합니다. 실험 방법은 다양하지만 가장 인기가 높은 것은 A/B 테스트입니다.

A/B 테스트의 원리는 간단합니다. 실험 대상 사용자에게 새 모델을 노출하고 나머지 사용자에게는 다른 모델을 노출합니다. 즉, 큰 대조군control group에게 현재 모델을 제공하고 작은 실험군treatment group에게 테스트하려는 새로운 버전을 제공합니다. 충분한 시간 동안 실험을 수행하고 나서 두 그룹의 결과를 비교하고 더 나은 모델을 선택합니다.

[그림 11-7]에서 모집단으로부터 랜덤하게 사용자를 샘플링하여 테스트 세트로 할당하는 방법을 볼 수 있습니다. 추론 시에 사용자가 사용할 모델은 할당된 그룹에 따라 결정됩니다.

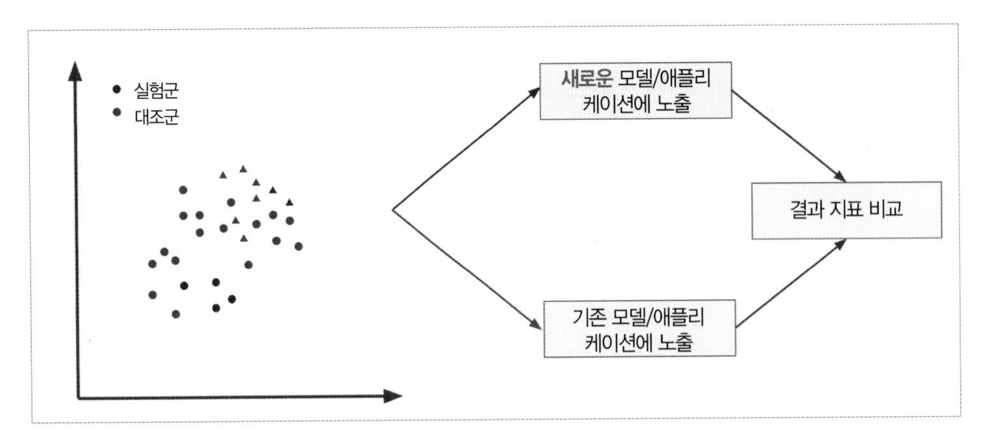

그림 11-7 A/B 테스트의 예

A/B 테스트의 아이디어는 간단하지만 대조군과 실험군을 선택하고, 충분한 기간을 결정하고, 어떤 모델이 더 나은지 평가하는 것처럼 실험 설계는 모두 어려운 문제입니다.

또한 A/B 테스트는 사용자마다 다른 모델을 서비스할 수 있도록 추가 인프라를 구축해야 합니다. 이런 어려움에 대해 조금 더 자세히 다루어보겠습니다.

그룹과 기간 선택

어떤 사용자에게 어떤 모델을 서비스할지 결정하는 데에는 몇 가지 요구 사항이 뒤따릅니다. 두 그룹의 사용자는 가능한 한 비슷해야 합니다. 그래야만 실험 결과에서 관측된 차이의 원인이 두 집단의 차이 때문이 아닌, 모델에 의한 것이라고 말할 수 있습니다. 그룹 A에 있는 모든 사용자가 고급 사용자이고 그룹 B는 보통 사용자만 포함하고 있다면 실험의 결과는 명확하지 않을 것입니다.

또한 실험군 B는 통계적으로 의미 있는 결과를 낼 수 있도록 충분히 커야 합니다. 하지만 혹시 모를 나쁜 모델의 노출을 제한하기 위해선 가능한 한 작아야 합니다. 테스트 기간에도 이와 비슷한 트레이드오프가 있습니다. 너무 짧으면 충분한 정보를 얻지 못할 위험이 있고 너무 길면 나쁜 모델 때문에 사용자를 잃을 위험이 있습니다.

이 두 개의 제약 사항은 충분히 도전적이지만, 수백 명의 데이터 과학자가 수십 개의 A/B 테스트를 동시에 실행하는 대기업을 잠시 생각해보세요. 여러 개의 A/B 테스트가 파이프라인의 같은 구성 요소를 동시에 테스트할 수 있습니다. 이는 개별 테스트의 영향을 정확하게 결정하기 어렵게 만듭니다. 이 정도 규모를 다루는 회사라면 복잡성을 처리하기 위한 실험 플랫폼을 만들게 됩니다. 조너선 파크스Jonathan Parks의 글 「Scaling Airbnb's Experimentation Platform」[3]에 나오는 에어비앤비Airbnb의 ERF와 아니르반 데브Anirban Deb 등의 글 「Under the Hood of Uber's Experimentation Platform」[4]에 나오는 우버Uber의 XP를 참고하세요. 또는 Intuit의 오픈 소스 Wasabi의 깃허브[5]를 참고하세요.

더 나은 버전 추정

대부분의 A/B 테스트는 CTR처럼 그룹 간에 비교하려는 측정 지표를 선택합니다. 안타깝지만 어떤 버전이 더 잘 수행되는지 추정하는 것은 CTR이 가장 높은 그룹을 선택하는 것 이상으로 복잡합니다.

어떤 측정 결과에도 자연스러운 변동이 있다고 예상되기 때문에 먼저 결과가 통계적으로 의미가 있는지 결정해야 합니다. 두 모집단 사이의 차이를 추정하기 때문에 가장 일반적으로 사용하는 테스트는 2표본 가설검정two-sample hypothesis test입니다.

실험이 결정적이기 위해서는 충분한 양의 데이터에서 실행해야 합니다. 정확한 양은 측정하려는 변수의 값과 감지하려는 변동의 규모에 따라 다릅니다. 실제 예로 에번 밀러Evan Miller의 샘플 크기 계산기[6]를 참고하세요.

실험을 실행하기 전에 각 그룹의 크기와 실험 기간을 결정하는 것도 중요합니다. A/B 테스트가 수행되는 동안 지속적으로 유의성significant을 테스트하고 유의한 결과를 내자마자 테스트 성공을 선언하게 되면 유의성 반복 테스트 오류를 저지르게 됩니다. 이런 종류의 오류는 기회를 엿보며 유의성을 찾기 때문에 실험의 유의성을 심하게 과대평가합니다(다시 한번 에번 밀러의 훌륭한 설명[7]을 참고하세요).

---

3 *https://oreil.ly/VFcxu*

4 *https://eng.uber.com/xp/*

5 *https://oreil.ly/txQJ2*

6 *https://oreil.ly/g4Bs3*

7 *https://oreil.ly/Ybhmu*

NOTE_ 대부분의 실험이 하나의 측정값을 비교하는 데 초점을 맞추지만 다른 영향을 고려하는 것도 중요합니다. 평균 CTR은 증가했지만 제품 사용을 중단한 사용자가 두 배로 늘었다면 모델이 더 나아졌다고 생각해서는 안 됩니다.

마찬가지로 A/B 테스트는 각 사용자 그룹에 대한 결과를 고려해야 합니다. 평균 CTR은 증가했지만 특정 그룹의 CTR이 급락한다면 새로운 모델을 배포하지 않는 것이 나을 수 있습니다.

실험을 구현하려면 사용자를 그룹에 할당하고, 사용자별 할당을 추적하고, 이를 기반으로 결과를 구분하는 기능이 필요합니다. 이로 인해 추가 인프라를 구축해야 합니다. 다음 절에서 이를 다루어보겠습니다.

인프라 구축

실험에는 인프라 요구 사항이 동반됩니다. 가장 간단한 A/B 테스트 실행 방법은 사용자가 할당된 그룹을 사용자의 다른 정보와 함께 데이터베이스 같은 곳에 저장하는 것입니다.

애플리케이션은 분기 로직을 사용해 사용자 필드 값에 따라 실행할 모델을 결정합니다. 이런 간단한 방식은 사용자가 로그인한 시스템에서는 잘 동작하지만 로그아웃한 사용자에게 모델을 서비스하는 경우엔 매우 어려워집니다.

이는 실험이 일반적으로 각 그룹이 독립적이고 하나의 버전에만 노출된다고 가정하기 때문입니다. 로그아웃한 사용자에게 모델을 서비스한다면 특정 사용자가 여러 세션session에서 항상 동일한 버전에 노출된다고 보장하기 어렵습니다. 대부분의 사용자가 여러 버전에 노출된다면 실험의 결과가 무효화될 수 있습니다.

브라우저 쿠키cookie나 IP 주소와 같이 사용자를 식별할 수 있는 다른 정보를 사용할 수 있습니다. 하지만 이런 방식도 새로운 인프라를 구축해야 합니다. 자원이 제한적인 소규모 팀에게는 어려운 일일 수 있습니다.

11.3.2 다른 방법

A/B 테스트는 인기 있는 실험 방법이지만 A/B 테스트의 한계를 넘어서려는 다른 방법도 있습니다.

멀티암드 밴딧multi-armed bandit은 두 개 이상의 버전을 연속으로 테스트할 수 있는 훨씬 유연한 방법입니다. 각각의 모델이 얼마나 잘 수행되는지에 따라 어떤 모델을 서비스할지 동적으로 업데이트합니다. [그림 11-8]에 멀티암드 밴딧의 작동 방식을 나타냈습니다. 밴딧은 전달한 요청의 성공을 기반으로 어떤 버전이 잘 수행되는지 지속적으로 집계합니다. 대부분의 요청은 왼쪽 그림처럼 단순히 현재 최상의 버전으로 전달됩니다. 요청의 작은 일부분만 오른쪽의 그림처럼 랜덤하게 다른 버전으로 전달됩니다. 이를 통해 밴딧이 어떤 모델이 최상인지에 대한 추정을 업데이트하고 현재 서비스되지 않은 모델이 더 나은 성능을 내기 시작하는지 감지할 수 있습니다.

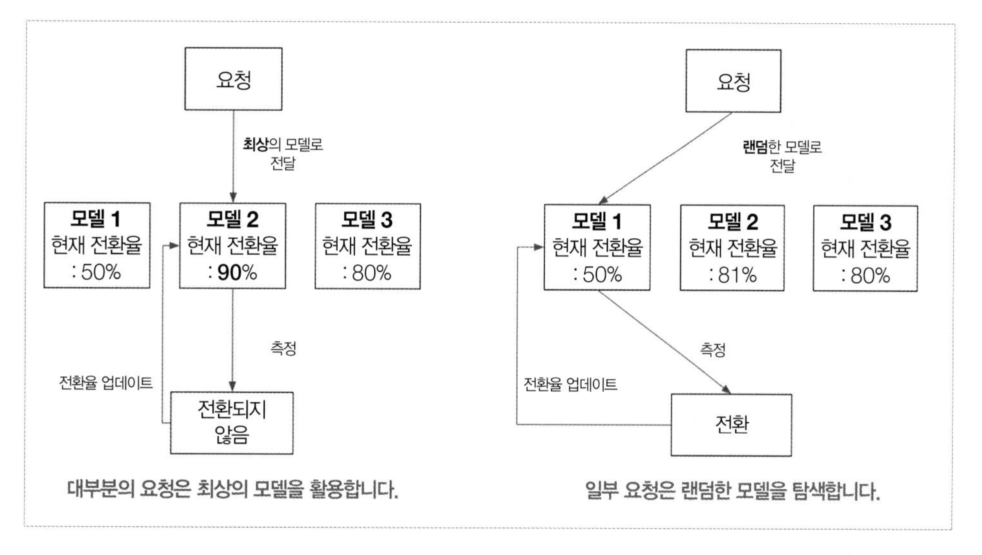

그림 11-8 멀티암드 밴딧의 작동 방식

콘텍스추얼 멀티암드 밴딧contextual multiarmed bandit은 특정 사용자에 대해 어떤 모델이 더 나은 선택인지 학습하여 이 과정을 더 발전시킵니다. 더 자세한 내용은 스티치 픽스 팀의 블로그 글[8]을 참고하세요.

> **NOTE_** 이 절은 모델을 검증하기 위해 실험을 사용하는 방법을 다뤘지만 기업들은 애플리케이션의 중요 변경 사항을 검증하기 위해서 실험 방법을 점점 더 많이 사용합니다. 이를 통해 사용자에게 유용한 기능과 새로운 기능의 성능을 지속적으로 평가할 수 있습니다.

8 *https://oreil.ly/K5Jpx*

실험은 어렵고 오류가 발생하기 쉽기 때문에 여러 스타트업이 '최적화 서비스'를 제공하기 시작했습니다. 고객들은 자신의 애플리케이션에 호스팅된 실험 플랫폼을 연동하여 어떤 버전이 최상의 성능을 내는지 평가할 수 있습니다. 전담 실험 팀이 없는 조직이라면 이 솔루션이 새로운 버전의 모델을 테스트하기 위한 가장 쉬운 방법일 것입니다.

11.4 마치며

전반적으로 모델의 배포와 모니터링은 비교적 새로운 방식입니다. 모델의 가치를 검증하는 중요한 방법이지만 종종 인프라 작업과 신중한 제품 설계 측면에서 상당한 노력이 필요합니다.

이 분야가 성숙해지기 시작하면서 작업을 쉽게 하도록 돕는 Optimizely[9]와 같은 실험 플랫폼이 등장했습니다. 이상적으로는 기업들이 모두를 위해 이 기술을 도입해 머신러닝 애플리케이션을 지속적으로 향상시켜야 합니다.

책에서 설명한 모든 시스템을 돌아보면 모델 훈련은 작은 구성 요소의 목표입니다. 머신러닝 제품을 구축하는 데 관련된 대부분의 작업은 데이터와 엔지니어링 작업입니다. 이러한 사실에도 불구하고 제가 멘토링을 했던 대부분의 데이터 과학자가 모델링 기술 자료는 쉽게 찾았지만 이 영역 밖의 작업은 다룰 준비가 되어 있지 않다고 느꼈습니다. 이 책은 이 간격을 좁히기 위한 저의 노력입니다.

머신러닝 애플리케이션을 구축하는 것은 통계학, 소프트웨어 엔지니어링, 제품 관리와 같은 다양한 영역에 걸친 광범위한 기술이 필요합니다. 전체 과정의 각 부분은 여러 권의 책으로 쓰여질 만큼 복잡합니다. 이 책의 목표는 이런 애플리케이션을 만들 때 독자들에게 도움이 되는 다양한 도구를 제공하는 것입니다. 또한 서문의 '추가 자료'에서 언급한 추천 목록을 따라 더 깊이 탐구할 주제를 결정할 수 있도록 돕는 것입니다.

이를 유념하며 이 책이 머신러닝 제품 구축과 관련된 대부분의 작업을 확실하게 처리하는 도구를 제공했기를 바랍니다. 머신러닝 제품의 생명주기 모든 부분을 다루었습니다. 제품의 목표를 머신러닝 접근 방식으로 변환하는 것에서부터 시작해 데이터를 찾고 준비하고 모델을 반복했습니다. 그다음 성능을 검증하고 모델을 배포하는 방법까지 살펴봤습니다.

---

9 https://www.optimizely.com

처음부터 끝까지 책을 읽었거나 자신의 작업과 관련된 특정한 부분을 집중해서 읽었다면 이제 여러분은 머신러닝 애플리케이션을 구축하기 위해 필요한 지식을 갖게 되었습니다. 이 책이 무언가를 만드는 데 도움이 되었거나 책의 내용에 대한 질문이나 의견이 있다면 mlpoweredapplications@gmail.com로 이메일을 보내주세요.[10] 여러분의 의견과 머신러닝 작업에 대해 들을 수 있길 기대하겠습니다.

10 옮긴이_ 번역서에 관한 질문은 haesun.park@tensorflow.blog로 보내주세요.

INDEX

INDEX

INDEX

INDEX

INDEX